U.P.plus

East Asian Regional Dynamics
after COVID-19

コロナ以後の東アジア

変動の力学

東大社研現代中国研究拠点 編

Contemporary China Research Base at
Institute of Social Science, University of Tokyo

東京大学出版会

UP plus
East Asian Regional Dynamics after COVID-19

Contemporary China Research Base at Institute of Social Science, University of Tokyo, Editors.

University of Tokyo Press, 2020
ISBN978-4-13-033300-9

コロナ以後の東アジア――変動の力学　目次

装幀——水戸部功＋北村陽香

コロナ以後の東アジア——変動の力学

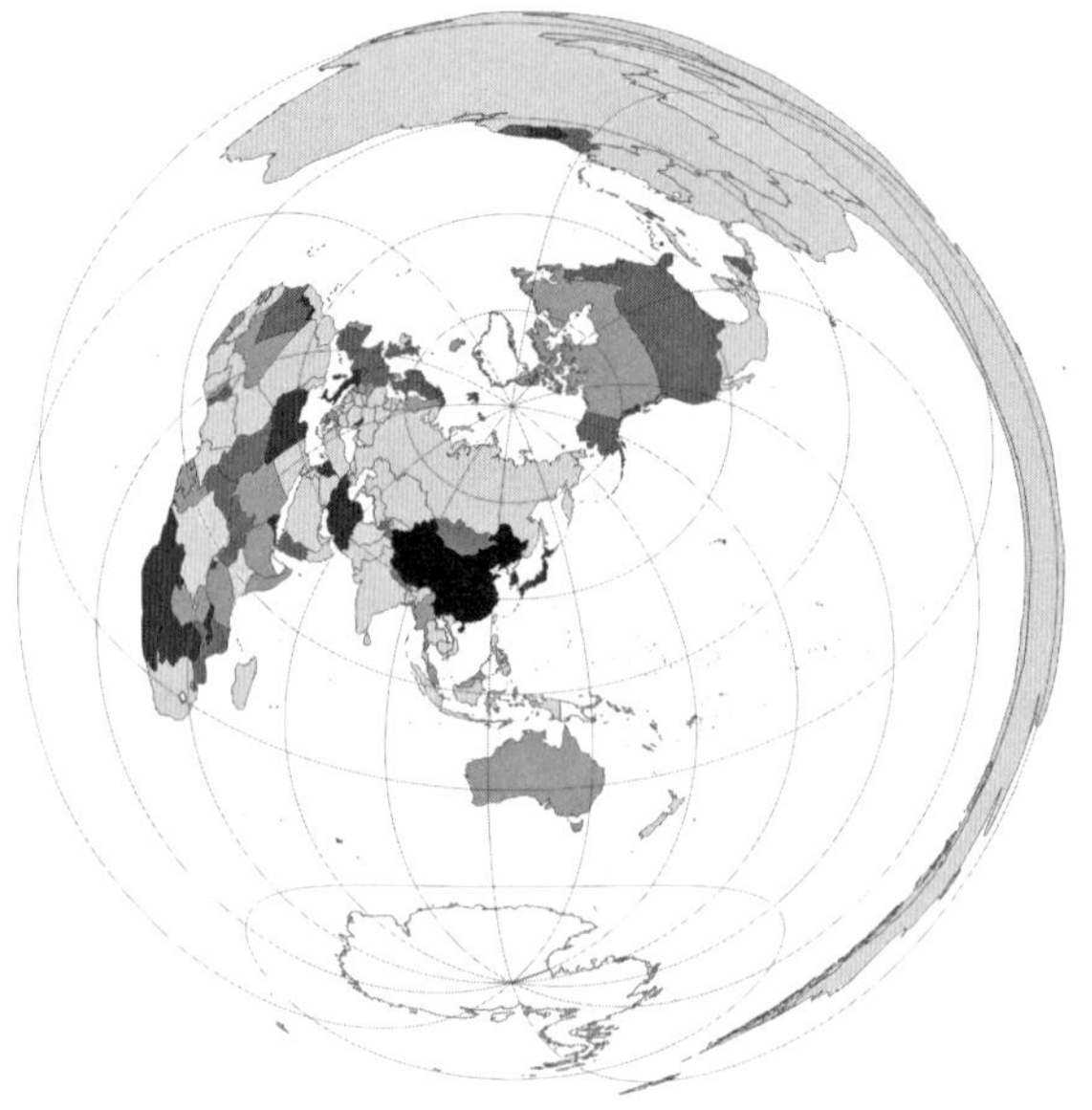

新型コロナ患者数100人に到達した時期

- 1月
- 2月
- 3月1～7日
- 3月8～14日
- 3月15～28日
- 3月29日～4月11日
- 4月12日～5月2日
- 5月3～23日
- 5月24日～6月
- 未到達

総論

コロナ以後のアジア
――二〇二〇年上半期の複眼的記録

伊藤亜聖

（いとう　あせい）
東京大学社会科学研究所准教授
専門は中国経済。著書に『現代中国の産業集積　「世界の工場」とボトムアップ型経済発展』（名古屋大学出版会）。Goto, Kenta, Tamaki Endo, and Asei Ito ed. (2020) The Asian Economy: Contemporary issues and challenges, Abingdon, UK and New York: Routledge.

1　半年前を遠い過去と感じる日々

年初に香港、深圳、東莞を訪問した。香港国際空港に降り立ち、陸路で深圳湾へと向かった。中国でもずいぶん味が良くなったコーヒーを飲み、企業家たちと交流した。現地は旧正月を控え、春節の長期休暇に向けて慌ただしい日常が広がっていた。街はいたって平穏で、あまりに日常的な風景であったため、街の様子を写真に収めることもなかった。

本稿を二〇二〇年七月一日に執筆している。経過したのは約半年であるが、年初の出張を遠い過去のように感じる。この半年間、新型コロナウイルスの流行による社会的な混乱を経験した。大恐慌時代が引き合いに出されるような事態に陥っていくのを、誰しもが刻一刻と体験した。日本でも緊急事態宣言が発令される以前から、東京都知事の緊急記者会見等をきっかけとして、徐々に外出の自粛が始まった。程度の差はあるが、誰もが危機を当事者として経験した。年初の中国の記憶が遠くに感じられるのは、それがコロナ以前の日々だったからだ。下半期の一日目、七月一日の新聞は香港国家安全維持法の施行を報じる。紙面は日本での完全失業者の増加、インドでの都市封鎖の延長、米国における黒人への差別を巡った社会的分断の深まりを報じている。半年前の「コロナ以前の世界」はいかにも遠い。

二月以来、新型コロナウイルスの猛威が中国にとどまらず、アジア、そして欧州、米国に広がっていった。筆者がある原稿を執筆していた三月一六日時点では、世界保健機関（WHO）の集計で全世界の感染者数は一五万三六四八名だった（伊藤、二〇二〇）。当時ですら、感染者数の急増には恐怖を覚えていたが、六月二八日には全世界の感染者数はついに一〇〇〇万人を超えた。一五万人から一〇〇〇万人への増加。この現実を前に、数字の感覚が狂う。七月時点で、新興国を中心に感染曲線は右肩上がりを続け、東アジア地域も第二波のリスクにさらされている。今、振り返るならば、三月はまだまだパンデミックの初期段階だったのだ。

三月に入り、日本でも感染が拡大し、学内で研究会を開催することも憚られる状況になった。目の前に、かつてない重要な問題、それも中国と深く関わる問題が膨張する一方で、対面の研究会で議論する場は消滅していた。中国研究に携わる一人として、議論の場を設定することが必要であると感じた。

本書のもととなっているのは、二〇二〇年四月二日から六月二八日までに計五回開催されたオンラインセミナーである。東京大学社会科学研究所の現代中国研究拠点が他のプロジェクトや研究所とも協力して開催し、合計一五名の登壇者と二名のゲストを得て、幅広く闊達な議論が展開した（詳細は「あとがき」を参照）。

当拠点は近現代中国の政治、社会、経済を総合的に研究するためのプロジェクトである。二〇二〇年五月には『現代中国ゼミナール　東大駒場連続講義』（東京大学出版会）を刊行した。しかし同書の主題は二〇一二年に始動した習近平政権の分析であった。二〇一八年以来、激しくなった米中対立を視野に入れつつも、二〇二〇年に発生したコロナ危機を検討することは出来なかった。こうした経緯から、本書は前記ゼミナールのフォローアップ企画でもある。このため中国国内の問題と近隣アジア各国・地域との関係に焦点を合わせた内容となっている。

オンラインセミナーの第一回は、「コロナショックと中国経済――COVID-19のインパクトと対応」と題して四月二日に開催された。開催日は日本でも緊急事態宣言が発令されていてもおかしくない状況にあった。それゆえに独特の緊張感のあるなかでの開催となったことを覚えている。朱建榮・東洋学園大学教授から、ウィルス流行のなかでの中国政府の対応の是非について、庶民からの反発とオンライン上での「炎上」も含めて報告があった。現場からは深圳市で電子製品の受託生産工場を切り盛りしている藤岡淳一・株式会社JENESIS株式会社社長が、街の様子と工場再開の過程を詳細に報告した。

第二回の「コロナショックとアジア政治経済」は四月一五日に開催された。東京・横浜にいる研究者に加えて、タイ・バンコクから坂田正三・ジェトロ・アジア経済研究所バンコク研究センター研究員、中国雲南省から畢世鴻・雲南大学国際関係研究院教授、そして札幌からは宮島良明・北海学園大学経済学部教授が登壇した。各々の専門性に加えて、各自が「今いる地域の今の感覚」も含めて、多角的に議論が展開した。その後、五月には台湾と香港、そして六月には米中関係を主題としたセミナーを開催した。この間、諸問題は深刻化し続けた。

2　複眼的に見る意味

オンラインセミナーを通じて実感したのは、コロナ危機が、それぞれの在住地域によって異なるタイミングと水準で発生し、そしてその影響も政府対応も大きく異なるという、ある意味で当たり前の事実である。言うまでもなく、コロナ危機を巡っては、医学研究者、公衆衛生専門家がまずその専門分野からの知見を提供することが求められる。それに加えて、コロナ危機がもたらした多面的な問題群を念頭に置いたとき、各地の専門家をつなげて、複眼的に検討していく意義がある。

例えば第一回のセミナー終了後には、北京在住の方から、「深圳の状況と比べて、北京の状況はかなり異なる」とのお知らせ（あるいは叱咤だったかもしれない）をいただいた。確かにスマートフォンの移動データをもとに主要都市内部の移動量を見ると、深圳や杭州といった南方の都市に比べて、北京では四月初旬の時点で移動量が回復していなかった。その一因は、開催が延期されていた全国人民代表大会に向けて、厳しい感染対策が実施されていたことである。一方で、第一回の報告者である藤岡社長がいる深圳では、早くも復旧段階を超えて、新たなビジネスへの投資も動き出していた。中国国内でもコロナからの復旧には地域差が大きかった。

また第二回セミナー時には、バンコクから遠隔で登壇いただいた坂田氏より、バンコク市内のショッピングモールやスーパーの様子も紹介された。距離を取るための対策としてエレベーター内部にシールを張るなどの対処がとられていた。その時点では筆者の理解する限りでは、日本ではそこまでの具体的対応はまだ限られていた。インバウンド需要に強く依存してきた北海道からの報告もまた重みがあった。本原稿執筆時点でも、いまだに観光業は厳しい状況に置かれ、回復の兆しがあるとすれば国内観光客に限られている。感染流行の程度、感染予防対策の差、経済復旧の度合い、これらの面で地域的に大きなバリエーションが生まれている。対面のセミナーでは実現しなかった「今、私のいるところ」からの視点を持ち寄る形で、多面的に意見交換できた。本書には意見の不一致も残る。しかし、こうした複眼的な観察だからこそ得られる知見の方が、不一致よりも数多く盛り込まれている。

3　二つのパラドックス

わずか半年の期間であるが、コロナ危機と中国にかかわる視点は大きく揺れ動いてきた。当初、コロナ危機は中国の政治体制の脆弱性を体現したものであるとの見方が多く見られた。経済的なダメージの観点でも、中国への影響が最も深刻だと想定されていた。

例えば三月末に刊行された世界銀行のレポート『COVID-19時代の東アジアと太平洋』では、ウイルス蔓延が各国経済に与える影響を推計している（World Bank, 2020a）。同レポートでは「グローバルパンデミックシナリオ」をベースライン、つまり蓋然性の高いシナリオとして示した。それは中国での感染流行によって大きな経済的ダメージが生じる一方で、他国での経済的なダメージは中国の半分にとどまるというものだった。二〇二〇年の経済成長率は、中国では当初の推計値からもう三・六九％低い値となると予測された。同レポートでは、一つのシナリオとして「増幅されたグローバルパンデミックシナリオ」を推計しており、このケースでは全世界が同水準のダメージを受けると想定していた。いずれにしても中国が経済的打撃を受ける主要な地域の一つであると考えられていた。多くの人もそう考えていただろう。

たしかに中国政府が公表した第一四半期の中国の成長率は記録的なマイナス幅となった。これはかなりの程度実態を反映した統計データだった（本書、丸川氏寄稿を参照）。その後、徐々に判明していくことは、むしろ中国以外の国々の方でむしろ感染が終息せず、よりダメージが深いという事実だった。世界銀行が六月に刊行した『グローバル経済展望』では、直近までの感染状況も加味した推計を実施し、中国よりもむしろ他国での経済的打撃が大きくなるとの予測を示している（World Bank, 2020b）。なかでもブラジル、インド、米国に与える影響は、それぞれコロナ危機が発生しなかった場合の推計よりも一〇%、九%、そして七・九%低くなると予測されている。

この意味で、コロナ危機の発生と帰結は、逆説（パラドックス）に満ちている。第一の逆説は、チャイニーズ・パラドックスである。中国はウイルスが流行し始めた地域という意味で脆弱である一方、感染の抑え込みでは効果的な対応がとられたという意味で強靭である。脆弱性を巡っては、例えば地方政府レベルでも発動が可能であった緊急警告メカニズムが、一月二〇日前後になって、突如最高レベルの一級アラートとして一挙に発令された点について中国国内からも批判の声があがった。中国政府が六月に刊行した白書が記載するように、一二月三一日の時点で武漢市保健衛生委員会は公式サイトで「現在の市内の肺炎流行状況についてのブリーフィング」を発表し、閉鎖的で風通しの悪い公共の場や混雑した場所を避けることを推奨していた（中華人民共和国国務院新聞辦公室、二〇二〇）。それにもかかわらず、一月中旬にはその武漢市で湖北省人民代表大会が開催されていたことには、官僚機構内の情報共有が機能していなかった、という以上の問題を内包しているはずだ。それでも全国的な観点から見れば、大きな経済的代償を払いながらも感染を封じ込めたという意味で、中国政府の介入は効果を挙げた。初動の遅れとその後の強力な動員を、朱建榮氏は『権威主義政治』の二面性」と表現している（本書、朱氏寄稿を参照）。

もう一つの逆説は、アメリカン・パラドックスである。世界一九五か国の公衆衛生対策の水準を、ウイルスの予防、捕捉、対応といった六つのカテゴリーで評価した指数がある（Global Health Security Index 参照）。その二〇一九年データを見ると、米国は八三・五ポイントで、世界第一位に位置づけられている。しかし明らかなように、感染症対策の準備状況が世界最高水準と位置づけられる国で、有効な抑え込みが機能せず、依然として感染拡大が続いている。州知事が共和党員である地域では、感染抑え込みよりも経済再開が急がれ、これが第一波の抑え込み失敗につながったとの報道もある（「米でコロナ感染再拡大　共和党州で急増、拙速な経済再開も」『日本経済新聞』二〇二〇年六月一六日）。

4 ベストプラクティスはどこに

こうした中国と米国での差を、民主主義か権威主義か、という大上段の政治的制度の差に帰することは安易すぎるだろう。なぜならば、民主主義国にも、権威主義国にも、ウイルス封じ込めに成功した国と失敗した国があるからである。もう一つあり得る軸は、具体的で、科学的な思考がどこまで政策的実施につながっているのか、という視点である（生方、二〇二〇）。科学的に根拠を有する具体的で有効な防疫措置を選定し、デジタル技術を活用して迅速に実行できたのか。政治的手続きの透明性に加えて、実行された措置の科学性と現代性という軸も加えて見ていく必要がある。

この観点から東アジアに目を向けてみると、日本が、そして世界が学ぶべきことは多いはずだ。世界のベストプラクティスがアジア地域のなかにある可能性は高い。またその成功だけでなく、失敗も含めて、視野を広げていくことが必要だ。本書では、新型コロナウイルスへの対応が比較的成功したと考えられる国々も取り上げている。台湾は実に二〇一九年一二月三一日から武漢からの直行便に対して機内検疫を実施するという、おそらく世界最速の初動を見せた（本書、福岡氏寄稿を参照）。東アジアのもう一つの成功事例である韓国については、セミナーで検討することができなかったが、金明中・ニッセイ基礎研究所主任研究員の寄稿を得た。中東呼吸器症候群（MERS）の流行を踏まえた法的整備、ドライブスルー方式による検査の実施、呼吸器疾患を抱える患者の分離診療、スマートフォンアプリの活用、そして住民登録番号とポータルシステムを利用したマスクの五部制購入制度……、韓国での感染症対策はきめ細かいものだった（本書、金氏寄稿を参照）。東南アジアでは、タイにおいて観光客減少への危惧から入国制限が先延ばしになった一方、ベトナムはいち早く中国からの入国を制限した（本書、坂田氏寄稿を参照）。

中国が権威主義体制であるから抑え込めた、という理解も一面的だろう。強力なロックダウンが可能だった理由の一つは、一九八九年に制定され、重症急性呼吸器症候群（SARS）流行後の二〇〇四年に改正された「伝染病防治法」で明確に都市封鎖を可能としているためである。この意味では、中国がロックダウンを行えたのは、政府の力が強いというだけでなく、制度的準備があったためである。二〇〇三年のSARS流行拡大時に、中国政府は法的な不備もあり、大規模なロックダウンを実施できずに、本格的な対応が始動するまでに実に五か月もの時間がかかった（Wong and Zheng eds., 2004）。同じ中国共産党政権のなかでの対応の差に目を向けるのであれば、制度的拡充という軸を検討する必要がある。

日本に目を向けてみると、検査数が限られ、また強制力が限られた介入であったにも関わらず感染者数は五月に一度は収まった。「日本のミステリアスな成功」とも呼ばれたひとまずの感染収束を巡っては、山中伸弥・京都大学教授か「ファクターX」として、ハグや握手、大声での会話をしない生活文化、マスク着用といった衛生意識、日本人の遺伝的要因、ＢＣＧ接種などなんらかの公衆衛生政策の影響、といった候補を挙げている（山中、二〇二〇）。専門家による検証が待たれる。成功要因を科学的に説明できるようになるまでは、他国にとって日本の経験は直接の参考となりえない。また専門家会議の議事録が残されていないことは、事後的な検証を中途半端なものとしてしまい、ひいては民主主義を弱体化させることが危惧される（宇野、二〇二〇）。

5　アジアの接続性と断絶性

もう一点、検討しておきたいのはアジア経済に与える影響である。アジア経済は個別の国民経済の枠を超えて、国境を越えたヒト、モノ、カネの接続性の深まりによって経済成長を地域として達成してきた。一九九七年のアジア金融危機以後にも、このダイナミズムは失われず、域内貿易の拡大と工程間分業の深まりは、「アジア化するアジア」と呼べる潮流を生み出してきた（遠藤・伊藤・後藤・大泉編、二〇一八、第二章）。

この潮流は今、危機に面している。世界貿易機関（ＷＴＯ）の推計では、コロナ危機により二〇二〇年の貿易量は楽観シナリオで対前年比一二・九％減、悲観シナリオでは三一・九％減となる（WTO, 2020）。より劇的な変化は、人の国際移動に生じている。六月一日から二〇日までの期間に成田空港で発着した国際線の数は八四・三％減、出国旅客数は九八・四％減であった（成田国際空港株式会社（ＮＡＡ）、二〇二〇年六月二九日発表）。二〇二〇年五月までの月次の訪日客数を見ると、まさに「崖から落ちる」ようなグラフだ（本書、宮島氏寄稿を参照）。

治療薬とワクチンが普及すれば、黄熱病のように渡航外来で予防接種証明書（イエローカード）を取得して海外に行けるので、自粛は一時的だ、との立場もありえる。それでも手続きが必要となり、また警戒感から渡航は減るだろう。国際航空運送協会（ＩＡＴＡ）のチーフエコノミスト、ブライアン・パース氏の見通しでは、国際便の運航状況が二〇一九年の水準に回復するのには二〇二四年までかかる（IATA, 2020）。

ヒトの動きよりも、モノの動きは比較的軽微なダメージとなり、情報は依然としてグローバルに行き交っている。ヒト以外は国境を越えて行き交うグローバリゼーションの時代を迎えるのだろうか。「グローバルな問題には、グローバル対応が必要なのである」。アジア経済の専門家である後藤健太氏は指摘する（後藤、二〇二〇）。これまでのグローバル化とは異なる「限定されたグローバル化」または「限定されたリージョナリズム」とならざるをえない、との見立てもある（本書、畢氏寄稿を参照）。国内課題が優先される時期に、保護主義的な対応や一国主義的な思考をどう限定づけるのか、問われている。

6　変調する行進曲

中国を巡って懸念されるのは、コロナ流行以後に二〇一九年までに顕在化してきた米中戦略的競争が一層激化し、技術面では半導体製造を巡って両国のデカップリング（分断）が現実のものとなりつつあることだ（本書、川島氏寄稿を参照）。米中対立の最前線の一つとなっているのが最新鋭半導体を巡る競争と規制である。米国トランプ政権が、米国製技術を用いて製造された半導体を華為技術に販売することを禁じた（本書、佐藤氏寄稿を参照）。同社は半導体製造大手の台湾積体電路製造（ＴＳＭＣ）からの調達ができなくなるのだ。中国大陸での製造組み立てを避けようとする力学はサプライチェーンの再編をもたらしつつある。パンデミック以前にも見られてきたこうした動きが加速することで、東南アジア諸国が受益するという「新型コロナの配当」（Covid dividends）なる見方もある（本書、坂田氏寄稿を参照）。それでもＧ７諸国がウイルス流行によって多大な影響を受けるなかで、中国がコロナ以後の援助を通じてリーダーシップをとろうとしていることは事実である（本書、末廣氏寄稿を参照）。

帰趨を見通すことが困難であるのみならず、二〇二〇年六月以降、状況は一層複雑化している。中印国境ラダック地方ガルワン渓谷での衝突（六月一五日）、香港国家安全維持法の施行（七月一日）に見られるように、中国と近隣国・地域との間で、政治的・軍事的な緊張が急速に高まっているためだ。香港は中国経済の対外開放にとって、貿易と金融の両面で決定的な役割を果たしてきた。一九九七年の香港返還以後、五〇年間の「高度な自治」を保証した「一国二制度」の地として、香港は中国大陸の社会主義の思考と欧米的な資本主義の価値観が重複する最前線となってきた。その香港は、返還から二三年にして、今後、大きく中国大陸化されていくことになりそうだ（本書、倉田氏および阿古氏寄稿を参照）。台湾にまで視野を広げると、コロナ危機のなかで武漢市からの帰国便でのやり取りに見られるように中台関係も悪化している。台湾における世論調査によれば、「中国大陸の政府は、台湾の友人である」との問いに同意しない人が二〇一九年の五八％から二〇二〇年（四―五月調査）には七三％へと急増した（本書、松田氏寄稿を参照）。尖閣諸島、そして南シナ海でも不穏な動きが続く。

視野を西南に向けると、中印国境での衝突が一九七五年以来、四五年ぶりの死者を出すに至った。インドは、中国企業にとって国外市場を開拓するうえでは中長期的に非常に有望な市場である。しかし今後は中国企業に対してより一層厳しい目が向けられることになる。「アジア化するアジア」を過去三〇年間支えてきた香港という要素、そして今後のアジア経済の空間的範囲を大いに拡張する潜在性を秘めた中印経済関係という要素、これら二つの重要な要素が、コロナ危機の発生から数か月後の時点で危機に陥った。

長い二〇二〇年はまだ終わっていない。これらの変化は、いまだ上半期に七月一日を付け加えたまでの動きである。残りの下半期に何が起きるのか、予断を許さない。コロナ危機を乗り越えるためには、各国はさらに数年の時間を要するかもしれない。そのとき、アジア経済は接続性の深まりではなく、むしろ断絶性が目立つ地域へと変貌しているのだろうか。技術的に高度で、物質的に豊かであるが、一国主義が台頭し、強権的な対応を隠さない権力が割拠する地域になるのだろうか。コロナ以前と以後の断絶性を安易に強調する立場はとりたくない。しばらくして流行が収まったとき（あるいは収まっていなくても）、人々はパンデミックを忘れ、マスクを投げ捨て密集し、国境を越え続けるかもしれない。しかし今回の危機が、これまで潜在的に存在してきた問題を先鋭化させるきっかけとなりつつある。

シンガポールのリー・シェンロン首相は6月に「危機に瀕するアジアの世紀」と題した『フォーリン・アフェアーズ』誌への寄稿で述べる。米中両国のそれぞれが対立を選択をするのか、共存を選択するのか、それが我々の時代の根本問題であると（Lee, 2020）。経済的繁栄を基礎づけてきた条件が揺らぎつつあるとの見立てだ。危機対応で発動される大規模な固定資産投資と金融緩和、そして地域に蓄積されてきた高水準の人的資本、これらによって、数年後、マクロ指標で見て、アジア地域が回復を遂げ、「アジアの世紀」が再び語られる時は来るだろう。だがコロナ危機のなかで潜在的な問題が表面化することで、「アジアの世紀」の未来は変形しかねない。アジア経済の主旋律は長調から短調へと変調してしまったのではないか。配役は差し替えられてしまったのではないか。マスクで口を覆い、人との物理的距離をとりながらも、耳を澄まして変調を感じ取り、目を凝らして舞台に誰が登場して誰が退出したのかを記録し、議論していかねばならない。

参考文献

伊藤亜聖（二〇二〇）「新型肺炎がもたらした中国経済のジレンマ――武漢発のグローバル危機」『中央公論』二〇二〇年五月号、一〇四―一一一頁。
宇野重規（二〇二〇）「事前の制度化・事後検証カギ――危機下の民主主義」『日本経済新聞』二〇二〇年六月五日掲載。
生方史数（二〇二〇）「人新世におけるアジアの持続可能な未来」『書斎の窓』二〇二〇年九月号（第六七一号）。
遠藤環・伊藤亜聖・後藤健太・大泉啓一郎編（二〇一八）『現代アジア経済論――「アジアの世紀」を学ぶ』有斐閣。
後藤健太（二〇二〇）「接続性の時代を生きる――アジアと共に、その先へ」『書斎の窓』二〇二〇年七月号（第六七〇号）、二五―二九頁。
山中伸弥（二〇二〇）「ファクターXを探せ！」山中伸弥による新型コロナウイルス情報発信HP（https://www.covid19-yamanaka.com/cont11/main.html）。
International Air Transport Association（IATA）.（2020）"COVID-19: Outlook for air travel in the next 5 years," 13 May 2020.
Lee, Hsien Loong.（2020）"The Endangered Asian Century: America, China, and the Perils of Confrontation." *Foreign Affairs*, July/August 2020.
World Bank.（2020a）*East Asia and Pacific in the Time of COVID-19*, World Bank East Asia Pacific Economic Update（April 2020）, Washington, DC: World Bank.
World Bank.（2020b）*Global Economic Prospects*, June 2020, Washington, DC: World Bank.
World Trade Organization.（WTO）.（2020）"Trade falls steeple in first half of 2020," Press Release, 22 June 2020.
Wong, John, and Yongnian Zheng eds.（2004）*The SARS Epidemic: Challenges to China's Crisis Management*, Singapore: World Scientific.
中華人民共和国国務院新聞辦公室（二〇二〇）《新冠肺炎疫情的中国行働》、二〇二〇年六月七日。

アジアとコロナ危機
――アジア通貨危機との比較

末廣　昭

（すえひろ　あきら）
学習院大学国際社会科学部教授
専門はアジア経済論、地域研究。
著書に『新興アジア経済論――キャッチアップを超えて』（岩波書店）、『東アジアの社会大変動』（共編著、名古屋大学出版会）『中国・新興国ネクサス』（共編著、東京大学出版会）などがある。

1　コロナ危機から何を学ぶか？

二〇一九年一二月に中国の湖北省武漢から始まった新型コロナウイルス（COVID-19）（以下コロナと略記）は、当初は中国とその周辺（タイ、韓国、日本、台湾）を中心に感染が広がった。アジア諸国以外で初感染者が確認されたのは、米国が台湾と同じ一月二一日、フランスがマレーシアと同じ二五日、イタリアがインドと同じ三〇日であった。ただし、三月中旬までは感染者の主たる地域はあくまで中国とその周辺国や地域であった。

ところが、三月一六日に、中国以外の国の感染者数八万六四三八人が、中国の八万一〇七七人を上回った。それ以降は、世界保健機関（WHO）のパンデミック宣言のとおり、爆発的に感染者の数は欧州、北米、中東地域で増加していった。五月下旬からは、欧米や中東諸国に加えて、ロシア、ブラジル、ペルー、チリなどの中南米、インドなどの南アジアで爆発的な感染が発生し、六月二八日には世界の感染者数は遂に一〇〇〇万人を超え、犠牲者の数も五〇万人に達している。

サハラ以南のアフリカを含めて、世界全域にコロナの感染地域が広がる中、アジアが世界の感染者に占める比率は、南アジアを含めても七月二〇日現在、一三％であるにすぎない（後掲の図表1も参照）。にもかかわらず、ここで「アジア」を取り上げるのは、発生源が中国とその周辺国であり、ウイルス拡大防止対策が早くからとられたからだけではない。後述するコロナによって露呈した「世界が抱える三つのリスク」、すなわち、世界のグローバル化、社会の高齢化、経済のサービス化の三つの動きに伴うリスクを端的に示しているのがアジア、とりわけ東アジアだったからである。それと同時に、コロナが地域の経済や社会に与える深刻な影響を今後増幅しそうなのが、サプライチェーンの発展、外国人労働者への依存の深化、そして観光業や外食産業の興隆が示すサービス産業の急成長であった。

じつは、これら三つの動きに拍車をかけたのは、一九九七年に東アジアを襲ったアジア通貨危機である。つまり、アジア通貨危機は今日、世界が直面するさまざまなリスクを準備する重要な転機になったと考えられる。また、アジア通貨危機は、二〇〇八年の世界金融危機、今回のコロナ危機と並んで、アジアの経済と社会に大きな影響を与えた事件であった。そこで本稿ではアジア通貨危機の事例を念頭に置きつつ、今回のコロナ危機の特徴がどこにあるのか、また、「ポスト・コロナの世界」（もしくは「ウィズ・コロナの世界」）が今後どう展開するのかについて考えてみたい。

2　コロナ危機の地域別比較――感染率と致死率

最初に図表1を使って今回のコロナ感染の地域別特徴を見ておこう。情報源は、世界保健機関が毎日公表している「Situation Report」と、日本の厚生労働省が発表している「新型コロナウイルスの発生状況」をもとに筆者が作成しているデータベースである。図表1では、世界を大きくアジア、欧州（ロシアを含む）、北米、中東・北アフリカ、中南米、サハラ以南のアフリカ、オセアニア・大洋州の七つの地域に分け、それぞれの人口数にもとづく分布、高齢化率（六五歳以上の高齢人口が総人口に占める比率）、感染者数の分布、感染率（人口一〇万人当たりの感染者数）、致死率（死者数を感染者数で割った比率）の数字を整理した。欧州については四月以降、感染が急速に広がった主要八か国（イギリス、イタリア、オランダ、スウェーデン、スペイン、ドイツ、フランス、ベルギー）とそれ以外の国に分けて計算した。

一見して目を惹くのは、世界の人口の地域別分布とコロナ感染者の分布の間に大きなギャップが存在する事実である。感染者数の世界に対する分布でみると、欧州二九％（人口比は一一％）、北米二八％（同五％）、中南米二一％（同八％）に比べて、アジアの一〇％（同五三％）、サハラ以南アフリカの二％（同一四％）は明らかに低い。ただし、アフリカの数字は医療機関の不足や報告体制の不備により、「過少報告」が想定される。また、世界保健機関が危惧するように、今後は感染者の数が急増する懸念もある。その意味では、アジア地域は世界の中で感染者の数が相対的に少ないと言えるだろう。

次に感染率（人口一〇万人当たり）をみると、米国の六二六人が頭抜けて高く、「欧州八か国」の三五三人、中南米の二四四人がこれに続く。アジアの一八人、東南アジアの一七人は、世界平均の九九人に比べても、きわめて低い数字である。同様に、感染者に対する死者の比率（致死率）をみても、「欧州主要八か国」の一〇〇人当たり一二・七人は世界平均の五・六人と比べても際立って高いことが判明した。死者数の多い米国は五・六人と、世界平均と同じ水準である。これに対してアジアの致死率は二・九人であり、その水準の低さは感染率の低さと

図表1　世界の人口、高齢化率、感染率、致死率の地域別比較：2020年6月13日現在（%、人）

世界地域・国 数字は報告の国・地域の数	人口 2018年	感染者	高齢化率	感染率	致死率
	構成比	構成比	%	10万人当たり	%
アジア小計　25	53.4	9.8	8.5	18	2.9
中　国	18.7	1.1	10.9	6	5.6
北東アジア*　6	2.8	0.4	16.8	15	3.9
日　本	1.7	0.2	27.6	14	5.3
韓　国	0.7	0.2	14.4	24	2.3
台　湾	0.3	0.0	14.6	2	1.6
東南アジア　11	8.6	1.5	6.8	17	2.9
インドネシア	3.5	0.5	5.9	14	5.5
南アジア　7	23.3	6.8	5.9	29	2.4
欧州　55	10.9	28.7	14.1	262	8.4
主要8カ国**	4.7	16.8	20.0	353	12.7
その他欧州	6.2	11.9	13.1	192	2.3
北米　2	4.8	28.2	16.5	589	5.7
米　国	4.3	27.0	15.8	626	5.6
カナダ	0.5	1.3	17.2	263	8.2
中南米　33	8.3	20.5	8.4	244	4.9
中東・北アフリカ　22	7.4	10.4	4.1	140	2.3
サハラ以南アフリカ　47	14.0	2.2	3.5	16	2.3
オセアニア、大洋州　5	0.5	0.1	9.9	22	1.4
世界191か国・地域　合計（平均）	100.0	100.0	8.9	99	5.6
世界213カ国・地域　実数	7,631,091	7,590,032	*	*	*

（注）（1）北東アジアは日本、韓国、香港、マカオ、台湾、モンゴルで、中国本土を含めない。
（2）欧州の主要8カ国はイギリス、イタリア、オランダ、スウェーデン、スペイン、ドイツ、フランス、ベルギー。
（3）高齢化率は総人口に占める65歳以上の高齢人口の比率。
（4）致死率は死者数を感染者数で割った数字。
（5）人口の単位は1000人、感染者数は人で、実数は191か国・地域の合計。
（出所）世界保健機関（WHO）と厚生労働省の資料より筆者作成。

同様、注目に値する。

ではなぜ、これほど大きな数字の差が感染率や致死率で生まれたのか。これまでメディアが伝えてきた理由をランダムに列記すると、次のとおりである。①中国の武漢で確認されたコロナと、その後、東南アジア、欧州、北米に波及していったコロナはそれぞれ感染力が異なり、重症化する度合いも異なるため。②感染者を確認するPCR検査の数が国により大きく異なるため（例えば、六月二六日現在、日本は累計四四万件に対して、米国は三〇〇〇万件と六〇倍以上の差があった。③病院で死亡した患者数に加えて、介護施設や高齢者施設での死者を加えるかどうかの違いがあるため。フランス、イギリス、ドイツ、米国は介護施設の事例を含めており、その数が多

図表2　ASEAN諸国の感染者と死者の比較、2020年3月10日～7月20日（感染者の多い順）

国名	7月20日	7月20日	5月10日	5月10日	3月10日	3月10日
	感染者	死者	感染者	死者	感染者	死者
インドネシア	86,521	4,143	13,645	943	19	0
フィリピン	67,456	1,831	10,610	704	24	1
シンガポール	47,912	27	22,460	20	160	0
マレーシア	8,779	123	6,589	107	117	0
タ　イ	3,249	58	3,004	56	50	1
ベトナム	383	0	288	0	30	0
ミャンマー	341	6	178	6	0	0
カンボジア	171	0	122	0	2	0
ブルネイ	141	3	141	1	1	0
ラオス	19	0	19	0	0	0
ASEAN10合計	214,972	6,191	57,056	1,837	403	2

（出所）　世界保健機関（WHO）並びに厚生労働省が毎日発表するデータから筆者作成。6月24日からは厚生労働省の発表数字はジョンズ・ホプキンス大学のデータに主に依拠している。

い。④人口当たりの病院の数や病床数の違い、医療従事者の数の違いのため（例えば、タイとインドネシアの致死率の違いなど）。⑤日本のように国民健康保険が定着している国と、福祉サービスや医療保険の「市場化」が進んでおり、所得や人種の違いにより医療サービスの中身に差が生まれるため（米国のコロナによる犠牲者は、民間の医療保険に加入できない黒人やヒスパニックの低所得層が多かった）。⑥社会の構造が人種や雇用形態（正規か非正規か、自国民か移民か）の違いにより大きな所得格差を生み出していたかどうかの違いのため。⑦国家の統治形態とコロナ感染拡大防止の取り組みの違いのため（共産党支配の中国・ベトナムとそうでない国の違い、早期取り組みのベトナムと遅かったインドネシアの違い）である。以上のほか、未確認ながら遺伝子レベルでの免疫力の人種による違いや、BCGワクチンの予防接種の有無の違いなども指摘されている。

次に、ASEAN加盟の一〇か国に限定して、二〇二〇年の三月から七月二〇日に至る期間のコロナの感染者と死者の推移をみてみよう（図表2）。ASEAN加盟国の中でも、コロナ感染拡大防止に「成功した国」と「失敗した国」の分極化が明白である。拡大防止に成功したのは、ベトナム、タイ、マレーシアの三か国であり致死率も低い。他方、インドネシア、フィリピン、シンガポールの三か国は、拡大防止に失敗した国であり、インドネシアとフィリピンは相対的に致死率も高かった。カンボジア、ラオス、ミャンマー（CLM）の三か国は、出稼ぎ労働者が多いにも関わらず感染者の数がいまのところ少ない。これは医療機関の報告が不十分のため実態を反映していない可能性もある。

いずれにせよ、世界やASEAN加盟国の中で、なぜ感染率や致死率にかくも大きな違いが存在するのか、その理由は単純には説明できない。先に述べた七つの理由についても、どれが主要の要因であったかは特定が難しい。ただし、こうした違いが次に述べるコロナ危機によって露呈したリスクと関連していたことは確かであった。

3　コロナが暴露した三つのリスク

今回のコロナが暴露したリスクは、要約すれば、①世界のグローバル化、②社会の高齢化、③経済のサービス化の三つである。いくつかのデータを使って、そのことを示しておこう。

第一に、一九八〇年代に入ってから世界経済は本格的なグローバル化の時代を迎えた。具体的には、世界貿易は一九八〇年の二兆ドルから二〇一九年の一九兆四五〇〇億ドルへと九・五倍の伸びを示した。同じ期間に、国際労働力移動の累計人口は、九四〇〇万人から二億七〇〇〇万人へと約三倍の増加を示した。同様に、受入国からみた対外直接投資残高（FDI Inward Stock）は、一九九〇年の二兆八〇〇億ドルから二〇一九年の三六兆四七〇〇億ドルへと、じつに一七倍以上の伸びを示している。

こうしたグローバル化を側面から支えたのが、情報通信技術（ICT）の発達とそれに伴う通信コストや輸送コストの劇的な低下であった。その結果、モノ、ヒト、カネの移動がより簡単に、かつ迅速に進むようになった。アジア地域に目を転じると、以上の三つの動きは、①電子産業の部品貿易の増加に端的に示されるアジア域内貿易の深化（アジア化するアジア）、②民間企業による生産ネットワークもしくはサプライチェーンの国境を越えた拡充、③アジア域内での労働力移動の活性化の三つとして現れた。

このうち労働力移動について補足しておこう。アジア諸国は国際労働力の「受入国」と「送出国」の二つからなる。「受入国」の代表はシンガポールである。バングラデシュ、インド、マレーシアなどから一四〇万人（二〇一九年）の労働者を受け入れている。医療体制や疫病対策が万全と思われたシンガポールで四月に入ってから感染者数が急増したのは、感染者の九割を占めると言われる外国人労働者の間で、三月三〇日に集団感染が起きたからであった（四月一日の九二六人から六月二五日の四万二六二三人）。シンガポールはASEAN加盟国の中ではインドネシア、フィリピンに次いで三番目に感染者の多い国になってしまった。

そのほか、マレーシアはインドネシア、バングラデシュなどから一九三万人（二〇一九年）、タイはカンボジア、ラオス、ミャンマーの三か国のみで二〇〇万人を超える労働者を受け入れている（二〇一八年登録済み）。一方、「送出国」の代表はフィリピン（二〇一七年、五九七万人）、インドネシア（四二五万人）、ミャンマー（二九五万人）、ベトナム（二七〇万人）、バングラデシュ、インドなどである。こうした国際労働力に依存する体制の危うさはシンガポールの事例が示すとおりであった。

同様に、コロナ感染拡大防止のために各国が断行した国境閉鎖は、すみずみまで広がっていた生産ネットワークを寸断した。とりわけ、中国や東南アジア諸国の分工場や現地工場に部品の供給を依存していた日本企業は、サプライチェーンの機能不全により、操業の一時停止や縮小に追い込まれている。この点は日本企業だけでなく、アジア諸国の自動車産業や電機電子産業に関連する企業が、程度の差はあれ共通に直面する問題となっている。

第二に、二一世紀に入ってアジア地域は高齢化社会の時代に突入した。一般的には、六五歳以上の高齢人口が総人口の七%を超えたとき、その国を「高齢化社会」(an aging society)と呼び、倍の一四%を超えると「高齢社会」(an aged society)と呼ぶ。前掲の図表1でみると、アジアの高齢化率は八・五%と世界平均の八・九%より若干低い。今回感染者数の大きさだけでなく、致死率が一三%に達する欧州の主要八か国の場合、高齢化率は二〇%の高さであった。これと比べるとアジアの高齢化率はまだそれほど高い水準ではないことが判明する。

したがって、東南アジアや南アジアの致死率が低い主な理由を、先進国に比べて高齢化率がまだ低い点に求めることも可能だろう。ただし、国連人口課の推計(二〇一九年改定版)によると、東アジア地域の中では、香港が日本に次いで高齢化のスピードが最も速く、一九八三年には早くも高齢化社会に突入し、二〇一三年に高齢社会に移行した。香港に続いて台湾は一九九二年、韓国は二〇〇〇年、中国は二〇〇二年、タイも二〇〇二年、シンガポールは二〇〇四年、ベトナムは二〇一七年、マレーシアは二〇二〇年に、それぞれ高齢化社会に突入した。高齢化社会をまだ迎えていない国は、インドネシア(二〇二三年の見込み)、フィリピン(同二〇二八年)と、むしろ少数派なのである。ちなみに、日本は一九七一年に高齢化社会、一九九五年に高齢社会を迎え、現在は高齢人口が二四%と、超高齢社会(ウルトラ高齢社会)の時代に入っている。

高齢の感染者が死亡にまでいたる理由としては、病気に対する抵抗力が低下しているうえに、肺炎を併発しやすいこと、持病と結びついて重篤化しやすいことなどがあげられる。しかし、それだけではなく、各国政府の医療サービスや福祉サービス(健康保険や介護保険の整備状況など)の体制の違い、高齢者をだれが面倒をみるのかという家族構造の違いや介護施設の整備の違いとも密接に関連している。

幸い今回のコロナ危機では、アジア地域の高齢者は欧州ほど集団感染の犠牲にはなっていない。しかしながら、将来コロナの第二波、第三波が襲ってきたときに、アジアでも介護施設や病院で集団感染が発生する可能性は十分ある。その意味で、年齢階級別の分析は感染者と死者に分けて、今後も注意深く続けていく必要があるだろう。

第三に、二一世紀に入って日本でもアジア諸国でも「経済のサービス化」が進んだ。少なくとも、一九九七年のアジア通貨危機までは、東南アジア諸国の多くは、輸出産業の奨励と重化学工業の育成＝産業構造の高度化の二つを柱にして、比較的順調に工業化を進めてきた。ところが、アジア通貨危機はこうした動きにブレーキをかけ、中国企業の躍進と対外進出が、東南アジア諸国の地場企業、とりわけファミリービジネスに対して「脱製造業」の傾向を促した。その結果、彼らが投資に向かったのは、資源関連産業、エネルギー産業（再生可能エネルギーなど）、アグロインダストリー、不動産開発、そして、ショッピングモールや外食チェーンなどのサービス産業であった。というのも、こうした産業は地場企業が外国企業に対して、比較優位を発揮できる分野だったからである。

それと並行して、国民経済レベルでも「経済のサービス化」が進んでいった。その典型はタイの観光産業にみることができる。タイの観光産業は、一四社を超えるＬＣＣ（低価格航空サービス）の充実したラインナップ、アユタヤーをはじめ多様な歴史遺産の存在、バラエティに富んだタイ料理とショッピングの提供、高級ホテルからバックパッカー向けゲストハウスまで幅広くカバーする宿泊施設の豊富さ、そして何より外国人観光客を魅了するタイ国民のホスピタリティ。このいずれをとってもアジアの中では抜きんでた競争力を誇る。

実際、タイへの外国人観光客数は、一九九〇年の五三〇万人から二〇〇二年には一〇四〇万人に倍増し、二〇一二年には二〇〇〇万人を越え、二〇一八年には三八〇〇万人へと急速に増加した。外国人観光客の四分の一を占めるのが中国人である。もっとも、二〇一九年七月に観光地プーケットで生じた遊覧船の沈没事故で中国人観光客四七人が死亡した。そのため、中国人観光客の数は減り始めるが、それでも二〇一九年通年としては三九八〇万人と最高記録を更新した。同じ年の日本のインバウンド観光客より一〇〇〇万人も多いのである。

加えて特筆すべきは、観光産業が稼ぐ外貨収入が、二〇一九年には輸出金額の二六％にも相当していた事実である。この数字はフィリピン一〇％、インドネシア七％、ベトナムや日本の四％よりもはるかに高い（二〇一八年の数字）。それどころか、アンコールワットという世界遺産を保有し、輸出金額そのものがタイの一七分の一でしかないカンボジアの数字（二五％）さえも上回っていた。タイは日本以上に「観光立国」なのである。

この観光産業がコロナの影響で突然崩壊した。直接の契機は、二月中旬にまず中国から、次いで三月中旬には韓国やイタリアから、そして四月上旬にはほぼ世界全域からの入国者に対して実施した旅行客の入国制限である。その結果、三月下旬の見通しでは二〇二〇年通年で一〇〇〇万人、二〇一九年の四分の一の水準まで激減するという悲観論に代わり、四月に入ると見通しそのものが立たなくなった（四月、五月は観光客の入国はゼロであった）。加えて、観光産業の縮小に伴い、バンコクや観光地のホテル、ショッピングモール、外食チェーン、物流業が玉突き現象で深刻な不況に入り、タイ経済全体も前年比マイナス七％以上の下落が予想されるようになった（図表3も参照）。

4　アジア通貨危機の原因とその後の変化

さてここで、今回のコロナ危機と比較するために、一九九七年に勃発したアジア通貨危機の特徴を見ておこう。アジア通貨危機の何よりの特徴は、それが通貨危機であり金融危機だった事実である。一九八五年のプラザ合意を契機に、東南アジア諸国は海外からの直接投資ブームにわき、それが各国の地場企業の投資を誘発した。次いで、大量の国内外の資金が株式と不動産への投資（投機）に向かい、一九九〇年代初めには多くの国がバブル経済を経験する。中でもタイの場合には、一九八六年から一九九四年の間に、年間の株式取引額は二五〇億バーツから二兆一〇〇〇億バーツへと八四倍、土地取引額も同時期、五〇〇億バーツから四〇〇〇億バーツへと八倍に膨らんだ。バンコクの平均地価は一九八五年を一〇〇とすると、一九九三年には二八〇〇にまで上昇した。

このときのバブル経済を特徴づけたのは二つのミスマッチである。ひとつは、大量の資金を海外からドル建てで借入れ、これを現地通貨（バーツ貨）で運用する「通貨のミスマッチ」。もうひとつが、三か月とか六か月といった短期で借り入れた資金を、借り換えを繰り返しながら長期に運用する「満期のミスマッチ」である。その結果、バブル経済が崩壊し、海外からの短期資金がいっせいに引き上げると、タイはたちまちのうちに通貨危機に陥った。実際、一九九七年七月には、手持ちの外貨も使い果たして、バーツ貨の為替レートは一ドル二五バーツから五四バーツへと、五〇％以上の減価になった（ドルペッグ制から管理フロート制への移行）。こうした減価は当然ながら、ドル建てで多額の資金を借り入れていた現地の大企業の債務を一夜にして倍増させた。仮に一〇億ドル借りていた企業は、返済のための現地通貨を、いまや二五〇億バーツではなくて五四〇億バーツも用意しなければならないからである。

IMFや世界銀行がアジア通貨危機の原因として重視したのは、外国資金やヘッジファンドの貪欲な行動ではなく、東アジアの地場企業に定着していた間接金融中心の金融構造、つまり銀行借入に過度に依存した資金調達構造と、大企業を牛耳るファミリービジネス（や財閥）の弊害、もしくは企業ガバナンスの弱さの二つであった。そのため、アジア通貨危機の震源地であったタイをはじめ、インドネシア、韓国などに対して、IMFや世界銀行は救済融資の条件として、金融制度改革と企業経営改革の二つを指示する。前者の金融制度改革は、銀行経営の健全化（不良債権処理とBIS規制の順守など）や証券市場の育成（直接金融の促進）を柱とし、後者の企業経営改革は、所有主家族から独立した社外役員の任命や国際規準にしたがった会計制度の導入など、企業ガバナンスの強化を目的とした。

後掲の図表3でみるように、アジア通貨危機の翌年にあたる一九九八年には、中国を除く東アジアの多くの国が、アジア開発銀行やIMFが当初予測した以上の経済不況に陥った。ところが、三年目の二〇〇〇年にはほぼすべての国がV字回復を達成し、世界の投資家を驚かせた。その理由は、渡辺利夫氏が指摘したように（「アジア化するアジア――危機の向こうにみえるもの」『中央公論』一九九九年六月号）、アジア通貨危機でダメージを受けたのは、あくまで野放図な貸し付けに走って不良債権を大量に抱え込んだ地場の商業銀行やファイナンスカンパニーと、非生産的分野に事業を拡大していった一部のファミリービジネスであった。製造業を中心とする実物経済のファンダメンタルズは依然健全であり、金融制度の立て直しが終われば、実物経済はいずれ回復する。それが渡辺氏の主張であり、実際、東アジアのその後の経済はそれを実証したのである。

むしろ、ここで読者に注意を促しておきたいのは、アジア通貨危機を転機にして東アジアでは経済構造に大きな変化がみられた点である。

第一に、東アジアが工業製品の生産・輸出拠点だけでなく巨大な消費市場にもなった点である。東アジアはそれまでは電子製品などを欧米の最終市場に輸出していた。それが部品を中心に域内貿易を増加させると同時に、最終製品については東アジアそのものが巨大な市場になった。例えば、パーソナルコンピュータを例にとると、東アジアが世界最大の生産地域になるとともに、世界最大の消費地域にもなったのである。その際、域内貿易のハブとなり最終製品に巨大な市場を提供したのは、言うまでもなく中国であった。

第二に、域内貿易の発展を支えたのが、「三つのリスク」のところで紹介したサプライチェーンの進展、あるいは生産ネットワークの拡充である。当初、サプライチェーンは日本と中国、日本とタイといったように、二国間で展開していた。それが、輸送手段・情報通信手段の著しい発展や、中国における賃金上昇の圧力を受けて、サプライチェーンは二国間からより多国間を結びつける面の世界へと発展していった。例えば、キヤノンのプリンターの場合には、原材料、部品・中間財）、製品が日本、中国、タイ、ベトナムの間を行き来し、キヤノンなど多国籍企業が主導する企業内貿易（同一産業内での水平貿易）が、国と国の間の垂直貿易と並んで、アジア域内貿易の発展を支える柱となった。東アジアの経済発展が、国を単位とする展開ではなく企業を単位とする展開へとシフトしていったのは、アジア通貨危機以降のことである。

第三に、二〇〇〇年代に入ってからアジア域内の労働力移動が増加していった。というのも、V字回復を遂げたあとの東アジアでは、一方で農業、漁業、建設業などで労働力不足が顕在化し、他方でアジア通貨危機の経験から、基幹労働者以外は派遣労働者や非正規労働者を雇用して、景気の変動に柔軟に対応する方針が定着したからである。実際、マレーシアの場合には、製造業に占める外国人労働者の比率は、アジア通貨危機前の一九九五年の一〇％強から二〇〇六年には二四％、直近の二〇一九年には三五％にまで上昇している。同じく、タイは一九九六年の時点ですでに近隣三か国（CLM）を中心に七二万人の非合法労働者が働いていた。それが、二〇〇四年には登録済みの労働者だけで九七万人（非合法を加えると一七〇万人）、二

○一七年には二○八万人（同二六○万人）にまで膨れ上がった。

第四に、東アジアでは二○○○年代に入ってから、地場企業の「脱製造業化」が急速に進んだ。一つ目の理由は、アジア通貨危機を転機に、タイでもインドネシアでも、自動車、電子、鉄鋼、石油化学などコアの製造業では、外国企業の進出が一気に進んだ。それまでコアの製造業に合弁形態で進出していた地場のファミリービジネス（ビジネスグループ）は、保有する株式を外国人パートナーに売却し、自分たちは比較優位を発揮できる資源関連やアグロインダストリー、あるいはサービス産業へと、事業分野を転換していった。

以上四つの動きは、二○二○年にコロナが世界を襲うまで、東アジアの経済成長、もしくは新興アジア諸国の経済成長を支えてきた重要な動きだった。それらの動きや要因がコロナによってリスクへと一気に転化したのである。

5　世界経済への影響――アジア通貨危機とコロナ危機

ここでは、ＩＭＦが定期的に発表している『世界経済展望』の予測をもとに、二つの危機がその後の東アジア、そして世界の経済（実質の経済成長率）にどのような影響を与えたのかをみておきたい。図表3は、アジア通貨危機が勃発した翌年の五月におけるＩＭＦの世界経済予測（一九九八年）、アジア通貨危機から回復を果たした二○○一年時点から振り返った一九九七年から九九年の三年間の経済実績、そして二○二○年六月におけるコロナ危機に関する世界経済の予測の三つを比較したものである。

一見してわかることは、アジア通貨危機が直撃したタイ、インドネシア、韓国の場合には、いずれもＩＭＦの当初の予測を大幅に超える深刻な不況を経験したことである。タイはマイナス三・一％からマイナス一○・八％へ、インドネシアはマイナス五・○％からマイナス一三・一％へ、韓国もマイナス○・八％からマイナス六・七％へと、それぞれ大幅に下方修正となった。逆に、先進国経済の場合には、米国の二・九％が四・三％になったように、概ねアジア通貨危機の影響は軽微であった。つまり、アジア通貨危機は危機の範囲が「アジア域内」にとどまっていたと言えよう。さらに、中国は一九九八年に七・八％、翌一九九九年も七・一％と高い成長率を示した。中国のこうした高成長が東アジアの一九九九年以降の経済のＶ字回復に一役買ったことも付記すべきであろう。

一方、今回のコロナ危機による二○二○年六月の世界経済予測（緊急改定版）は、アジア通貨危機のときとは様相を大きく異にする。まず、ダメージが大きいのはアジアや発展途上国の経済ではなく、先進国経済のほうであった。例えば、先進国経済はマイナス八・○％（四月時点の予測はマイナス六・一％）、米国もマイナス八・○％（同マイナス五・九％）、ＥＵがマイナス一○・二％（同七・五％）、日本がマイナス五・八％（同マイナス五・二％）と予測されている。欧米諸国の打撃が深刻であるだけでなく、ＩＭＦは四月の予測からわずか二か月の間に、米国は二・一ポイント、ＥＵは二・七ポイントも下方修正を実

図表3　IMFの成長率の予測と実績：アジア通貨危機後とコロナ危機後（実質GDP、%）

地域・国	1998年5月予測		2001年10月実績			2020年6月24日予測		
	1997	1998	1997	1998	1999	2019	2020	2021
	暫定	予測	実績	実績	実績	暫定	予測	予測
世　界	4.1	3.1	4.2	2.8	3.6	2.9	−4.9	5.4
先進国経済	3.0	2.4	3.5	2.7	3.4	1.7	−8.0	4.8
米　国	3.8	2.9	4.4	4.3	4.1	2.3	−8.0	4.5
E　U	2.6	2.8	2.6	2.9	2.7	1.3	−10.2	6.0
日　本	0.9	*	1.9	−1.1	0.8	0.7	−5.8	2.4
韓　国	5.5	−0.8	5.0	−6.7	10.9	2.0	−2.1	3.0
発展途上国経済	5.8	4.1	5.8	3.5	3.9	3.7	−3.0	5.9
アジア	6.7	4.4	6.5	4.0	6.1	4.9	−2.0	6.2
中　国	8.8	7.0	8.8	7.8	7.1	6.1	1.0	8.2
インドネシア	5.0	−5.0	4.5	−13.1	0.8	5.0	−0.3	6.1
タ　イ	−0.4	−3.1	−1.4	−10.8	4.2	2.4	−7.7	5.0
フィリピン	5.1	2.5	5.2	−0.6	3.4	6.0	−3.6	6.8
マレーシア	7.8	2.5	7.3	−7.4	6.1	4.3	−3.8	6.3

（出所）　IMF, *World Economic Outlook*, May 1998; *do.*, October 2001; *do.*, June 2020 より筆者作成。

施した。これに対して、三月まで感染者の大半を占めていた中国は、マイナスではなく一・〇%のプラスの予測である。ASEAN諸国はマレーシア、フィリピン、インドネシアのいずれもマイナス成長の予測であるものの、その数字は先進国ほどではない。タイのみがマイナス七・七%と際立って低いのは、今回のコロナによる影響だけではなく、二〇一九年後半からPM2・5による大気汚染、旱魃よる農産物の生産縮小、一次産品の輸出不振などが重なったからである。

図表3で注目すべきは、二〇二一年の数字が先進国経済も発展途上国経済も軒並み高い水準となっている事実である。これは、二〇二〇年の落ち込みの反転で数字が大きくなるという統計上の問題とは別に、今回のコロナ危機はあくまで疫病の問題であり、コロナが終息すれば実物経済も金融経済も自然と回復するという楽観論があるからである。二年か三年先にはワクチンが開発されるという見通し、コロナ危機で新たな需要が生まれるという期待、そしてG7や国際金融機関による巨額の財政出動も、楽観論の背景となっている。

アジア開発銀行のチーフエコノミストである沢田康幸氏が「今回の危機の特徴は経済に問題があるという点ではない。むしろ経済は堅調であり、経済の外からやってきた大きなショックという点が最大の特徴だ。したがって、公衆衛生上のリスクが取り除かれれば、アジア経済はかなり順調に元に戻るだろう」（四月三日プレスリリース）と述べたのは、アジア通貨危機のあとのV字回復という過去の経験が多分に影響を与えている。

しかし、今回のコロナは世界全体におよび、航空サービス業や観光産業だけでなく、サプライチェーンの崩壊を通じて製造業のコア産業にも深刻な影響を与えている。つまり、アジア通貨危機のときと違って、実物経済自体が深刻なダメージを受けているのである。ちなみに、世界貿易機関（WTO　四月八日）は二〇二〇年の数量ベースの貿易量を前年比三〇％の減少、国連貿易開発会議（UNCTAD　六月一六日）も、同年の世界全体の直接投資金額を前年比四〇％の減少と予測している。今後、IMFやアジア開発銀行がより一層厳しい経済予測に転じたとしても、それは決して不思議なことではない。

6　「ポスト・コロナの世界」を展望する

最後に、「ポスト・コロナの世界」もしくは「ウィズ・コロナの世界」はどうなっていくのだろうか。「ポスト・コロナの世界」はもはや昔と同じ世界には戻れない。それでは何がどう変わっていくのか。最後にこの問題について論点だけ指摘しておきたい。

第一に、グローバル化の象徴でもあった生産ネットワークや国際労働移動は、今回の国境封鎖や出入国制限によって寸断された。そうである以上、従来の生産ネットワークの展開や外国人労働者の雇用について、一定の見直しがなされるのは避けられないだろう。その場合、国際貿易、工場の海外展開、外国人労働者の雇用について、従来以上に「自国ファースト」の内向き政策が強化されるのか、外向きの国際協調を以前にもまして進めていくのかが問われる。「自国ファースト」の政策が強化されれば、世界経済の不況脱出は長引くことになる。最近、トランプ大統領が提唱した中国を除くEPN戦略（Economic Prosperity Network）は、対中交渉で有利な立場を確保するための戦略とはいえ、自国や特定の国との経済協力を重視する新しい動きのひとつとみなすことができる。

第二に、コロナ危機は一九八〇年代から九〇年代にかけて欧米諸国や日本を席巻した新保守主義の政策、つまり「福祉サービスの市場化」にひそむ問題点を白日のもとに晒した。国民皆健康保険制度がなく、オバマケアも棚上げにした米国では、高額の医療費を払えない人々がコロナの犠牲になったと言われる（ある調査ではコロナの検査、入院から退院までに八〇〇万円もかかる）。財政支出の節減のため公立病院の施設を減らしてきたイタリアでは、医療施設の不足が表面化し、これが犠牲者の急増につながった。「福祉サービスの市場化」が引き起こした地域間や所得階層間の格差をどう是正するのか、そうした議論が今後はなされるだろう。

第三に、経済のサービス化と並行して進んだ経済・社会のIT化、あるいはデジタル経済の進展は、新型コロナウイルスを契機に今後後退するのではなく、むしろ一気に広がる可能性が高い。コロナ拡大防止の過程で顕著に現れたのが、国間の「デジタル社会化の進展」の違いであった。例えば、個人レベルでの追跡アプリの普及度をみると、中国本土、台湾、韓国がほぼ

図表 4　世界 191 か国の新型コロナウイルスの感染者と G7 メンバーと一帯一路関係国（67 か国）

月日	世界合計	G7 合計	G7%	一帯一路 BRI	BRI %
3 月 2 日	88,285	2,311	2.6	83,080	94.1
3 月 10 日	112,966	13,182	11.7	98,237	87.0
3 月 20 日	236,976	82,234	34.7	150,008	63.3
3 月 26 日	465,709	216,433	46.5	207,919	44.6
4 月 1 日	849,876	451,751	53.2	288,280	33.9
4 月 10 日	1,554,816	894,761	57.5	435,888	28.0
4 月 20 日	2,352,994	1,361,178	57.8	640,761	27.2
5 月 1 日	3,210,003	1,804,339	56.2	898,126	28.0
5 月 10 日	3,976,163	2,135,397	53.7	1,154,538	29.0
5 月 20 日	4,848,201	2,419,931	49.9	1,480,472	30.5
6 月 1 日	6,117,213	2,740,106	44.8	1,922,626	31.4
6 月 10 日	7,186,650	2,958,791	41.2	2,325,108	32.4
6 月 21 日	8,732,557	3,267,339	37.4	2,893,587	33.1
7 月 20 日	14,420,667	4,828,755	33.5	4,713,842	32.7

（注）　一帯一路の関係国は、中国が想定している沿線 65 か国にイタリアと中国を加えた。
（出所）　世界保健機関（WHO）と厚生労働省「新型コロナウイルスの発生状況」のサイトより末廣が集計した。

国民の大半をカバーしていたのに対し、フランスが二・五%、日本が二・六%、イタリアが三・六%、ドイツが一一・五%、米国に至っては実験段階という状況であった（『朝日新聞』二〇二〇年六月二三日朝刊）。中国、台湾、韓国でのコロナ拡大防止の理由のひとつが、こうした個人レベルまで浸透した「デジタル社会化」であったことは間違いない。デジタル社会の浸透度はリスク管理の成否と深くかかわる。日本はこの点では一周も二周も遅れており、新しい対応が不可避となる。

いずれにせよ、今後はインターネットがますます重要な手段となり、ネット販売やデリバリーサービスへの需要が高まり、職場でのテレワークや教育現場でのオンライン授業（いわゆるEd-tech の進展）が普及していく。そうした動きの中で、デジタル経済の進展が人々の間の格差を広げていくのか（いわゆるデジタル格差＝digital divide）、逆に格差ではなく地域間や所得階層間の違いを超えて人々に利益をもたらすのか（いわゆるデジタル配当＝digital dividend）、国によってその効果は異なる。前者の代表は米国であり、後者の典型は中国であろう。

最後に、今回のコロナ危機とG7並びに中国が展開する「一帯一路イニシアティブ」（BRI）の関連国六七か国（六五か国に中国自身とBRI支持を表明したイタリアを加える）の関係をみたのが図表4である。これをみると、三月一〇日当時、G7の合計は世界の感染者総数の一二%、一方、BRI関連六七か国は中国を含むため八七%に及んだ。それが、一か月後の四月一〇日にはG7が五八%、BRI関連六七か国が二八%と大きく逆転し、七月二〇日には三五％と三三％というふうに、両者の差はほぼなくなった。

この数字の推移が含意するのは、G7を構成する国は米国をはじめ深刻なダメージを受けており、世界全体の経済復興にグローバル・リーダーシップを発揮する財政的余力はほとんどない点である（前掲図表3も参照）。

次に、G20の現状をみておこう。米国に次いで感染者の多いブラジルや、インド、ロシア、南アフリカ、メキシコなど感染大国を含むG20は、七月二〇日現在、世界の感染者数の七一％、死者の数に至っては七五％を占める。G20が他の新興国や発展途上国の復興を助けるような経済的余力は、G7以上にない。ちなみに、G20のメンバーである中国は、同じ七月二〇日現在、感染者数は世界の〇・六％、死者数は〇・八％と、すでに一％を下回っていた。その一方、「一帯一路六七か国」の比率が着実に上昇している事実は、中国が「自ら国際的責務を負う」と考える対象地域の比重が高まっていることを意味する。

以上の点を考慮すると、「ポスト・コロナの世界」でリーダーシップをとる可能性が高いのはやはり中国であろう。今後、コロナ感染者がサハラ以南のアフリカに波及していった場合、「一帯一路国際フォーラム」と「アフリカ国際協力フォーラム」を主宰してきた中国としては、援助の手を差し出さざるを得ない。というより、中国自身は「ポスト・コロナの世界」の援助競争（いわゆるマスク外交）でリーダーシップをとることを、経済外交の中心にすえる意向を公言している。加えて、米国の庭である中南米諸国が、経済援助を中国に求めた場合、中国の影響力は「一帯一路六七か国」よりはるかに広がることになる。ちなみに、二〇二〇年一月現在、「一帯一路協力覚書」に署名している国は一三八か国に上る。先の六七か国に加え、中東・アフリカの四四か国、中南米もチリ、ペルーなどがすでに署名していた。

とはいえ、中国だけで「ポスト・コロナの世界」を支えることはできない。同様に、米国を中心にG7による世界秩序の復興を期待することもできない。だとすると、米中二大覇権に替わる新たな国際協調の仕組みとは何なのか、そこでの日本の役割は何なのかを改めて問う必要があるだろう。

II

日本・韓国

新型コロナウイルス感染拡大の訪日観光への影響

――インバウンドブームからコロナショックへ

宮島良明

（みやじま　よしあき）
北海学園大学経済学部教授
専門はアジア経済論　著書に宮島良明・大泉啓一郎「深化・分化する中国・ASEAN貿易」末廣昭・田島俊雄・丸川知雄編『中国・新興国ネクサス：新たな世界経済循環』（東京大学出版会）などがある。

1　空前のインバウンドブーム

二〇二〇年の年初より急速なスピードで世界中に広がり、そして、準備もままならないうちに矢継ぎ早に次々と新たな対応に迫られる、それがコロナショックの始まりであった。この新型コロナウイルスの世界的な感染拡大により、もっとも大きく、かつ深刻な影響を受けたのが、旅行や飲食、運輸などを含む観光業である。とくに近年、空前のブームのなかにあった訪日インバウンド観光にとっては、これ以上ないというほどの衝撃であった。「山高ければ谷深し」とは、相場の格言のようだが、現在のインバンド観光の状況をまさに表している言葉であろう。

まず、「山」のほうから確認しておこう。日本政府が、観光立国を志向し、外国人に対して訪日観光のキャンペーンを開始したのが、二〇〇三年のことであった。ビジット・ジャパン・キャンペーン（VJC）と名付けられたが、当初は必ずしも目覚ましい成果があったとは言えない。図表1に二〇〇三年以降の訪日外国人数の推移を示したが、二〇〇〇年代は、増加のペースは緩やかであったことがわかる。二〇〇三年に五二一万人だった訪日外国人数は、二〇一〇年の段階で八六一万人と一・七倍ほどの増加にとどまった。

明らかに外国人観光客が増えてきたのは、東日本大震災のあと、復旧・復興が進み始めた二〇一三年頃のことである。二〇一三年に一〇三六万人と一〇〇〇万人を超えた訪日数は、二〇一九年に三一八八万人へと六年のあいだに三・一倍に増加した。実数で言えば、二〇〇〇万人以上増えたことになる。ここで確認しておきたいのは、ここ数年という短いあいだに「急速に増えた」という点である。この増加のスピードに各所の対応

図表1　訪日外国人数の推移（総数とアジア、万人）

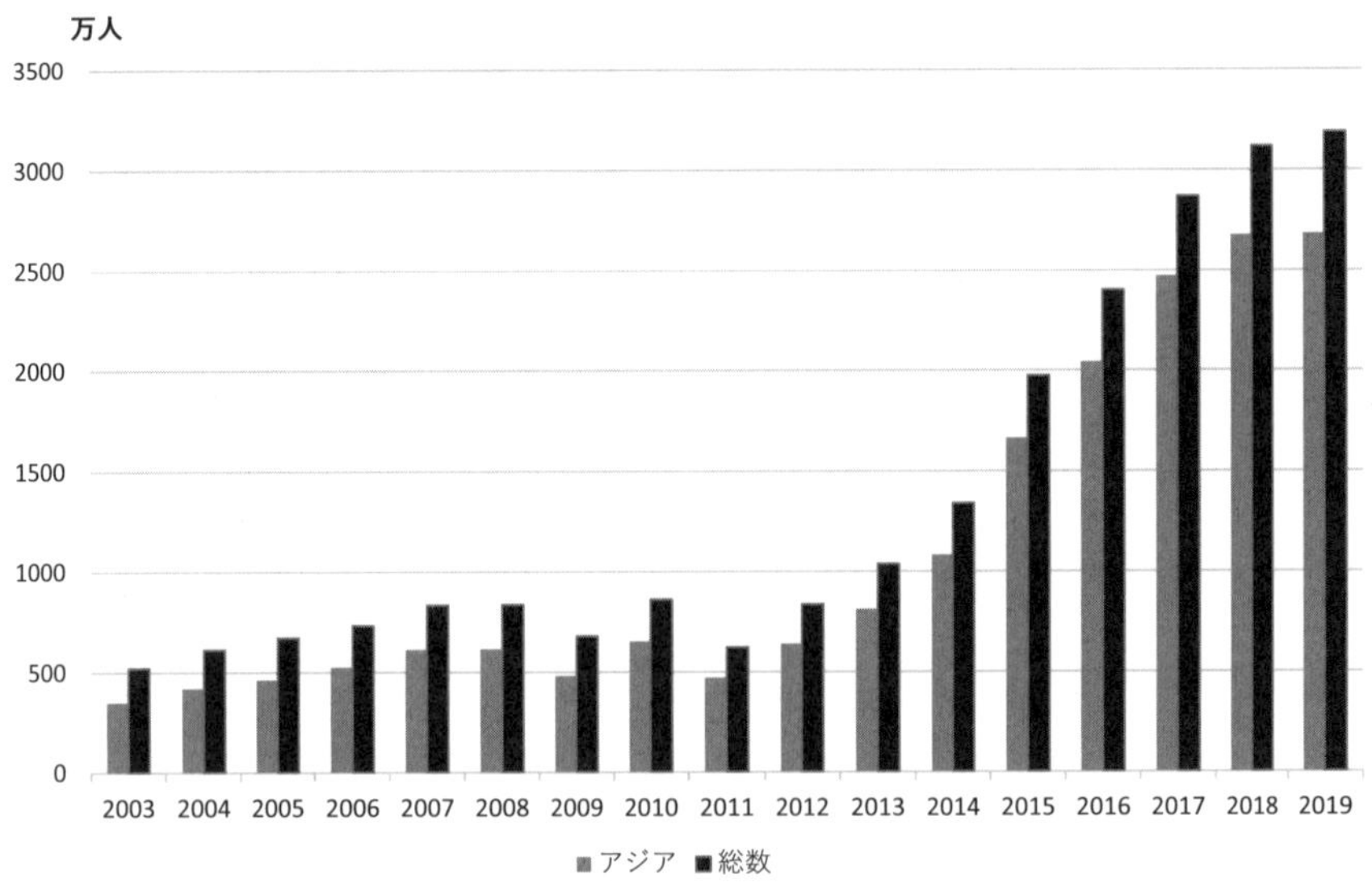

（出所）　日本政府観光局（JNTO）の資料より宮島作成。

が追い付かず、「オーバーツーリズム」や「観光公害」などの問題が表面化し、話題になり始めたその矢先の今回のコロナショックであった[1]。

2　インバウンドブームの特徴

このインバウンドブームの注目すべき特徴のひとつは、増加している訪日外国人の多くがアジアからの観光客だという点である。図表1には、総数とともにアジアからの訪日客数の推移も示した。二〇〇三年、訪日外国人に占めるアジアからの割合は六七・四％であったが、インバウンドブームが本格化した二〇一四年以降は、八〇％以上で推移している。直近の二〇一九年は、八四・一％がアジアからの訪日客となっている。アジアの内訳を確認しておくと、二〇一九年、中国からの訪日客が全体の三〇・一％ともっとも多く、次いで、韓国（一七・五％）、台湾（一五・三％）と続く（日本政府観光局［ＪＮＴＯ］の資料）。

それでは、なぜ、アジアからの観光客を中心に、二〇一三年以降、日本にインバウンドブームが訪れたのか、その要因を見ておこう。詳細については、宮島（二〇一九ａ）にて検討を行っているが、ここでもっとも強調しておくべきことは、プッシュ側の要因として、アジア諸国の経済的な豊かさが、近年、急速に増しているという点である。たとえば、中国の一人あたりＧＤＰは、二〇一八年に九七七一ドルと、二〇〇三年の一二八九ドルと比較すると七・六倍に増加している。また、タイでも

図表2　国別1人1回あたり日本国内での旅行消費内訳（2019年、%）

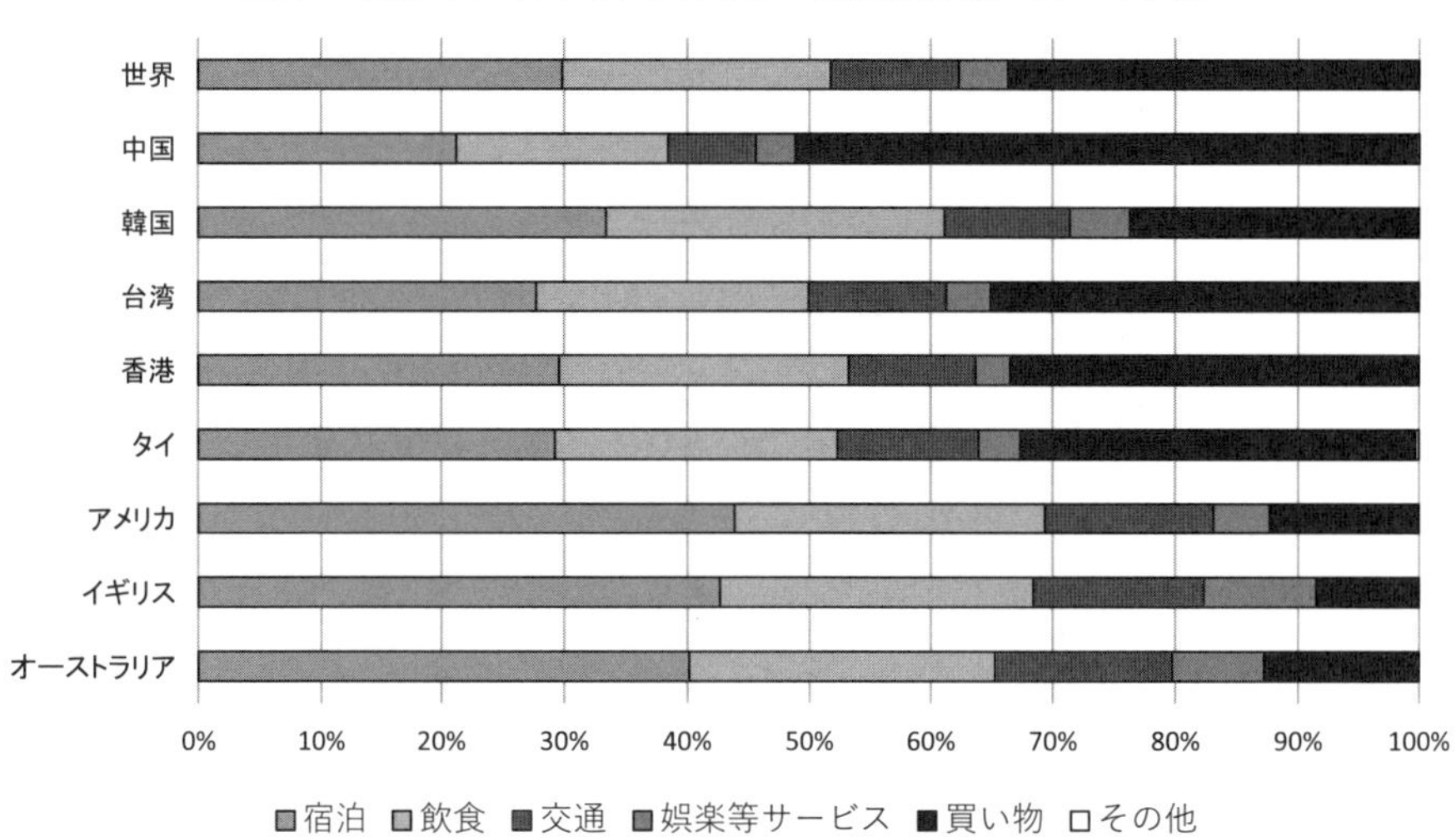

（出所）　観光庁「訪日外国人消費動向調査」より宮島作成。

同じ期間に、一人あたりGDPは二三五九ドル（二〇〇三）から七二七四ドル（二〇一八）へと三倍強となっている（世界銀行の資料）。もちろん、これらの値は、全国民の「平均値」であるので、アジア諸国の都市部によっては、一人あたりGDPはさらに大きな値となる。つまり、日本のインバウンドブームの背景にあるのは、アジア諸国の多くのひとが海外旅行に、「普通に」行けるレベルに所得が増加しているという事実である[2]。

そのことは、アジアからの訪日客の旅行目的にも表れている。アジアからの訪日客は、なにを主な目的として日本を訪れるのだろうか。この点について、観光庁の訪日外国人消費動向調査（二〇一九）から確認すると、アジアからの訪日客と欧米からの訪日客が、それぞれ異なる旅行目的で日本を訪れているということが、はっきりとわかる。図表2に、日本における消費動向について、国別の費目別シェアを示した。明確にわかるのは、アジア諸国からの訪日客の「買い物」の割合が、欧米諸国のそれと比べると総じて高いことである。とくにこの傾向は、中国からの訪日客に顕著に表れ、「買い物」の割合が五一・一％（一〇・九万円）と、日本での全消費額（二一・三万円）の半分以上となっている。

では、中国人観光客は、日本でなにを買っているのだろうか。人気なのは、ドラッグストアなどで買えるものである。「化粧品・香水（三九・五％）」「医薬品（一〇・二％）」「健康グッズ・トイレタリー（四・一％）」の三つで買い物代の過半となる。近年、街中でドラッグストアの免税を謳う看板を見かけるようになったのも、空港で大きな段ボールの手荷物をいくつも持つ外国人に出会うようになったのも、このためである[3]。一方、欧米諸国からの訪日客は、「買い物」の割合は低く、その分、「宿泊」や「飲食」により多くの支出を行う傾向にある。たとえば、アメリカ人は、宿泊費に全体（一八・九万円）の四三・九％（八・三万円）を支出していることがわかる。

アジアや欧米などを含めて、二〇一九年の訪日外国人による旅行消費額は、全体で四・八兆円である。二〇一三年のブームの初期には一・四兆円であったので、六年間で三倍以上に増加したことになる。その規模としては、二〇一九年の日本人の国内旅行消費額二一・九兆円の四分の一程度ではあるが、日本人の国内旅行消費額が、二〇一三年の二〇・二兆円から六年間で八・六％程度しか増えていないことを考慮すると、やはりインバウンド需要を軽視することはできない。さらに、日本人の一人一回あたりの旅行単価は三万七三五五円であるのに対して、中国人のそれは五倍以上であることを踏まえると、近年、インバウンド観光にとくに注目が集まってきた理由がよくわかる。訪日外国人観光客の急増は、日本国内の旅行消費を増加させると同時に、化粧品や日用品などを含む、国内消費をも喚起することで、インバウンドブームを加速させてきたということである。

3　コロナショックの実相

「山」が高かった分、「谷」も深くなった。突然のコロナショックにより、インバウンドブームのさなかにあった日本の観光業に関係する業種、業界は、きわめて大きな影響を受けた。人の往来や移動が、「すべて」ストップしたためである。日本では、国境を跨いだ移動はもちろんのこと、国内、さらには町内でさえ「不要不急」の移動はせず、いまは家にいるよう強く要請された。これは、日本国内に限ったことではなく、多くの国でより厳しい外出制限などが行われ、世界中で国境が封鎖された。

当然のことながら、訪日外国人観光客の数は激減した。いや、「ゼロ」になったと言うほうが正しいかもしれない。この間の訪日外国人数の推移を確認しておくと、二〇二〇年一月に二六六・一万人、前年同月比マイナス一・一％の水準であった総数は、二〇二〇年二月には前年同月比マイナス五八・三％の一〇八・五万人へと半分以下に急減した。その後、三月には同マイナス九三・〇％の一九・四万人へ、そして四月には同マイナス九九・九％の二九〇〇人、五月には同マイナス九九・九％の一七〇〇人へと減少の一途をたどることとなった（日本政府観光局［ＪＮＴＯ］の資料）。数か月というごく短期間に、九九・九％の減少を経験したこととなる。

さらに、図表3には、主なアジア諸国の月別の訪日数の推移を示した。たとえば、二〇二〇年一月の時点で、中国からはま

図表3　国別月別訪日数の推移、2019年1月〜2020年5月（万人）

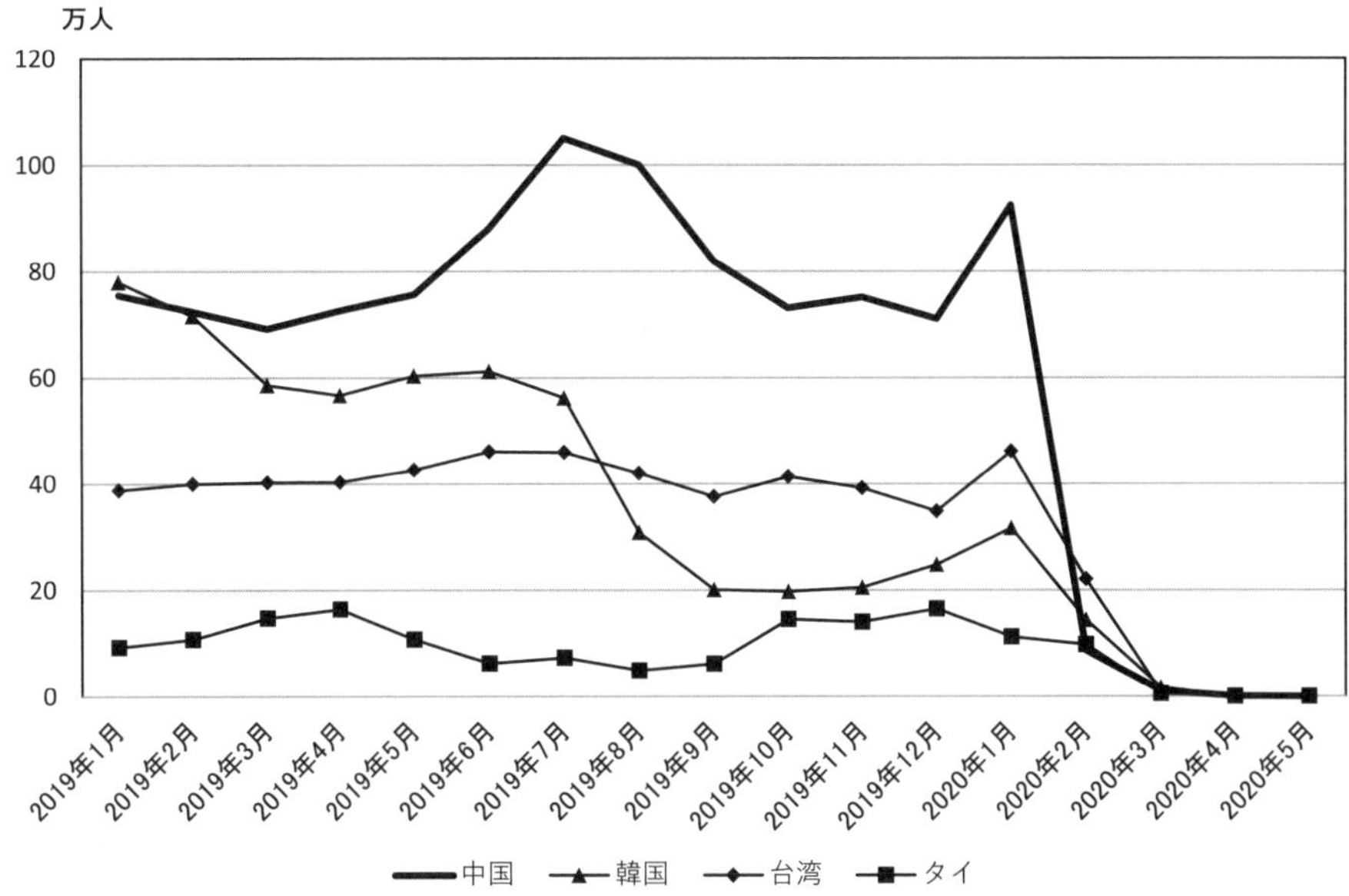

（出所）　日本政府観光局（JNTO）の資料より宮島作成。

だ九二・五万人（前年同月比プラス二二・六%）が日本を訪れていた。しかし、二〇二〇年一月二七日に中国政府が海外団体旅行を禁止したことにより、二月の訪日数は八・七万人（同マイナス八七・九%）と一〇分の一以下に急減した。その後、世界中で感染状況の緊迫度が増し、日本政府が三月九日、中国などからの入国を制限したことにより[4]、三月には一・〇万人（同マイナス九八・五%）、そしてとうとう四月には一六三人（同マイナス一〇〇%）、五月には三〇人（同マイナス一〇〇%）とほぼ「ゼロ」の水準にいたった。中国以外のアジア諸国からの訪日数も同様の推移を示しているが、これは、社会科学の分野ではあまり見たことがないグラフの波形である。

現時点で、観光業にどれほどの影響（額）があったのかについて、正確に把握することは難しいが、前節で述べたように、二〇一九年の訪日外国人観光客の旅行消費総額が四兆円超であることを考えると、相当な規模となることは想像に難くない。地域経済、地域観光への影響も甚大であると考えられ、たとえば、北海道庁は、三月の時点で道内の観光影響額を試算している（『北海道新聞』二〇二〇年三月一七日）。それによると、コロナショックの影響が六月まで続いた場合、宿泊費、飲食費、交通費、日帰り旅行費などを合わせて、その影響は約三六八〇億円の減少におよぶ。北海道の道内総生産（GDP）は一九兆円あまりであるので、単純に計算すれば、これは道内GDPの二%弱の規模となる。また、全道が数日にわたりブラックアウト（停電）した、二〇一八年九月六日の北海道胆振東部地震（最大震度七）のときの影響額は、約三五六億円（日帰り旅行除く）とされ、コロナショックの影響は、その一〇倍以上の規模になるのではないかと懸念されている。もっとも、コロナショックの影響は現在進行形であり、六月に終息する気配はまったくないので、影響はさらに大きなものになると考えられる。

ところで、札幌では、毎年二月上旬に一年をとおして、もっとも大規模なイベントのひとつである「雪まつり」が大通公園で開催される。ちょうど中国の春節（正月）の時期と重なることから、近年ではこの時期の市内のホテルの予約を取るのが難しいほど、大変な賑わいとなっていた。ただ、北海道観光にとって、二〇二〇年の冬シーズンは、前年秋口からの記録的な暖冬と雪不足のため、雪まつりの開催そのものが危ぶまれたうえ、前年の中ごろより顕著となった韓国人観光客の減少のため、もともと苦境のなかにあったと言える。そこにコロナショックが直撃したため、二〇二〇年の冬シーズンの北海道観光にとってはまさにトリプルパンチの形となり、その影響はより深刻なものとなったのである。

4　コロナショックを増幅する要因

コロナショックにより、なぜ観光業がより大きく深刻な影響を受けるのか。それは、観光業のそもそもの特徴によるところが大きいが、ここで改めて整理しておこう。

産業として観光を考えた場合、一番目の特徴は、外的要因からの影響を受けやすい典型的なサービス業だということである。言い換えると、観光は、この間に頻繁に用いられた言葉で言うところの「不要不急」の代表例である。それゆえ、今回の新型コロナウイルスの感染拡大のような外部環境の悪化の影響を真っ先に、そして真正面から受けることとなる。ただし、逆に言えば、「不要不急」だからこそ付加価値があるのが、観光だとも言える。

近年、自然災害などの外部環境の悪化により、インバウンド観光に大きな影響が出たという事例は、コロナショック以外にもあった。たとえば、先述した二〇一八年九月六日の北海道胆振東部地震もそうであるし、また、同時期の二〇一八年九月四日に起こった、台風による関西国際空港の浸水被害とタンカーの連絡橋への衝突もそうした事例である。関西国際空港は、一時孤立し、外国人観光客が空港に取り残された。また、空港が閉鎖されたため、発着の航空便が欠航するなどの影響が生じた。これにより、関西国際空港経由の訪日数は急減し、それまでにぎわっていた大阪などの人気観光スポットから、外国人観光客が急にいなくなったことが話題となった（『朝日新聞』二〇一八年九月八日）。

また、外部環境の悪化は、自然災害のみではない。とくにアジア諸国からのインバウンド観光に関しては、政治や歴史の問題がクローズアップされるたびに、大きな影響を受ける。直近では、先にも触れたが、二〇一九年八月頃から韓国人訪日客が、顕著に減少に転じた（図表3）。これは、日本の半導体材料の輸出規制が強化されたあと、韓国国内で日本製品の不買運動などが起こったことが影響していると考えられる（『日本経済新聞』二〇一九年七月二六日）。もちろん、国同士の関係が良好のときには、相互の観光にも良い影響があるだろうが、そもそもが「不要不急」なだけに関係が悪化したときの影響のほうが、より大きくなるものと考えられる。

産業としての観光の二番目の特徴は、人手が多く必要な、いわゆる労働集約的な産業だということである。旅館やホテル、観光地のドラッグストア、空港などを思い浮かべると、多くのスタッフにより現場が支えられていることがわかる。もちろん、新型コロナウイルスの感染防止対策の一環として、たとえば直近では、チェックインの手続きを「無人」化するといった対応をしているホテルも出てきたようだ[5]。しかし、ベッドメイクを自動化することはできず、コロナウイルス対策用の消毒作業など、むしろこれまで以上に人手がかかる場合もあるかもしれない。さらに言えば、観光業に関係する職種は、この間に話題となった「テレワーク」ができないものも多い。オンラインでは完結しないからこその観光ではあるが、その分、人の移動が制限されれば、オンサイトでの業務は真っ先に影響を受けることとなる。

労働集約的な産業の特徴として、好況時、コロナショック前のインバウンドブームのなかでは人手不足が生じるし、一方で、コロナショック後のような深刻な不況下では、ただちに余剰人員を抱えることとなる。宿泊業における就業者数を見ると、実際に二〇一二年から二〇一八年の六年間で、五五万人から六三万人へと一四・五％の増加をしていた（観光庁編［二〇一九］八三）。このような状況において、不意にコロナショックに見舞われることになったので、観光に関連した業種などは、より大きく深刻な影響を受けることになったのである[6]。

三番目の特徴は、観光関連の企業のうち、とくに地方のインバウンド観光を中心となって支えているのは、中小の地場企業、地場産業だということである。どの地域でも、地元ならではの伝統文化や食事などは、東京に本社があるような大企業ではなく、その多くが地元の中小企業によって担われている場合が多い。これらの中小の地場企業にとっては、インバウンドブームだからと言って手工芸品の大量生産に対応していくのも、そう簡単ではない。それは、新たな設備投資をしたり、人材を確保したりすることが難しいだけではなく、そもそも地元の伝統産品そのものの価値が、大量生産ではないところにあるからである。逆に、コロナショック後のような深刻な不況時には、地元に密着した事業展開をしているからこそ、雇用調整や事業整理に時間がかかる場合も多い。そして、なにより大企業と比較すると事業資金の余地も小さく、コロナショックの影響が長引けば長引くほど、その影響は深刻なものとなる。

そして、このように地域のインバウンド観光を、地場の中小企業が支えているという構造だったとしても、その競争相手が必ずしも国内の観光地だけにとどまらないという点が、観光業の四番目の特徴である。日本に来る外国人観光客は、旅行計画を立てる際、北海道に行くか、沖縄に行くかを決める前に、日

図表4 外国人訪問者数と人口規模、経済規模：フランス、ドイツ、タイ、日本の比較（2018年）

	人口（万人）	GDP（10億ドル）	1人あたりGDP（ドル）	外国人訪問者数（万人）	比較指標の試算	
					人口比	GDP比
フランス	6,698	2,775	42,878	8,692	1.30	1.00
ドイツ	8,291	4,000	48,264	3,888	0.47	0.31
タイ	6,943	487	6,992	3,828	0.55	2.51
日本	12,653	4,972	39,306	3,119	0.25	0.20

（注） GDP比は、フランスのGDPと外国人訪問者数の比率を1とした場合の試算結果。
（出所） 世界銀行（人口）、JETRO（GDP）、JNTO（外国人訪問者数）の資料より宮島作成。

本に行くか、それとも日本以外の国に行くかを吟味しているのである。アジアなのか、ヨーロッパなのか、先進国なのか、途上国なのか、その選択肢はグローバルに広がっている。ほかの産業のように、必ずしも先進国に優位性があるとも限らないのが観光業である。

図表4は、そのことを確認するため、フランスと各国の外国人訪問者数とその国の人口規模、経済規模について比較したものである。フランスは、世界でもっとも外国人の訪問者数が多いが、二〇一八年の人口比で一・三倍の規模である。いくら日本のインバウンド観光客が増えたとは言え、日本のそれは〇・二五倍に過ぎず、中国人観光客にも人気の高い、タイの〇・五五倍より値としてはかなり小さい。さらに、経済規模（GDP）で比較すると、フランスの経済規模と外国人訪問者数の比率を一とした場合、タイは二・五一、日本は〇・二〇である。つまり、観光業は、人口規模や経済規模（先進国か途上国か）にかかわらず、世界に門戸が開かれた、参入障壁が相対的に低い産業と言える。ただし、その分、競争はシビアなものとなり、激しい価格競争などが行われる。日々厳しい競争をしているからこそ、コロナショックのような突然の出来事に対応する余裕はなく、影響はより深刻なものとなるのである。

5 コロナショックからの教訓

いまだコロナショックのまっただなかにあるわけだが、現時点でわかったことや再認識したことなどについて考えてみたい。

第一に、とにかく事態の変化や悪化のスピードが速かったということである。そうであるがゆえに、あらゆる場面で準備期間がないままに種々の対応を迫られた。病院などの医療機関はもちろんのこと、飲食店や小売店、大学など学校もそのような状況であった[7]。とくに、観光に関連する企業などは、その対応や対処に苦慮したと思われる。なぜならば、これまでも述べてきたように、観光業界はコロナショックの直前までインバウンドブームのさなかにあり、かつ正月明けは中国の春節を前に、二〇二〇年の本格的な冬のインバウンド観光シーズンの準備を進める時期と重なっていたからである。

振り返ると、中国の武漢が都市封鎖されたのが、二〇二〇年一月二三日であった。直後の一月二七日、中国政府は海外団体旅行を禁止した。日本政府は二月一日、新型コロナウイルスを「指定感染症」とする政令を施行し、湖北省からの入国を拒否した。その後、三月九日、中国や韓国などからの入国を制限（ビザの効力停止と一四日間の待機要請）し、到着空港を成田と関西に限定する措置を行った。ここから、日本の国境を越える移動に関しての制限は全世界に対して加速していき、四月三日時点で、全世界からの入国について日本人を含めて規制は強化され、七三カ国・地域について外国人の入国拒否と、日本からの渡航中止勧告がなされることとなったのである。この激動のなかにおいては、常に防疫に関することが最優先されるため、ビジネス目的の移動も困難になった。ましてや、観光目的の往来はすべてがストップすることとなった。これは、わずか二か月ほどのあいだに起きた出来事であり、損失を防ぐ手段や被害を最小限にする行動を検討する間もなかったため、とくに観光業は、真正面からこの影響を受けることとなったのである。

第二は、その影響が地理的に広範囲におよぶということである。もっと言えば、球体としての地球上で、影響を受けない地域はないというほどの広範囲に影響がおよんでいる。これが、これまでの地震や台風などのいわゆる自然災害との違いである。東日本大震災の例を出すまでもなく、自然災害のなかにも甚大な被害をもたらすものも少なくはない。ただし、地震にしろ、台風にしろ、被害地域は限定されている場合が多い。今般の新型コロナウイルスについても、二〇二〇年の年初までは、中国のある特定地域で流行している「原因不明」の肺炎だと思われていた。それがまさにグローバルに一気に広がっていく、その原因、要因のひとつが、近年より活発になりつつあった海外旅行を含めた「ヒト」の移動だと考えられた。それゆえ、多くの国において国内はもちろん、国外への移動、国境を跨いだ移動は厳しく制限をされた。本来、人びとの「不要不急」の移動こそが、観光の「肝」となるはずだが、局所的ではなく、地球大での感染拡大という事態を前に、コロナショックの余波はかなり長期にわたるのではないかと思われる。

第三は、観光の分野においては、この間の変化の「幅」が極端に大きかったということである。コロナショックの直前まで日本のインバウンド観光は、空前のブームのなかにあった。それが、二か月余りの間に訪日外国人観光客「ゼロ」の状態になると、誰が想像できたであろうか。コロナショック前は、外国人観光客の急増により京都や大阪など国内の人気観光地において、さまざまな問題が生じ始めていた。いわゆるオーバーツーリズム、観光公害と言われる問題である。この問題については、二〇一九年一〇月に北海道の倶知安町で開催された、G20観光大臣会合でも議題のひとつとなった（『日本経済新聞』二〇一九年一〇月二七日）[8]。人気の観光地に観光客が過剰に集中すると、そこで事業を展開する企業や、観光インフラを維持管理する行政機関などにおいて、その対応がなかなか十分に追いつかず、はじめのころの歓喜の声はやがて悲鳴に変わり、その後、みな疲弊していく。それにより、もちろん観光客の満足度も下がり、また、観光地の周辺住民の不満の源泉ともなるため、このような観光スタイルは、決して持続可能なものではないと認識され始めたところであった。この問題にどう対応するか、二〇二〇年の東京オリンピックを目前に控え、インバウンドブームのもうひとつの側面であった。

それが、突然、外出自粛や移動制限、さらには外国人の入国拒否など、オーバーツーリズムや観光公害などの問題とは、まったく正反対の事象に対応する必要に迫られるようになったのである。コロナショック前に施設のキャパシティを広げた宿泊業や、便数や台数を増やした運輸業などの事業者が現在、深刻な事態のなかにあるのはこのためである。

第四に、コロナショックの影響については、かなりの長期間を想定しなければならないということである。ビジネス目的の国境を跨いだ移動でさえ、いつ再開されるのか、その目途さえたたないのが、現状である。二〇二〇年六月二五日に、ビジネスパーソン向けの日本からベトナムへの臨時便が運航されたが、これは六月一九日に両政府が往来制限の段階的緩和に合意した結果である[9]。出入国に関しては、相互主義的な対応の場合も多く、相手国との感染状況が同水準であることなどが考慮されるため、往来制限の緩和が世界全域に広がるのには、相当な時間を要することが予想される。ましてや、目的が観光の場合、往来に制限がなくなり、コロナショック前の水準に戻るまでには、年単位の時間が必要だと思われる[10]。

影響の長期化が想定されるなかで、もし、このコロナショックによる現在の状況を前向きに捉えるのであれば、ブームのなかでは気がつかなかった問題や、気がついてはいたが手が回らなかった課題に、いったん立ち止まり、腰を据えて取り組む機会とすることもできるかもしれない。コロナの終息はなかなか見通せない状況ではあるが、終息さえすれば、再び外国人観光客はこれまでにも増して、日本を訪れるようになると筆者は考えている。それは、第2節で述べたように、日本におけるインバウンド観光ブームのベースには、近年のアジア諸国の所得の向上があり、コロナショック後に日本への旅行需要が急激に衰えるとは想定しづらいからである。そういう意味では、観光事業者だけではなく、行政や政府、地域社会などを含め、オールジャパンでこの難局を乗り越え、そのときに備える必要があるだろう。

(1)　観光公害については、たとえば、佐滝（二〇一九）を参照。京都や大阪、またスペインなどの人気観光地の事例が紹介されている。

(2)　ちなみに、この間の日本の一人あたりGDPは、三万四八〇八ドル（二〇〇三）から三万九二九〇ドル（二〇一八）へと微増にとどまっている（世界銀行の資料）。

(3)　大泉（二〇一七）によれば、日本で買った商品は、必ずしも「おみやげ」目的だけとは限らず、帰国後の転売を目的としたものなどを含むと考えられる。

(4)　発行済みの査証（ビザ）の効力を停止し、中国、韓国からの入国者に対して、一四日間の指定施設での待機を要請した。到着する空港を成田と関西に限定した（『日本経済新聞』二〇二〇年三月九日）。

(5)　「非接触」を目的に、顔認証によるチェックインやロボットによる客室案内など、実際に中国のホテルで「無人」のサービスが行われている（『日本経済新聞』二〇二〇年六月一一日)。

(6) 東京商工リサーチによれば、二〇二〇年六月一〇日までに、新型コロナウイルスの関連で倒産など経営破綻した企業は二三五件にのぼり、そのうち飲食の三六件、宿泊の三五件を含む一一七件がサービス業関連であった(『日経流通新聞(MJ)』二〇二〇年六月一二日)。

(7) この間、五月雨式の対応を余儀なくされた大学も多かった。卒業式が中止になったと思ったら、入学式も中止され、新学期が始まるとこれまでなかったオンラインでの講義が始まった。もちろん、ハード面、ソフト面での準備期間はほとんどなかったので、オンライン講義が始まるとトラブルなどが生じる場合もあった。文部科学省の調査では、全国の大学と高専約八三〇校のうち、以前に遠隔での講義を行った経験のある大学などは二〇〇校ほどであった(『日本経済新聞』二〇二〇年四月六日)。

(8) 第九回となるこの会合のテーマは、「SDGs(持続可能な開発目標)に対する観光の貢献」であった(宮島[二〇一九b]三六—三七頁参照)。

(9) ただし、技能実習生などのベトナム人の日本への入国については、この時点では調整中である(『日本経済新聞』二〇二〇年六月二五日)。

(10) 感染状況や検査体制などが類似している国同士の往来を自由にしていくという「トラベルバブル」構想というものもあるが、ビジネス目的の移動が優先されることに変わりはない(*Nikkei Asian Review*, June 2, 2020)。

参考文献

大泉啓一郎(二〇一七)「中国の消費市場と越境EC(電子商取引):デジタル時代の消費財輸出戦略」『JRIレビュー』vol. 8, No. 47。

観光庁(二〇二〇)『訪日外国人の消費動向 二〇一九年 年次報告書』(観光庁ホームページ)。

観光庁(二〇一九)『令和元年版 観光白書』全国官報販売協同組合。

佐滝剛弘(二〇一九)『観光公害:インバウンド4000万人時代の副作用』祥伝社新書。

宮島良明(二〇一九a)「インバウンドブームと北海道観光:訪日外国人観光客急増の背景と今後の課題」『開発論集』(北海学園大学開発研究所)第一〇三号。

宮島良明(二〇一九b)「新興アジアとインバウンド観光 G20観光大臣会合の北海道倶知安町開催に寄せて」『経済論集』(北海学園大学経済学部)第六七巻三号。

韓国は新型コロナウイルスにどう対応したか

金　明中

（きむ　みょんじゅん）
ニッセイ基礎研究所生活研究部主任研究員・ヘルスケアリサーチセンター・ジェロントロジー推進室兼任。著書に「韓国第5章福祉と経済」上村泰裕（編）『新　世界の社会福祉　第II期　7巻　東アジア』（旬報社）、「低成長・高齢化時代における社会保障制度の現状と今後のあり方」、安倍誠（編著）『低成長時代を迎えた韓国』（有斐閣）などがある。

1　二月中旬、新興宗教「新天地イエス教」による集団感染により感染が拡大

中国湖北省の武漢市で発生した新型コロナウイルスの感染者が韓国で初めて確認されたのは二〇二〇年一月二〇日のことである。感染者は武漢市から旅行のために韓国入りした中国人女性であった。その後、韓国では感染者が次々と確認されたものの、最初の感染者が確認された一月二〇日から二月一六日までの感染者数は全部で三〇人で、一日の新規感染者数は〇～三人程度に治まっていた。

しかしながら二月一七日に三一人目の感染者（六一歳、女性）が韓国の南東部の大邱広域市にある新興宗教団体「新天地イエス教」（以下、「新天地」）の「新天地イエス教大邱教会」を訪ねてから事態は急変した。彼女が「新天地イエス教大邱教会」の礼拝に参加した後、同じ教会で一〇人の感染者が確認されるなど一日だけで患者数は三一人から四六人に急増した。さらに、二月二〇日には一日で大邱・慶尚北道地域で五一人の感染者が発生し、半分を超える二八人が新天地大邱教会から出るなど、同教会で礼拝した信者らや「新天地」の全国の支部を中心に感染者が続出した。

「新天地」の全国の支部で感染者が発生している理由としては、①彼らが全国にある支部の教会を巡りながら礼拝を行っている慣例があること、②密閉された空間で多くの人が互いに体が接する近さで座って礼拝をささげていること、③一月末に亡くなった新天地イエス教教祖の李萬熙（イ・マンヒ）の兄の葬儀が大邱から近い清道のデナム病院で行われたことが挙げられる。特に、一月末に行われた葬儀には、新天地の中国支部から来た人も参列したと言われており、三一人目の患者を含めた多数の人がここで

図表１　韓国における１日当たりの新規感染者数と累積感染者数の推移

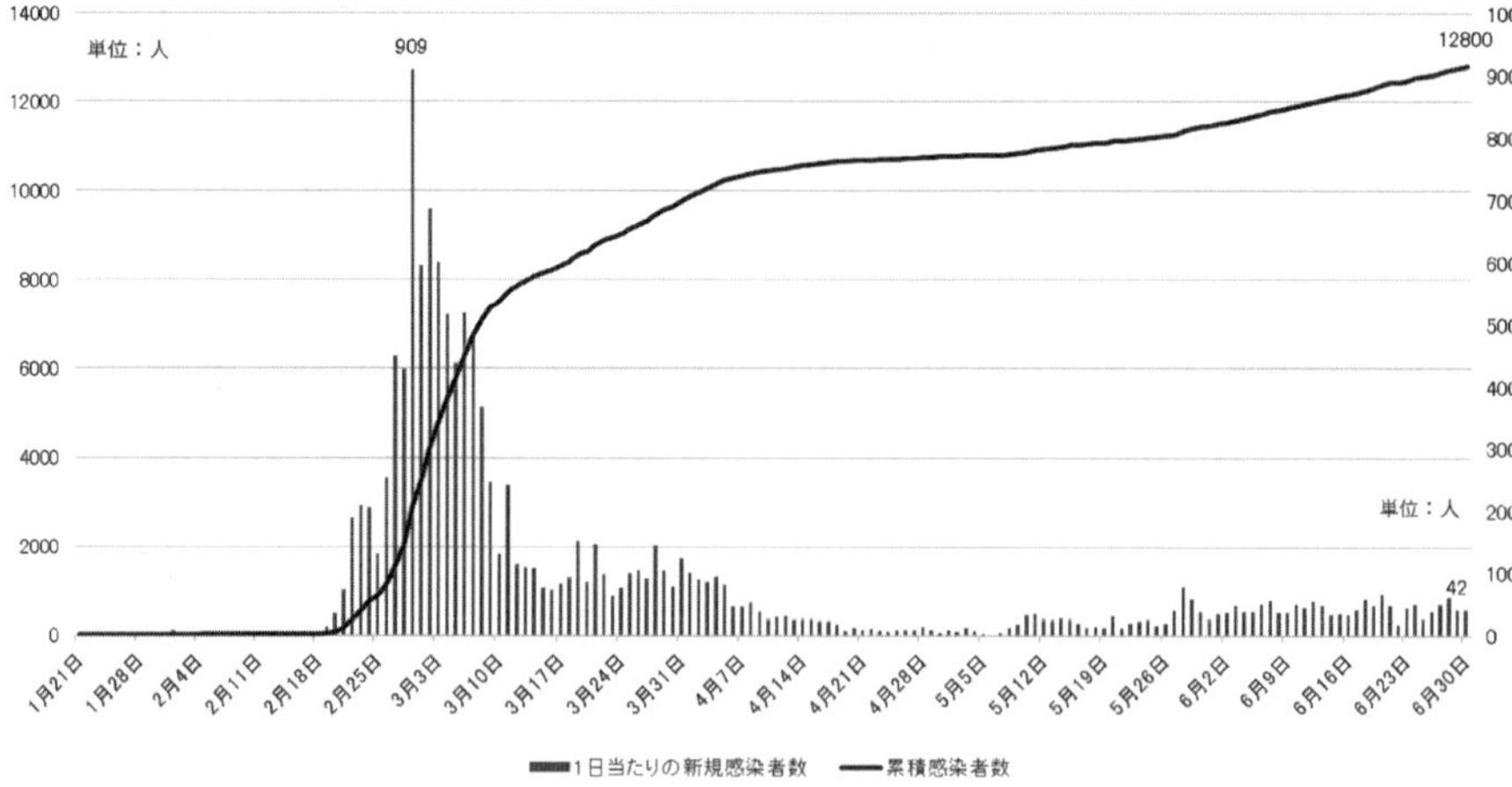

（出所）韓国疾病管理本部ホームページから筆者作成。

感染されたのではないかと推測されている。

二月二〇日以降感染者数はさらに拡散し、二月二九日には一日当たりの新規感染者数が九〇九人でピークに達した。その後は感染者が減少傾向に転じ、四月一九日には一日当たりの新規感染者数が二カ月ぶりに一桁台に落ち着き、四月三〇日にはついに国内の感染者数が〇人になり、韓国政府は五月六日からは防疫レベルを「社会的距離の確保」から「生活防疫」（生活の中での距離確保）に緩和した。しかしながら、五月六日にソウルの代表的な繁華街である梨泰院（イテウォン）にあるナイトクラブで集団感染が見つかった後、感染者が次々と発見され、六月末時点には一日当たり四〇人前後の新規感染が確認されている。

2　韓国政府の新型コロナウイルス対策は徹底した検査と隔離、情報公開
――ピーク時は一日一万八一九九件の検査を実施、ドライブスルー検査やワーキングスルーなどの検査も導入

韓国政府が新型コロナウイルスの感染拡大を防ぐために実施した主な対策は、①徹底した検査、②隔離、③情報公開である。

韓国政府は、一月一九日に初めて新型コロナウイルスの感染者が確認されて以降、感染の早期発見や早い段階での医療措置の実施、そして感染拡大を防止する目的で、迅速かつ広範囲な検査を実施した。検査数は三月六日に一万八一九九件でピークになって以降少し減少したものの、六月末時点でも一日約一万件の検査が行われている（六月三〇日時点の累計検査数は一二七

万三七六六件）。

韓国政府が迅速かつ広範囲に検査を実施している背景には二〇一五年五月に中東呼吸器症候群（MERS：マーズ／以下、マーズ）の感染拡大を許してしまった苦い経験がある。当時、韓国では一八六人が感染し、そのうち三八人が亡くなった。マーズに対する韓国政府の対応の遅れは二〇一四年四月に多くの若者が犠牲になったセウォル号沈没事故に対するお粗末な対応と共に韓国政府の危機管理能力に対する国民の不信感を高め、朴槿恵前大統領の弾劾や政権交代の一因にもなった。

朴槿恵政権や与党に対する不満が爆発した機会に政権交代に成功した文在寅政権としては、前政権の失敗を繰り返さないために、また、早期対策を要求する国民の声を受け入れ、政権の長期化を維持するために、より積極的な検査を実施せざるを得なかっただろう。

また、マーズの対策に失敗した朴槿恵政権が二〇一六年から「感染病検査緊急導入制度」を施行し、政府の疾病管理本部が認めた民間セクターでマーズのような感染症の検査ができるように許可したことも、今回韓国政府が新型コロナウイルスに対する検査を迅速で広範囲に実施できた要因の一つである。

このような背景もあり、韓国では二〇二〇年六月三〇日現在も、全国三三二カ所の「国民安心病院」や五九八カ所の「選別診療所」などで新型コロナウイルスに対する検査や診療が行われている。国民安心病院とは、院内感染を防ぐために、呼吸器疾患を抱えている患者を病院の訪問から入院まですべての過程において、他の患者と分離して診療する病院である。韓国政府は、発熱、咳、呼吸困難などの症状があるものの疫学的関連性（海外、大邱・慶尚北道地域への訪問、感染者との接触）がない場合には「国民安心病院」を、疫学的関連性がある場合には「選別診療所」を訪ねて診療を受けることを奨励している。

さらに、韓国政府は検査数を増やすために「ドライブスルー検査」や「ウォーキングスルー検査」を実施した。そもそも、「ドライブスルー（Drive Through）」とは、自動車に乗ったまま商品やサービスが提供される機能およびその設備のことで、日本でもマクドナルドやスターバックスなどのファストフード店で利用することができる。車から降りず、迅速に食べ物などが注文できるので、ドライブスルーの利用客は毎年増加している傾向にある。韓国では、この仕組みを新型コロナウイルスの感染検査に利用した。検査を受けたい人が「ドライブスルー」が屋外に設置されている選別診療所に来ると、車に乗ったままコーヒーやハンバーガーを注文するように、検査が受けられるようにした。受付から問診表の作成、医療スタッフとの面談、体温の測定、鼻と口からの検体採取までの全プロセスにかかる時間は一〇分程度で、すべての検査は車に乗った状態で行われる。ドライブスルー検査のメリットとしては、①室内に入らないため、患者の出入りにともなう消毒を行う必要がないこと、②消毒などの時間が室内に比べて少なくてすむため検査の時間を短縮できること、③待機中の交差感染懸念を和らげられること、④屋外なので早く設置できることなどが挙げられる。ドライブスルー検査は、二月二四日に行われた与党「共に民主党」主催の「新型コロナウイルス対策特別委員会専門家懇談会」で初めて提案され、わずか二日という早いスピードで実施に至った。新型コロナウイルス問題に対する、韓国の切迫感が感じられる。

検査時間を節約でき、待機中のウイルス拡大リスクを最小化できる「韓国式」ドライブスルー検査の需要は世界中に広がり、アメリカやオーストラリア、ドイツ、イギリス、ベルギー、デンマーク、日本など多くの国で実施されている。

「ドライブスルー検査」に対して、「ウォーキングスルー検査」は、一人ずつ歩いて公衆電話ボックスの形をした透明の検査ブースに入り、待機している医師が外側から検体を採取する検査方式である。ブース内にはウイルスが外部に漏れないように、内部の圧力を外部より低くする陰圧装置が設けられている。検査時間は約三分でドライブスルー検査の一〇分より早いそうだ。「ウォーキングスルー検査」は、医師と被験者の飛沫感染リスクが低いこと、車のない患者や高齢者でも安全に検査が受けられること、検査が早く済むことなどのメリットがあると言われている。同検査方式は、三月一六日にソウル市の病院で初めて導入されてから少しずつ全国に普及した。そして三月二六日からは、仁川国際空港で開放型の「ウォーキングスルー検査」が実施されている。

韓国政府が空港で「ウォーキングスルー検査」を実施することにしたのは、ヨーロッパなど海外からの帰国者の感染者数が急増したからである。韓国政府は三月二二日より、ヨーロッパからの入国者全員に対して全数検査を実施したものの、入国者が予想を上回り、検査人員が足りなくなり、検査が遅れるケースが発生した。そのため計画を全面的に見直し、症状がある場合は空港で、症状がない場合は帰宅してから三日以内に検査を受けるように変更した。

さらに四月一日からは、海外からのすべての入国者を一四日間隔離するように防疫管理を強化した。入国者は入国審査場の手前に掲示されたQRコードをスマートフォンで読み込み、「自己隔離者安全保護」アプリをインストールしなければならない。海外からの入国者は、症状がある場合は空港でPCR検査を受け、症状がない場合には韓国政府や地方自治体が用意した「臨時施設」に移動し検査を受ける義務がある。検査の結果が出るまでの一～二日間は施設に隔離され、結果が陽性である場合は、病院に運ばれ、入院・治療を受けることになる。一方、陰性と判断された者に対しては帰宅してから一四日間、自己隔離措置が義務付けられる。入国してから一四日間の自己隔離中は、毎日体温などを自ら測り専用アプリに報告する義務がある。自己隔離対象者が隔離場所から離れた場合、スマートフォンにインストールされているアプリの位置情報システム（GPS）から警報音が鳴らされる。海外からの入国者が規則を守らなかった場合には一年以下の懲役、または一〇〇〇万ウォン以下の罰金が科せられる。検査費用や治療費は韓国政府が負担するものの、隔離施設の利用は自己負担になる。

3　疾病管理本部（KCDC）を中心に透明に情報を公開

韓国では感染症対策のコントロールタワーである疾病管理本部（KCDC）が中心になり、①「国内の全体状況が一目で分かる画面」、②「国内や世界の状況が一目で分かる画面」、③「一日の感染者数の詳細やアンケート調査などが確認できる一日報告書（約一五～二〇頁）」という形で毎日情報を提供している。特に、③の「一日の感染者数の詳細やアンケート調査が確認できる一日報告書」の場合、地域別、年齢階級別、性別、感染経路別の感染者数に関する情報に加え、新型コロナウイルスに対する国民へのアンケート調査結果や、海外の感染情報等の情報も提供している。以上の三つの方法で提供される感染者数関連情報は、翌日の午前一〇時頃には疾病管理本部のホームページから確認できる。

また、一月二〇日に韓国で初めて新型コロナウイルスの感染者が確認されてから、疾病管理本部の本部長や副本部長は、国内の感染者状況などについて毎日ブリーフィングを行っており、国民はYouTubeを通してブリーフィングの内容を確認することができる。ブリーフィングを行う疾病管理本部のチョン・ウンギョン本部長やクォン・ジュヌク副本部長（国立保健研究院長）は、交代（メインは本部長）で新型コロナウイルスの現状について丁寧に説明をしており、国民の安心感を高めるのに重要な役割を果たした。彼らは、それぞれ予防医学や保健医学の博士号を持っている医療や感染症に関する専門家でもある。

韓国政府は、感染拡大を防止するために感染者の感染経路や自己隔離中の移動経路に関する情報を国民に提供した。韓国政府は、感染が確認された場合、感染者のスマートフォンやクレジットカードの使用履歴、監視カメラなどの情報などを用いて感染されるまでの感染経路を把握し、公開している。また、自治体の疫学調査チームは感染が確認された人と接触した可能性がある人の移動経路を調べて個人別に連絡をし、発熱などの症状がある場合にはPCR検査を、無症状の場合には自己隔離対象者として指定し、自宅等で二週間自己隔離をさせている。

先日、韓国の疾病管理本部に電話をして確認したところ、最近はスマートフォンが普及し、さらに韓国では現金よりクレジットカードの使用が一般的なので個人の位置情報を把握することはそれほど難しくないそうだ。経済産業省が二〇一九年に公開した報告書によると、韓国のキャッシュレス決済比率は九六・四%で他の国の数値を大きく上回っている。

感染者や自己隔離者の移動経路などの公開については、一部のマスコミなどからプライバシーを侵害するものであるという批判の声が上がったものの、国民の多くは情報公開についてある程度納得している様子である。これは、韓国の感染拡大の原因が新興宗教団体によるものであったことがその主な理由である可能性がある。韓国政府は個人情報公開については反対する意見を一部受け入れ、三月一三日に「感染者情報公開ガイドライン」を修正し、感染者と接触した人が行った場所、日時、移

図表 2　各国のキャッシュレス決済比率の状況（2016 年）

（単位：%）

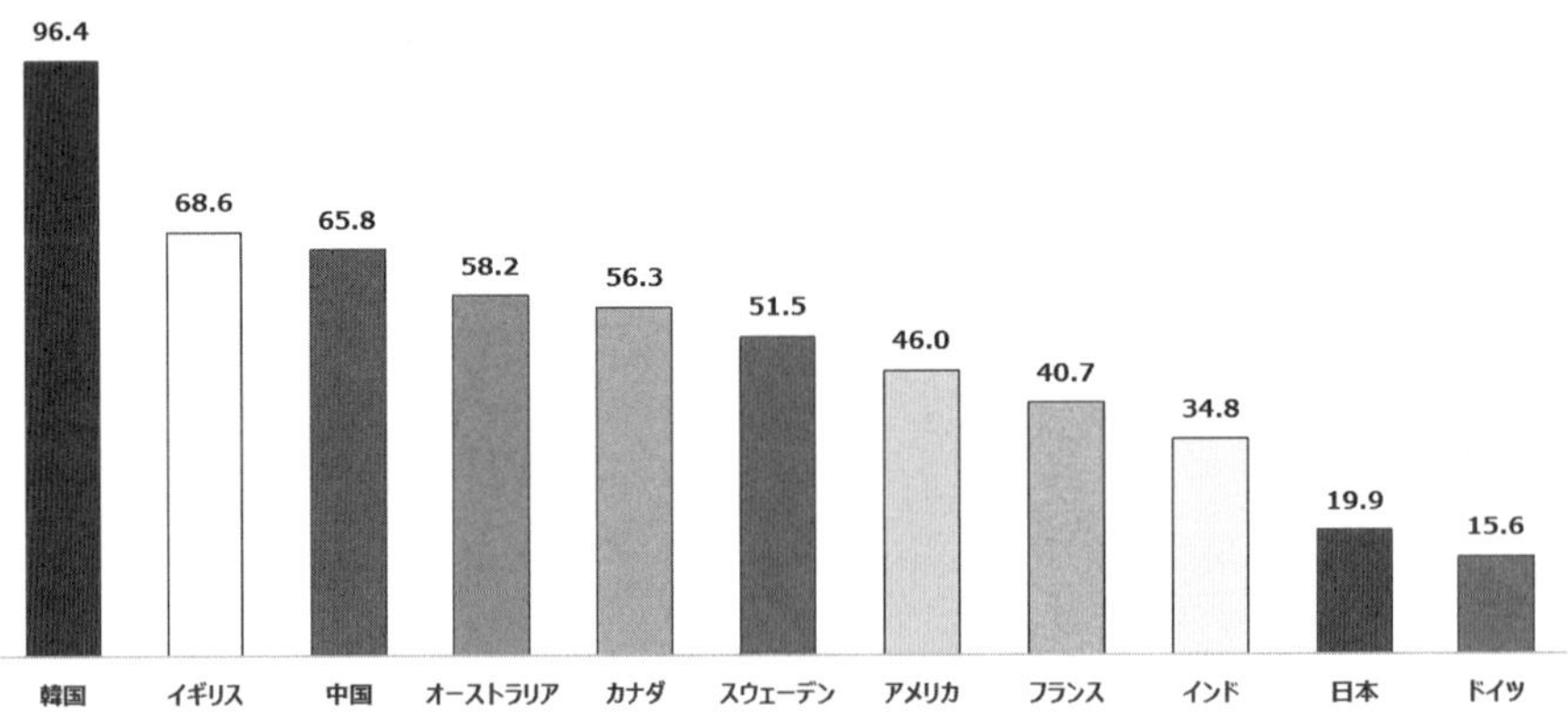

（出所）経済産業省（2019）「キャッシュレス・ビジョン」。

動手段は公開するものの、住所や職場名は公開しないようにした。ただし、職場で多くの人が感染した場合には時間や場所を特定して公開している。

4　隔離・軽症者対策として「生活治療センター」を実施

韓国の南部・大邱市では二月下旬から、新興宗教団体「新天地」の信者を中心に新型コロナウイルスの感染者が急増したため、病床が足りず、韓国政府は軽症者を自宅で待機させる措置を取った。しかしながら、自宅待機途中に病状が悪化し、死亡するケースが発生し、家族への二次感染も懸念された。このまま放置すると死亡者や感染者が増え、最悪の場合には医療崩壊に繋がる恐れがあった。そこで韓国政府は、軽症者が病床を占め重症者が入院できなくなることを防ぎ、自宅隔離中の死亡や家庭内感染もなくすために、軽症者を一つの施設に集めて隔離・管理する選択をした。それが「生活治療センター」である。

「生活治療センター」の創設には、韓国より先に感染が広った中国のデータが参考になった。中国の武漢を中心とする感染者データから、新型コロナウイルスの感染者の八一%は軽症であり、重症者と致命率が高い患者はそれぞれ一四%と五%であることが分かったのだ。韓国政府は、患者の治療に専念できる医療従事者の数が限られていることを考慮すると、すべての感染者を入院させ治療するよりは、軽症者は管理が可能な施設に隔離して管理し、入院治療が必要な重症者に優先的に病床を

図表3　軽症者は「生活治療センター」で隔離、重症者は「病院」で治療

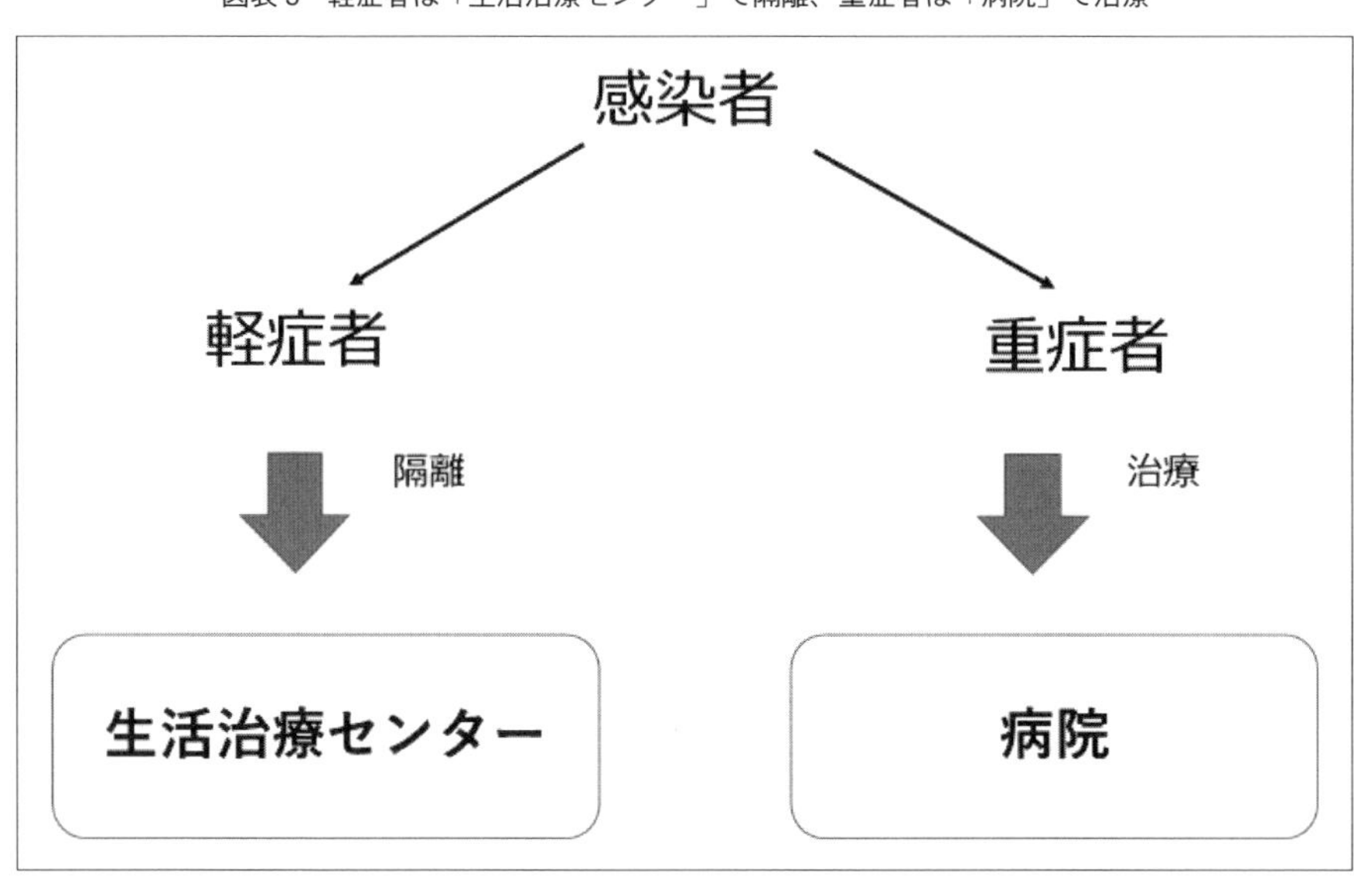

割り当て、集中的に治療することが効果的で医療崩壊を防ぐ方法であることを悟った。

韓国政府は三月三日に集団感染が発生した大邱市に位置する「中央教育研究院」を、最初の「生活治療センター」（センター名は「大邱1」）として稼働させた。感染者が軽症か重症かの判断は、医療従事者で構成された「市・都別患者管理班（重症度分類チーム）」が担当した。「生活治療センター　大邱1」の定員は一六〇人で、慶北大学の医師や看護師等一七人の医療従事者（医師四人、看護師七人、看護助手六人）が配属された。医療従事者は、二四時間常住しながら患者の診療や検体採収、電話相談や患者の健康状態のモニタリングを行った。

「生活治療センター：大邱2」には、医療従事者以外にも保健福祉部や行政安全部、大邱市から公務員が派遣され、患者の入院・退院などの行政業務を担当した。また、国防部から派遣された軍人は、防疫作業や食事の配膳、物品の運搬等の業務を、警察は警備の業務等を担当した。このように業務を分担することにより、医療従事者の負担を少しでも軽くすることが可能となった。

「生活治療センター」に入所した患者には、体温計と必需医薬品などを含む個人衛生キットや個人救護キット（下着、洗面道具、マスクなど）が入所時に配られ、毎日三回の食事や間食が無償で提供された。患者は毎日二回自ら体温を測り、スマートフォンに事前にインストールした健康管理アプリケーションに入力した後、問診票と共に転送する（一部の「生活治療セン

図表 4　「生活治療センター」の中央状況室に設置されている患者モニタリング画面の例

号室	a101 号 朴（23 歳、女性）	a102 号 崔（61 歳、男性）	a103 号 金（33 歳、女性）	a104 号 李（53 歳、男性）	a105 号 徐（53 歳、男性）
体温 呼吸数 心拍数	36.7℃ 20 72	36.8℃ 19 75	36.9℃ 21 120	36.1℃ 20 80	36.2℃ 22 80
号室	a201 号 権（29 歳、男性）	a202 号 黄（61 歳、男性）	a203 号 呉（43 歳、女性）	a204 号 文（63 歳、女性）	a205 号 慶（46 歳、男性）
体温 呼吸数 心拍数	37.4℃ 20 84	36.2℃ 18 71	36.1℃ 17 72	35.9℃ 20 70	36.4℃ 21 62

（注）患者の体温等に以上があった場合には赤いランプが点灯したり点滅する。
（出所）「生活治療センター」の中央状況室のモニターを参考に筆者作成。

ター」では手書き)。

　また、ブルートゥース血圧計で血圧を測ると、心拍数と血圧の数値が自動的に「生活治療センター」の中央状況室に転送される。医療従事者は中央状況室に設置されている大型モニター等で、患者から送られた体温などの情報を確認し、赤いランプが点灯・点滅した場合には該当する患者に電話して状態を確認する。

　患者の診療は基本的に電話で行われるものの、患者の症状が悪化した場合や検体を採取するときには、医療従事者が患者の個室を訪ねる。「生活治療センター」は、感染防止のために患者の個室がある病棟と、医療従事者や他のスタッフが生活するクリーンゾーンを分離している。医療従事者が患者のいる病棟に入るときには、レベルDの防護服に着替え、検体を採るか診療を行う。そして診療の結果、症状が悪化し病院での入院治療が必要だと判断すると、患者を病院に移動させる。その一方、病院で入院治療を受けていた重症患者の症状が良くなると、治療担当医師や患者管理班の判断により「生活治療センター」に移動させる。

　三月三日に大邱市の「中央教育研究院」が稼働してから、政府の要請を受けたサムスン、LG、現代自動車、大邱銀行、企業銀行などの企業が次々と自らの研修院等を「生活治療センター」として無償で提供した。その結果、三月一五日には全国で一六カ所の「生活治療センター」が稼働し、入所した二六三三人の患者が隔離・管理されることになった。

　その後、感染者が減少して「生活治療センター」への入所者も減ったので、韓国政府は四月三〇日に海外からの入国者のために新しく設置したソウル付近の二カ所の「生活治療センター」を除いて、既存の一六カ所の「生活治療センター」を全て閉鎖することを発表した。

　では、なぜ韓国政府はホテルではなく、国や民間の研修院を軽症者隔離施設として利用したのだろうか。その理由としては、韓国の場合、大邱という特定地域を中心に急激に感染が広がったことがあげられる。つまり、感染者が一部の地域を中心に急増したので、ホテルと調整をする時間的な余裕がなく、すぐ利用できる国の施設を利用した可能性が高い。また、大邱・慶北地域の近くにある企業の研修院が続々と「生活治療センター」として提供されたのは、日本より行政の強制力が強いことが影響したのかもしれない。

韓国の「生活治療センター」から、他の国が参考にできるものは何があるだろうか。第一に挙げられるのは、政策決定から施設運営までのスピードの速さである。韓国の中央災難安全対策本部は三月一日に「生活治療センター」の運営を発表し、三月三日にはじめての「生活治療センター」である「大邱1」を稼働し始めた。そして、二週間も経たないうちに一六カ所の「生活治療センター」を完全に稼働した。新しく建物を建てず、研修所等既存の施設を活用したのが有効であった（もちろん、病院として建てられた建物ではないので、陰圧設備や喚起設備が十分ではなく、患者を管理するには適切ではないなどの問題点も指摘された）。

二つ目は、徹底的に役割分担を行ったことである。検体の採収や問診票のチェック、診療などは医療従事者が担当する代わりに、行政、防疫、食事等は医療従事者以外の公務員や軍人、警察などが担当することで、医療従事者の負担を減らした。三つ目は健康管理アプリケーション等を利用し、患者を中央状況室でモニタリングすることによって、少ない医療従事者で多くの患者を管理し、医療従事者の感染を防ぐことができたことである。

そして「生活治療センター」の最も大きな効果としては、軽症者を管理可能な施設に隔離・管理し、治療が必要な重症者へ優先的に病床を割り当てることで医療崩壊を防いだ点が挙げられる。

5 「マスク五部制」による公的マスクの供給を実施

二月中旬に感染がピークであった韓国では、マスク不足が深刻であった。特に、医療現場のマスク不足が懸念された。韓国政府は、一月三〇日時点で一日平均六五九万枚であった韓国国内のマスク生産量を増やすために、二月一二日に「緊急需給調整措置」を行った。その結果、マスクを生産する企業数は二月三日以前の一二三カ所から三月一日には一四〇カ所まで増え、一日平均約一〇〇〇万枚のマスクが韓国国内で生産されることになった。これは国民の五分の一が一日に使用する量である。しかしながら、生産量が増えたにもかかわらず、マスクの品薄状態は続き、韓国は「マスク不足」の危機に瀕した。需要が急増したこともその要因ではあるが、生産されたマスクの約九〇%が公式・非公式ルートにより中国に搬出されたからである。

マスクが買えないことに対する国民の不満が爆発寸前に至ると、韓国政府は二月二六日から保健用マスクの輸出を制限したことに加え、三月六日からは保健用マスクの海外輸出を原則的に禁止する措置を実施した。さらに、三月九日からは国民一人当たりのマスク購入量を、一週間に二枚まで制限する「マスク五部制」を実施した（出生年度［生まれた年の末尾］によって指定曜日に一定数のマスクが購入できる制度）。マスクの購入を希望

図表5　マスク五部制のイメージ

	月	火	水	木	金	土	日
生まれた年の末尾	1	2	3	4	5	週中にマスクの購入ができなかった人	
	6	7	8	9	0		

例）1970年生まれの場合は金曜日にマスクが購入できる。

する人は、自分に該当する曜日に薬局などを訪ねてマスクを購入し、薬局は重複購入を防ぐために購入履歴をオンラインシステムに記録する。なお、療養施設や病院の入院患者の場合は病院などの関係者が、高校生までの未成年者は親が、代理でマスクを購買することが可能である。

韓国政府は個人を対象とした「マスク五部制」を実現するために、「住民登録番号」と「医薬品安全使用サービス（DUR）システム」を応用した療養機関業務ポータルの「マスク重複購買確認システム」を活用した。「住民登録番号」とは、朴正熙政権時代に北朝鮮からのスパイを見つけ出す目的で作られ、一三行の番号で構成されている個人を識別するための番号である。出生の届けと同時に個人番号が与えられ、満一七歳になると個人のIDカードとも言える「住民登録証」が発給される。韓国では、運転免許証と同時に個人の身分を証明する際に使われる。今回もマスクを購入する際に、本人確認用として使われた。

一方、「医薬品安全使用サービス（DUR：Drug Utilization Review）システム」（以下、DURシステム）とは、医薬品の重複処方による副作用を防止するために、医薬品の処方、調剤など医薬品の使用に関する情報をリアルタイムで提供するシステムで、二四時間三六五日体制で運営される。医者は患者の処方情報を健康保険審査評価のDURシステムに入力・転送し、医薬品の濫用や重複調剤の有無を確認する。患者の情報を入力してから結果が出るまで、かかる時間はわずか〇・五秒で、ほぼリアルタイムで患者の情報が確認できる。韓国政府は最初、このDURシステムをマスクの重複購買防止に活用しようとしたものの、マスクが医薬品ではないことと、マスクの購入履歴管理によりシステムにトラブルが発生した場合、医薬品の事前点検システムが停止してしまう恐れがあることを考慮し、DURシステムを応用して作った療養機関業務ポータルの「マスク重複購買確認システム」を利用することを決めた。このシステムが稼働したことにより、公的マスクを販売する全国の薬局、郵便局、ハナロマート（農協のスーパーマーケット）でマスクの重複購買に対するチェックが可能になった。

実施当初は批判の声も少なくなかった「マスク五部制」は、その後韓国社会に定着した。週に二枚のマスクが安定的に供給されることに加えて、ネットショッピングなどで追加的にマスクが買えるようになったからである。

韓国政府は公的マスクの供給状況を毎日公開しており、民間が開発したマスクアリミ（知らせ）というアプリケーションやホームページ（https://mask-nearby.com/）を使えば、周辺にあ

図表 6　医薬品安全使用サービス（DUR）のイメージ

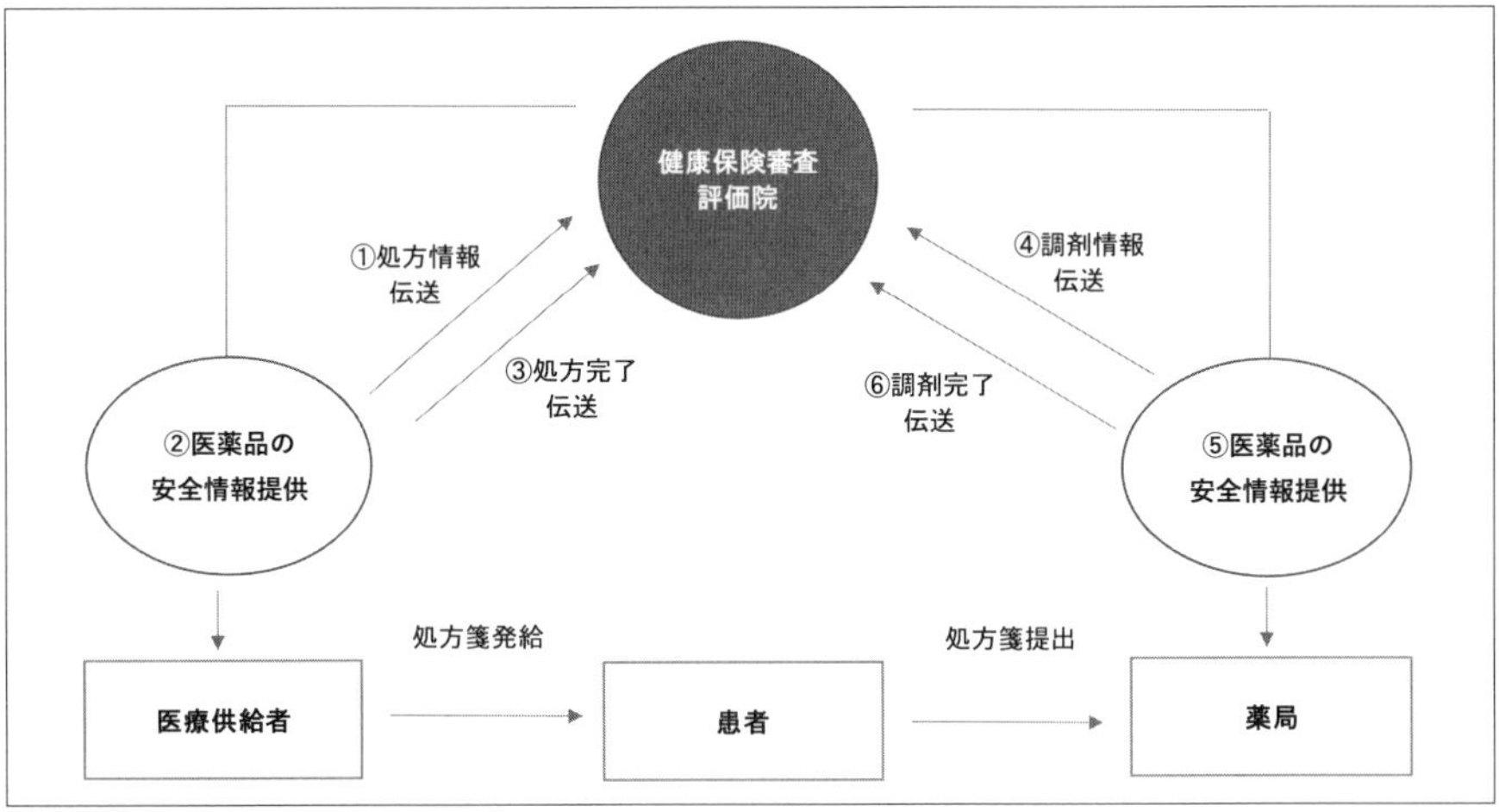

健康保険審査評価院
①処方情報伝送
③処方完了伝送
④調剤情報伝送
⑥調剤完了伝送
②医薬品の安全情報提供
⑤医薬品の安全情報提供
処方箋発給
処方箋提出
医療供給者
患者
薬局

（出所）健康保険審査評価院をのホームページ利用して筆者作成。

る薬局などのマスクの在庫が確認できたるようになり、国民のマスク購入に対する不安は少しずつ解消された。また、韓国政府はマスクや消毒剤の転売を申告するサイトを設けて、マスクの高値販売を監視した。個人や業者が暴利を狙ってマスクを買い占めた場合、二年以上の懲役や五〇〇〇万ウォン以下の罰金を同時に科することができるように処罰基準を強化した措置も、「マスク五部制」の実施と共にマスク価格の急上昇を防げた要因であると考えられる。

四月以降は、感染者が減少すると共にマスクの供給量が増え、四月二七日からは国が販売するマスク（公的マスク）の購入可能枚数が一人当たり一週間で三枚に増えた。さらに、六月一八日からは一人当たりの購入可能枚数が一〇枚に増え、マスク五部制は事実上廃止されることになった。一方、保健用マスクを生産する業者は、生産量の六〇％以上を公的販売所に出荷することが義務付けられていたものの、この割合が五〇％以下に調整された（手術用マスクは六〇％を維持）。

6　新型コロナウイルスにより韓国経済も打撃を

新型コロナウイルスにより、韓国経済も大きな打撃を受けた。感染が拡大すると株価は大きく下がり、ウォン売りも続いた。実際、韓国で初めて新型コロナウイルスの感染者が確認された日の翌日一月二〇日には、一ドル＝一一六〇ウォンであった為替レートは、米韓通貨スワップ前日の三月一八日には一ドル＝一二六一ウォンまで下がった。また、二月までは二〇〇〇

韓国における新型コロナウイルス感染者発生前後の株価指数と為替レート（対ドル）

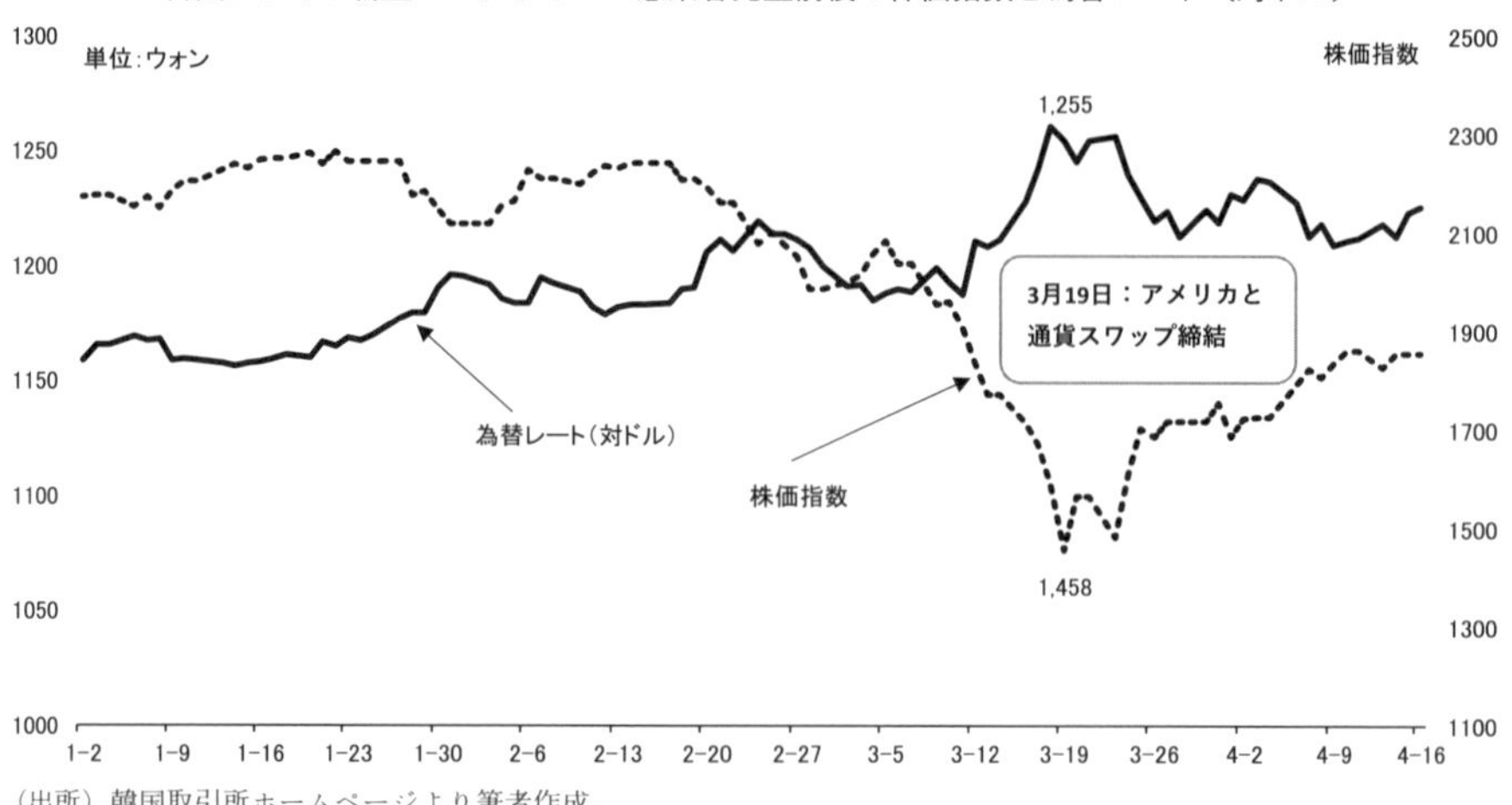

（出所）韓国取引所ホームページより筆者作成。

を上回っていた株価指数（ＫＯＳＰＩ）も三月一九日には一四五八まで暴落した。しかしながら、その後感染者数が減り、韓国の中央銀行である韓国銀行が三月一九日に、アメリカの米連邦準備理事会（ＦＲＢ）と六〇〇億ドル規模の通貨スワップ協定（以下、通貨スワップ）を締結してから金融市場に対する不安が解消され、その後株価は少しずつ上昇し、ウォン安も止まるなど金融市場は安定化し始めた。

一方、製造業の場合、中国からの部品が安定的に供給されないために生産計画に狂いが生じており、観光客の急減で旅行業界の被害も拡大した。また、感染を恐れて外食や商店街など人が集まる場所への外出が減り、民間消費も大きく萎縮した。二月二七日に中小企業中央会が中小企業三〇〇社を対象に実施した調査結果によると、七〇・三％の企業が新型コロナウイルスにより直接的あるいは間接的に被害を受けていると答えた。被害類型別でみると「中国工場の稼働中断により納品が延期された」が五一・六％で最も高く、「中国訪問機会の縮小により営業活動に狂いが生じた」（四〇・一％）、「輸出展示会の取り消しにより受注機会が縮小した」（三二・三％）と続いた。中国からの原材料や副材料の供給が中断・遅延された上に価格が上昇したことが、中小企業の経営にマイナスの影響を与えた。

景気の悪化は、失業率を引き上げる結果に繋がった。二〇二〇年五月の失業率は四・五％で前年同月の四・〇％に比べて〇・五ポイント上昇し、失業者数は一三・四万人増加した。一方、新型コロナウイルスの世界的な感染拡大により、外国人入国者数も激減した。二〇二〇年三~五月の外国人入国者数は一四万三七七三人で前年同月の約四六六万人に比べて九六・九%も減少した。ハンファ投資証券の調査結果によると、五月二五日時点で廃業した旅行会社は三一五社に達し、政府に雇用維持支援金を申し込んだ旅行会社も六〇〇〇社を超えていることが明らかになった。

7 韓国政府、前例のない景気対策を実施

韓国政府は新型コロナウイルスが拡大していた二月二八日に、新型コロナウイルスの感染拡大により被害を受けた中小企業などを支援し、個人消費を刺激するために、総額一六兆ウォン規模の景気対策を実施すると発表した。一六兆ウォンは、韓国政府が新型コロナウイルス対策のために投入するとすでに発表した四兆ウォンに加えて支出される予定であり、景気対策の規模は二〇一五年にマーズが発生したときの約一〇兆ウォンを大きく上回る。景気対策の内容は、大きく①防疫支援、②消費活性化、③自営業者や小商工人(常時一〇人未満の労働者を使用する企業)および中小企業支援対策、④その他の対策に区分することができる。また韓国政府は三月四日、上記の一六兆ウォンの景気対策とは別に、新型コロナウイルスの感染拡大による被害を最小化するための防疫強化と中小企業支援のために一一・七兆ウォン規模の追加補正予算案を編成した。予算の使い道は、感染病の検疫と診断、防疫体制の高度化、被害を受けた中小企業への支援、消費促進や雇用安定支援などである。韓国政府が二〇兆ウォンに達する景気対策と一一・七兆ウォンの追加補正予算案を合わせて三一・七兆ウォンの財源を投入すると発表した理由は、二〇〇三年や二〇一五年に流行したサーズ(SARS)やマーズに比べて今回の新型コロナウイルスの感染拡大が韓国経済により大きな被害を与える可能性があると判断したからである。

さらに韓国政府は、三月一九日から四月二二日まで文在寅大統領主催の「非常経済会議」を開催し、三月一九日の一回目の会議では中小企業や零細企業、自営業者を支援するために五〇兆ウォン規模の「民生経済金融安定パッケージプログラム」を実施すると発表した。このプログラムには、小規模事業者への緊急経営資金融資を年利一・五%の超低金利条件で一二兆ウォンまで拡大することや、中小企業のために五兆五〇〇〇億ウォン規模の特例保証支援を実施するなどの対策が含まれている。

三月二四日の二回目の会議では、企業の倒産を防ぐために一〇〇兆ウォン規模の企業救援緊急資金を投入することと、公的社会保険制度の保険料の減免や納付延期と電気料金の納付猶予を実施することが発表された。三月三〇日の三回目の会議では、所得下位七〇%に当たる約一四〇〇万世帯に一世帯当たり最大一〇〇万ウォン(四人世帯)の緊急災難支援金を支給することが決まり、四月八日の四回目の会議では、輸出促進や内需活性化、そしてベンチャー企業支援のために五八兆ウォン規模の資金を供給することが発表された(緊急災難支援金は四月二三日に全国民に支給するように修正された)。さらに、四月二二日

の五回目の会議では、新型コロナウイルスの感染拡大による雇用危機の克服のため、政府が五〇万人の雇用を創出する、いわゆる「韓国版ニューディール政策」を実施し、金融支援策（三五兆ウォン）や緊急雇用安定対策（一〇兆ウォン）、そして基幹産業安定基金（四〇兆ウォン）を推進するために総額八五兆ウォンの財源を投入することが明らかになった。

8　再び増加する感染者、第二波は来るだろうか？

新型コロナウイルス対策として検査、隔離、情報公開を徹底している韓国で、新型コロナウイルス感染の第二波への警戒が広がっている。五月六日にソウルの代表的な繁華街である梨泰院（イテウォン）にあるナイトクラブで初の感染者が発生してから次々と感染者が見つかり、六月一日時点での感染者数は二七〇人まで増加した。また、五月末に京畿道富川（プチョン）の物流センターで発生した集団感染で、一〇〇人以上の感染者が確認された。四月三〇日にようやく国内の感染者数が〇人になり、五月六日から防疫レベルをそれまでの「社会的距離の確保」から「生活防疫」（生活の中での距離確保）に緩和したその日に事態は急変し、感染の再流行が懸念されている。

梨泰院のクラブや富川の物流センターで起きた集団感染の大きな原因は、「気の緩み」である。クラブやカラオケでは三密が起きやすく、換気や消毒、社会的距離の確保など感染防止対策を徹底しないと集団感染の危険性が高い。しかしながら今回、集団感染が起きた複数のクラブでは、マスクの着用や社会的距離の確保など感染防止対策が講じられていなかった。梨泰院のクラブ発の集団感染のスーパー・スプレッダーになった二〇代男性も、マスクを使わずクラブを利用したことが確認された。さらに、約五五〇〇人のクラブ利用者のうち二〇〇〇人ほどが虚偽の連絡先を記載したため、連絡がとれず多くの利用者に対する検査を行うことができなかった。

韓国政府は、人々の移動やビジネス活動に対する厳しい制限をせず、徹底的に検査を行い感染者を発見・隔離することで感染の拡大を抑えてきた。そのために感染者のスマートフォンやクレジットカードの使用履歴、監視カメラなどの情報が利用された。しかしながら今回、集団感染が発生した梨泰院のクラブの一部が同性愛者向けの店であると知られたことから、利用客たちが名乗り出ず、検査も受けておらず、防疫当局を困らせている。韓国では性的マイノリティに対する偏見が強いので、同性愛者であることがわかると差別や非難の標的になりやすい。

富川の物流センターの場合は、パートやアルバイトを増やしたにも関わらず、感染防止対策がお粗末だったことが集団感染の原因となった。日本と同じく韓国でも、感染防止のために外出の自粛や在宅勤務が奨励された。その影響でインターネットショッピングの利用者が増え、物流センターの業務量は急増し、人手不足になりパートやアルバイトを増やした。その結果が「三密」の環境だった。感染防止対策も不徹底で、従業員がマスクを着用しなくても管理者は注意をせず、食堂でも密集して食事をした。人々の間にも「気の緩み」が発生していたのである。

9　なぜ気の緩みが発生したのか？

ワクチンや治療薬がまだ開発されず、世界的に感染が拡大しているのに、なぜ韓国では「気の緩み」が起きたのだろうか。その一つの原因は、自粛期間が人々の予想以上に長かったからかもしれない。二月中旬に新興宗教団体「新天地」における集団感染が発生し、大邱市を中心に感染が拡大すると、韓国政府は社会的距離の確保とともに自粛を勧告した。入学式や卒業式は中止または延期され、学校は再開できず授業はオンラインを中心に行われた。宗教団体、スポーツジム、カラオケ、クラブ、学習塾、インターネットカフェなど、人が集まりやすい施設には休業を勧告し、企業や会社員には在宅勤務を要求した。徹底的な検査や隔離措置、そして国民の協力により感染者数は少しずつ減少しはじめ、四月三〇日には一日の新規感染者数がゼロになった。人々の間には「もう、大丈夫だ」という意識が広がり、四月末から五月五日までの飛び石連休の間には約二〇万人の観光客が済州道を訪ねた。

ユ・ウンヘ社会副首相兼教育部長官は五月四日にブリーフィングを行い、五月六日から防疫レベルをそれまでの「社会的距離の確保」から「生活防疫」に切り替え、行動制限を緩和することを明らかにした。また、高校三年生は五月一三日から登校を始め、他の学年は二〇日から一週間おきに三段階にわたって登校を許可すると発表した。韓国政府は「K防疫」の成果を海外に発信し続け、韓国国内では新型コロナウイルスを克服したという達成感と安堵感が広がった。

韓国政府が防疫レベルを「社会的として距離の確保」から「生活防疫」に切り替えることを決定した理由は、四月五日～四月一八日の二週間に比べて、四月一九日～五月二日までの二週間に、①一日の平均新規感染者数が三五・五人から九・一人に減少したこと、②集団感染の発生件数が四件と比較対象の二週間と変化がなかったこと、③感染経路が不明な感染者の割合が三・六％から五・五％と大きな変化がなく安定していたこと、④防疫網の中での管理比率（新規感染者のうち自己隔離状態で感染した人の割合）を八〇％以上に維持したことが挙げられる。

そこで韓国政府は防疫レベルを「生活防疫」に切り替える基準として、一日の平均新規感染者数五〇人未満、感染経路が不明な感染者数五％未満、集団感染の数と規模の大きさ、防疫網の中での管理比率八〇％以上維持を目標として設定した。また、「生活防疫」のガイドラインの基本原則として、①体調が悪いときは三～四日間自宅で過ごす②人との距離は、両手間隔の距離を置く③三〇秒間手をしっかり洗う、咳は袖で④一日二回以上の換気と定期的な消毒を実施する⑤距離は離れても心は近くに、と国民に周知した。

しかしながら、皮肉なことに、防疫レベルを「生活防疫」に緩和した五月六日当日に梨泰院のクラブで初の感染者が発見され、感染が広がり始めた。また、五月末には富川の物流センターで集団感染が発生し、一時は〇人だった国内の新規感染者数が五月二八日には七九人まで増加した。政府が対策を緩和することにより「気の緩み」も広がったと言える。

10　第二波の回避のためには慎重な行動を

結局、韓国政府（中央災難安全対策本部）は五月二八日に緊急会見を開き、感染者が再び増加する可能性があるとしてソウルを含む首都圏限定で五月一九日〜六月一四日まで外出自粛を要請する「行動制限」の再実施を発表した。これにより、美術館、博物館、公園、国公立劇場などの公共施設の運営は中断され、カラオケやクラブ、インターネットカフェ、学習塾など大衆利用施設には営業自粛が勧告された。施設が防疫ルールに従わず運営した場合は、三〇〇万ウォン以下の罰金が科せられる。

「気の緩み」以外にもう一つ注意しなければならないのが、宗教団体を中心とした集会の再開である。実際、最近では宗教団体、特に教会を中心に集団感染による感染者が続出している。防疫レベルを「生活防疫」に緩和してから、多くの教会がオフラインに戻したことが感染拡大に繫がっている。今後、感染拡大を防ぐためには、約一三五六万人に達するキリスト教信者（プロテスタント＋カトリック）や教会そして、他の宗教団体等に対する感染防止対策が綿密に実施される必要がある。

新型コロナウイルスの実態が把握されず無症状の人が多いことと、そしてまだワクチンや治療薬が開発されていないことを考慮すると、感染者ゼロを維持することはかなりハードルが高いかもしれない。しかし、休みも取らずに新型コロナウイルスと闘ってきた医療従事者の献身や、これまで自粛を続けてきた皆の努力を無駄にならないように、今後も新型コロナウイルスと闘っていかなければならない。何より「私一人ぐらいは大丈夫」、「私は絶対にかからない」、「マスクをしなくても大丈夫でしょう」などの「気の緩み」により感染が広がらないように、慎重に対応を続ける必要がある。韓国政府が実施してきた「検査」、「隔離」、「情報提供」も、日本の国民が守ってきた「三密を避ける」、「マスクを着用する」、「手洗いを徹底する」といった生活防疫も大事である。

従って、今回の新型コロナウイルスのような未曽有の危機に対しては、日本と韓国が、積極的に情報交換を行って対処していくことが望ましい。お互いの対策をベンチマーキングし、足りないと思う部分を補うことが、時間的・経済的損失を最小化するだけではなく、より多くの命を守ることに繫がる。今後、新型コロナウイルスが日韓関係の悪化の火種にならず、日韓関係改善の糸口になることを願うところである。ともにこの危機を乗り越えよう。

中国

アフターコロナの中国政治社会
――聞こえてきた「前進」の地響き

朱　建榮

（しゅ　けんえい）
東洋学園大学グローバル・コミュニケーション学部教授
専門は中国政治外交、著書に『中国第三の革命』（中公新書）、『中国外交　苦難と超克の一〇〇年』（単著、PHP研究所）、『世界のパワーシフトとアジア』（編著、花伝社）などがある。

1　二〇二〇年は中国の歴史に残る

二〇二〇年は干支では「庚子（かのえ）」の年に当たる。六〇年に一度の「庚子」は、大事件が起きると中国でよく言われる。前回は一九六〇年、少なくとも数百万人の餓死者が出た。前々回は一九〇〇年、義和団運動の年で、西太后と光緒皇帝が都を追われた。さらに遡れば一八四〇年、アヘン戦争の年になる。

中国政治にとっても二〇二〇年は三重の意味で重要だ。鄧小平氏が改革開放政策を始めた一九八〇年ごろ、二〇〇〇年までの経済規模四倍増、二〇二〇年の「小康社会」、二〇五〇年の近代化、という三段階の発展戦略を制定した。習近平時代になると、二〇二〇年に「全面的小康社会」の実現、二〇三五年に近代化の実現（鄧小平の構想より一五年前倒し）、二〇五〇年は世界をリードする「社会主義現代化強国」の実現、という新しい「三段階発展戦略」が二〇一七年秋の第一九回党大会で提起された。この二つの戦略にはいずれも二〇二〇年が節目になっている。なお、二〇二二年の第二〇回党大会で習近平氏の続投か、それとも後継者に（部分的に）バトンタッチするか、この方向も二〇二〇年中に決まる見通しで、「人事の季節」に入っていく。

政治的にこれほど重要な年に、やはり「庚子」の年の定めか、一月に入って、新型コロナウイルスの猛威が中国に襲いかかり、すべての予定、予想を狂わせた。しかしその過程で、水面下で流れる巨大な「潜流」が姿を見せ始めた。なお、子年（ねどし）は「種子の中に新しい生命がきざし始める」意味もある。思わぬ大混乱、大試練が中国の政治と社会に何か新しいものを芽生え、目覚めさせているようにも感じられる。本稿は新型コロナウイルスが中国の政治と社会に与えている現実的、および将来的な影響を検証する。

2　「権威主義政治」の二面性

中国がコロナ対策の初動に遅れたことは事実だ。政府の感染症担当部門が二〇二〇年一月三日の時点で世界保健機関（WHO）などに通報したものの、一月二〇日になって初めて緊急事態宣言が発布された。一月中旬に地方政府の政治イベント（毎年春に開かれる全人代に向けた地方の人民代表大会など）が優先され、一週間ほど感染者数が公表されなかった。一月中旬に至るまで、現地の医者や北京から駆けつけた専門家チームが何度も警告を発しようと試みたが、「（権限を持つ）湖北省の党書記と省長、武漢市の党書記と市長に一度も会ってもらえなかった」として、中国国立感染症対策センター（CCDC）の首席科学者らが後に告発している。二月三日に開かれた政治局会議でも習近平主席が「感染症対応に誤りがあった」と認め、「中国の統治能力にとって大きな試練となり、一連の対応で至らない部分が明るみに出た」との認識を示した。

客観的に見て、初動遅れの原因を主に政治に帰するべきではない。人類にとって未知のウイルスの来襲であり、中国の専門家たちは二〇〇三年に勃発した重症急性呼吸器症候群（SARS）の経験則に由来する三つの目安（海鮮市場との関連、発熱症状、PCR検査結果）に基づいて判断したため、一月一七日以降になって初めて「人から人への感染がありうる」との統一見解に至った。市民がパニックで病院に押し寄せ、現地の医療体制が崩壊したのも感染拡大に拍車をかけた。東北大学の押谷仁教授はNHKの検証番組で、仮に日本でこのような未知のウイルスに最初に接した場合、「我々でも同じ対応で同じ失敗をしていただろう」と語った。日本は中国の教訓から医療体制の崩壊を絶対阻止することを学んだが、米国はじめ多くの国は中国の混乱発生後、一か月以上の準備期間があったにもかかわらず、同じ「初動遅れ」の覆轍を踏み、中国をはるかに凌ぐ被害を被った。

巨大国家は往々にして小回りの利く微修正が鈍いが、一旦動き出したらすさまじい勢いを見せる。中国は一月末以降、わずか一〇日間で二つの感染治療専門の大型野戦病院（火神山医院一〇〇〇床・雷神山医院一六〇〇床）を野原から立ち上げ、直ちに運用に投じた。二月中旬まで新疆を含む全国各地から三四六チーム、計四万二〇〇〇人の医療関係者が、武漢を中心とする湖北省に派遣された。この総力戦により、武漢のロックダウン発表からちょうど二か月後の三月二三日、李克強首相が「全国の新型コロナウイルス感染が制圧された」と宣言し、四月八日、コロナ禍の震源地武漢でも封鎖が解除された。五月初めのGWには一億人以上が観光地に出かけた。その後、大量の帰国者による「輸入型感染」や北京の海鮮市場のクラスターなどが発生したが、全国民を動員した感染対策の仕組みが敷かれているため迅速に制圧できた。

全世界に蔓延した状況と比べ、中国がいち早くコロナ禍を制圧し、経済活動と通常の生活を取り戻し、さらに他の国へ救援物資と医療チームを最も多く送った国に変身した。

コロナ対策に見られる中国の政治体制が持つ「二面性」について二〇二〇年一月二七日付『ニューヨークタイムズ』紙の記事は「中国は行動の鈍い巨人のような存在だ。なかなか動こうとしないが、一旦動き出したら驚くほどの勢いがある。習近平氏の権威主義政治体制の二面性を象徴するようなものだ」と指摘し、さらに次のように評した。「中国の特徴はあらゆる国より速いスピードですべての人間と資源を動員する力を持っていることだ。その反面、いつも何かを覆い隠そうとする」「中国は見た目よりずっと分権的だ。地方の役人は大きな裁量権を持っており、国は多くの『小さい』ボスからなる連立政権のようなものだ。習近平はこれを克服しようと、権力の再結集を図っている」。

少なくとも新型コロナウイルスとの戦いの第一ラウンドでは、中国は力を結集し、内外の予想以上の成果を収めた。四月三日から一九日まで、シンガポールの二つの世論調査機関(Blackbox Research と Toluna)が二三の国と地域で世論調査を行ったが、それによれば、中国民衆の当局に対する満足度が八五%に達し、一番高かった。二位も同じ社会主義体制を取るベトナムで七七%だった。台湾は五〇%、日本は一六%だった(シンガポール『聯合早報』二〇年五月一四日)。

3　変わった中国世論の主戦場

しかし、だからと言って中国の政治体制が民衆から手放しで肯定されたわけではない。迅速にコロナ禍を制圧したことが評価されたが、代価を惜しまず、プライバシーも無視して全力を注ぎ込んだことで「一回限りでは何とか成功したが持続性はない」との認識が一般的だった。むしろこの間に構造的な問題が露呈され、現体制に対する民衆の見方と対応の仕方がコロナ禍の前に比べて大きく変わった。この点にもっと注目したい。

今日の中国の「世論」をどう見るか。日本などでは『人民日報』や『環球時報』などが「官製世論」としてよく取り上げられるが、では真の民衆の声がどう反映されているかについての研究が弱い。せいぜい、中国のＳＮＳにある一部の当局に異論を申した書き込みを引用し、「政府がすべての世論を握り、それに不満を持っても声を出せない民衆」との対立の図式を作り立てている。だが実際は中国の「世論」構造自体、ここ数年、大きく様変わりしている。

中国インターネット情報センター(ＣＮＮＩＣ)が二〇二〇年四月末に発表した統計報告によると、中国の「網民」(ネットユーザー)は二〇年三月時点で九億三五九万人となり、初めて九億人の大台に乗った(前年六月より五・七%増)。ネット普及率は六四・五%となっている。別の研究によると、中国民衆の情報入手のソースは九割以上がＳＮＳなど「新媒体」に頼っている。複数回答だが、七五・二五%は微信(ＷｅＣｈａｔ)から、三九・〇二%は中国版ＴＩＫＴＯＫから、二六・六一%は「今日頭条」サイトから、二〇・〇三%は微博(ミニブログ)から情報を取得していることが明らかになった。伝統的な紙媒体（新聞、雑誌）と挙げたのは僅か〇・六八％で、老人を中心にテレビと挙げたのも六・五六％に止まり、残りの四・二四％は食卓、会議、家族などと挙げた（サイト「光傳媒」、二〇一九年一一月二九日記事）。

言ってみれば、新聞雑誌とテレビは当局の声を反映しているものの、民衆の目と耳にはほとんど届いていない。『人民日報』は自民党の機関紙のような役割を持つが、大半の民衆がそれによって情報や見方が刷り込まれているかどうかは別問題だ。中国を理解するにはまず「世論」の所在を突き止めなければならない。

中国の中央政府から各地方当局まで、今はいずれも「網弁」（ネット対策室）を設置している。九億人以上が使っている「微信」（WeChat）が民衆の最も重要な情報源、発信源と見なされ、その対策に相当の人的、技術的資源が動員され、不都合のものがよく削除されている。他方、そこに現れる民衆の集中した意見や不満も「網情」（ネット世論）として随時に党と政府の責任者に報告されている。中国の「世論」と民衆の考え方を理解するためには、「微信」に代表されるネット社会（中国では「新媒体」と呼ばれる）をもっと重視すべきだ。コロナ禍の発生過程で爆発された中国の民意の動向もほとんど「新媒体」に現れた。

一月からコロナ禍の蔓延拡大以降、中国のネット社会では少なくとも三回の大炎上、大論争が起きた。

4　ネット上の三回の大炎上

一回目は「李文亮」事件。彼はもともと武漢のある病院の眼科医で、同僚から受けた「どうも新型ＳＡＲＳが再発したらしい」という情報を自分の友人グループ（「微信群」）に転送しただけで警察から訓戒され、過ちを認める文書に署名させられた。厳密に言えば最初に警告を発した人とは言えないが、本人も感染し、二月七日に三三歳の若さで死去した後、中国のネット世界では彼を追悼するメッセージが埋まった。彼への追悼を通じて、これまでの現地当局対応の拙さ、発言が厳しく制限されたことへの不満を、爆発させたのである。

それに対して、最初はいつもの通り、李文亮追悼を借りて不満や嫌味をぶつけたネット上の言論がことごとく削除された。ところが、今回は「網民」が引き下がるどころか、逆に反抗に立ちあがった。削除されるほど書き込みが何倍にも膨らんだ。数日後、中央政府の対応が君子豹変した。「李文亮事件」を調査するチームの派遣が発表され、間もなく李は（仕事や使命のために命を捧げたとされる）「烈士」と追認・表彰された。それによって彼を記念する理由で、不満や嫌味を示す書き込みもしばらくは削除されなくなった。

この第一ラウンドのネットの闘いを見て、『環球時報』編集長の胡錫進氏も、「李の病死直後、世論（反発）の『津波』が発生し、これが政府による調査を推し進めた」とし、民衆によるネットでの突き上げが社会の進歩につながるという肯定的な評価を与え、「武漢のコロナ蔓延の初期に反応が鈍く、対応が遅れたのは全国の共通認識であり、感染拡大が収まった後、国より全面的な総括と責任追及が行われるべきだ」とも主張した（同紙、二〇二〇年三月一九日）。

二月一五日、武漢市と湖北省の党トップが一斉に交代させられた。騒ぎの終わった時点で責任をとる人事異動は過去にもあったが、さなかにおける現地首脳陣全員交代というような異動は極めて異例だった。国民の不満を深刻にとらえ、「これまでの問題は地方責任者にあるが、現在、北京指導部が自ら事態収拾に乗り出した」姿勢を示そうとしたと見られる。

ところが、武漢市党書記に新たに任命された王忠林氏が三月六日、全国から大量の医療関係者が支援にやってきて、感染拡大に一定の歯止めがかかったとして、「武漢人民は総書記と共産党に『感恩』すべき」と発言した。これでネット上、二回目の大炎上が起きた。湖北省全体の六〇〇〇万人以上が一か月以上隔離され、いまだに苦しんでいるのに、当局への「感恩」とは何だと、ネット世論は再び一斉に怒り出し、政権側への不満を示す書き込みが溢れた。

今回は政府の対応が比較的に素早かった。「党に感恩」の話を打ち消すかのように、「いや、まず武漢人民に感謝する」と言い直し、習近平主席が三月一〇日に現地を訪れた際、何度も「人民に感謝」を口にし、「党と人民が武漢人民に感謝する」との題字も揮毫した。三月一四日付『人民日報』に、「民衆に『感恩』を求めるのは（封建時代の）皇権思想が祟っているため」と批判する評論文も掲載された。

続いて三回目のネット炎上は、ちょうど習主席の武漢訪問当日の三月一〇日、月刊誌『人物』二〇二〇年三月号に掲載された「發哨子的人」（警笛を配った人）とのルポがきっかけになった。このルポは武漢の女性医師艾芬に対するインタビュー内容が中心で、実は李文亮に情報を伝えたのは自分であり、同じように厳しく叱責されたと告発する内容だった。

このルポがネットに掲載された直後、また削除されてしまった。すでに不満とストレスが溜まった民衆から今回は幅広い「レジスタンス」が始まった。少なくとも三三種類の言語と表現記号によってこのルポの内容が、全国の津々浦々からネット上で翻訳・紹介された。「網民」はこの日を、「微信が誕生して以来もっとも『ブラックユーモア』に富む一日」とも称した。

削除された記事を様々な方法で一斉に再掲載するという抵抗から、民衆の不満のうねりを感じたのか、ネット審査の管理部門は一旦、削除した同ルポをわずか一日で復活させた。

5　検閲制度への挑戦が始まった

この騒ぎを見ていた習近平主席の、「大衆の愚痴、ストレスに理解を示そう」と対立の双方をなだめる発言が三月一二日付『南方日報』に掲載された。

ことはここで収まらない。ベテランのジャーナリストと元宣伝担当幹部は、今回の個別事案に止まらず、ネット管理部門による検閲そのものに対しても相次いで異議を提起した。元教育部報道官が、「删帖封号」（ネット言論の削除、登録の取り消し）は慎重にすべきで、「勝手にむやみに使ってはならない。特に不作為、無責任などの口実にしてはならず、悪人と悪事を庇うシェルターになおさらなってはいけない」と発声し、『删帖』は共産党と大衆との良い関係を作れず、逆にその関係を壊す悪人の手段にならないよう警戒せよ」と注文を入れた（微博記事、二〇二〇年三月一〇日）。別のシニアジャーナリストは「当面の宣伝工作に対する一三の異議」を発表し、「民衆の不満と心の声に真摯に応えることができなければ真に自信ある社会とは言えない」「民意は削除しきれないものだ。アラブの春が教えた教訓は、民衆の怒りに火が付いたら戦車も大砲も止められない、ということだ」と戒めた（微信、二〇年三月一二日）。これらの諫言は本章の執筆の時点で依然、中国のSNSでアクセスできる。

以上の三回のネット大炎上を検証した研究者は、「何年も続いたネット審査制度は簡単には崩れないが、それに対する挑戦が日増しに強まっている」と評した（「中國審査機制正在遭遇挑戦」二〇二〇年三月一三日、多維新聞網）。

民衆からの強い反発をある程度意識したからだと推察されるが、四月一四日、党中央弁公庁が下部組織に発した通達の中で、「上を喜ばせる一心で大衆を失望させるような愚かな真似をやめろ」「新冠肺炎の対処における経験と教訓を深刻に総括せよ」と要求した。二〇一六年に習主席が「ネット上の発言に対し、もっと包容と忍耐をもって接せよ」「ネット上の善意による批判的意見は、党と政府向けのと幹部個人向けのと問わず、優しいのと耳に痛いのと問わず、歓迎すべきだけでなく、真剣に研究しくみ取る必要がある」と語った内容もこのタイミングでネット上で再紹介された。四年前の習近平氏の「ネット発言に対して寛容にせよ」との発言がわざわざ紹介されたのは、政府内でも現行の検閲制度への不満を間接的に表現したものと見ることができる。

この間、中国の著名な学者たちのネット規制に対する批判も「新媒体」に相次いだ。武漢大学の馮天瑜教授は、言論の自由が抑えられることこそ、社会の不安定を招く真の原因だと訴えた（微信、二〇年三月二六日）。「今日の世界の特徴である超大規模な知識、情報、物資の流動に対し、中国はまだ農業社会時代の心理と目線で対応しているのではないか」と北京大学の教授が問題提起した（微信、二〇年二月一五日）。リベラル派の社会学者于建嶸氏は、「法治の思考、科学的姿勢、思いやりがなければ、中国は過ちを今後も止められない」と警告を送った（サイト「学術派」二〇二〇年二月一一日）。著名なリベラル学者蕭功秦氏も「多元的な疑問提起の声は社会にとって警報器の役目がある。一元化された集中的権威がこの警報器の音を閉ざしたら、偏向を是正するメカニズムを失い、真の危機と災難が到来することを意味する」と微信の「公衆号」（実名コラム）で発信した。

6　ネット世論から見る「民意」の行方

コロナ禍の間、中国のネット社会で以上のような論争、衝突、異論提起が何億人の中国民衆が目撃する中で繰り広げられた。このことは日本を含め、海外であまり紹介されていない。当局が厳しい世論統制を敷いているから「真の民衆の声」が出るはずがないとの連想が先行するため、異論がブロックされた事例や「反体制」の人々が拘束されたことは詳細に伝えられても、地響きのような「真の民衆の声」が発せられていることはかえって見逃されているように感じる。

五年スパンで見れば、ネット社会において当局の規制は技術的に進歩があっても、実際の効果はますます逓減している。中国各地の大学生に幅広く聞いてみたが、政治や外交、国際問題に関心ある人の大半がVPNを使って海外のサイトにアクセスし、情報を入手していることを認めている。数億人がネットで送信する不満の声も、物理的に消すことが不可能になっている。情報統制がある一方、国民の声が「うねり」を成して発生すれば、実は当局が一時的にしろ、譲歩、妥協を余儀なくされたことは先ほど検証した通り、よく起きている。筆者は、近年の中国のネット世論の変化から中国社会の深層に起きつつある「地殻変動」を示す特徴には、少なくとも以下のものがあると見ている。

第一は、中国世論のメインの舞台がネット社会に移ったことだ。このこと自体、中国社会の大変化だと見るべきだ。これまで、紙媒体、テレビなどの「世論」は発信の権限そのものが当局によって握られてきたが、ネット世論になると、少なくとも発信の主体が一〇億人近くの民衆になった。当局がすべての「世論」の発信の権利を握ることと、一〇億人近くが一定の規制を受けながらも喧々諤々の意見を出していることとの間に、やはり質的な相違がある。なお、当局が規制を「しようとする」ことと、「実際にできている」こととの間の差異にも留意すべきだ。

第二は、ネット世論がうねり（「津波」）を成してある種の意見、不満を出すようになれば、当局は阻止できないことがわかっているので、一定の妥協、譲歩を見せ始めている。中国の研究者に言わせれば、中国の世論はもはや一方通行ではなく、双方向のインターアクションが始まっていることだ。今後、その力関係がどう変わるかについて観察することを、中国社会の行方を見るうえで一番重要なバロメーターの一つに据えるべきではないか。

第三は、中国のネット社会で声を出す主体は「八〇後」「九〇後」（一九八〇年、もしくは九〇年以後に生まれた世代）であり、彼らのスタンスに共通した特徴をいくつか見出すことが可能だ。一つは自主的な判断に基づくことで、いくら高圧的な権威に出会っても簡単に妥協・服従しない。二つ目は無数の個人や小さいグループが連係プレーし、呼応・支持しあう行動パターンだ。三番目に、自由、権利、法治、不平等への反発、弱者救済といった「普遍的価値観」が浸透しつつあること。役人の特権・汚職腐敗・職権乱用を特に憎み、よく「人肉捜索」と称して標的に上がった対象をネット上で根掘り葉掘りで調べ上げ、辞任に追い込むことが度々発生している。第四の特徴として愛国心が強いことも挙げられる。

一見矛盾するような特徴であり、綿密に検証したわけではないが、複数の中国人学者グループにおける討論や分析記事から集約した公約数であると筆者は理解している。

7　「二〇二五年転換説」

このような民意の台頭は中国の進歩を確実に押している。かつて地方政府が失政や都合の悪いこと（事故や死亡者数、抗議・衝突事件など）や差別的な政策、特権を隠すことができたが、現在は事件や事故であれば、当局の報道あるいは規制より前に、スマホによって撮影され瞬く間に公開されてしまっている。理不尽な政策が出れば、その文書を撮影した写真がすぐスクープされ、「世論の津波」を呼び、あげくその政策が撤回させられるケースもよく見られている。これらの言動が積み重なる過程で、「権利意識」がじわじわと一〇億人の幅をもって台頭している。より多くの民衆が「知る権利」「参加する権利」に対する声を上げており、また大きな輪を描いて「うねり」と成していく。これは民主化前夜の台湾や韓国で経験した社会現象である。

中国大陸の「民意」は、一九八〇年代前半までの台湾や韓国と比較してどういう違いがあるか。これについて王信賢・台湾国立政治大学教授が二〇一九年夏、東京で開かれた研究会で講演した際に興味深い説明を行った。彼によれば、台湾の民意も七〇年代末までは政府や政策に不満は持つが、特定の政策や対応あるいはその担当責任者に向けられていた。八〇年代に入って、いくつかのきっかけを経て改革すべき対象は体制そのものだという認識に集約されていき、その数年後、民主化が起こった、と言う。同教授は、現段階の中国大陸に対する近年の数十回の調査資料に基づいて、現段階の中国は七〇年代末までの台湾の民意の傾向に似ていると指摘した。

確かに、少数の活動家（近年は一部の弁護士、学者にも拡大）を除き、今日の中国では大半の民衆は様々な不満を抱えながらも、その矛先は主に具体的な政策、法律、役人に向けられている。これも社会の進歩の現れだが、共産党体制に集約されているわけではない。ただ、今回の新型コロナウイルス対策をめぐる「世論の津波」が、民意の矛先を変えていくかどうか、注目していきたい。中央政府が湖北省や武漢のトップを代えたのは、そのような不満が北京に向けられるのをかわすためとの解釈もある。

二〇一九年九月、中国の学者、企業家らが集まって開かれた「新莫幹山フォーラム」中に、理論派企業家蔡曉鵬氏が「二〇二五年転換説」を提起して話題を呼んだ。彼は、経済発展が政治体制の天井に抑え込まれる近年の「経済整頓の政治化」現象の存在を指摘し、「政治運動式の強制的行政指導」が民間経済の勢いを殺し、市場原理から乖離された産業政策が実体経済を歪め、平等な競争の欠如が「汚職腐敗の制度的根源」であると批判し、「私的財産の所有権問題などにおいて理論と制度、法律上の革命的な大突破がなければ、中国経済全般の安定的発展を期待できない」と論じた。その中で彼は「歴史の周期律」すなわち一定の間隔で繰り返される法則が存在するとし、中国政治のサイクルは二〇一八年春の（任期制撤廃）憲法改正が新しい波動の起点として、経済や社会、政策の諸問題が重なって「二〇二五年ごろに次の大転換が起こるだろう」と展望した。

8　広がる中国政治への認識ギャップ

もちろん、一四億人の中国が一直線に民主化に向かうことは不可能だ。この点は大半の中国人がよくわかっている。まだ途上国的な部分（李克強首相が全人代で語った「六億人の月収が一〇〇〇元以下」という現実）があるので、経済発展と豊かさの追求がまだしばらくは中国の「主要課題」であることについて、コンセンサスが存在している。文化大革命から、多くの中国がくみ取った教訓は「民主化の大義名分があっても社会的な大混乱は御免だ」という安定志向である。ネット世論において時々炎上しているが、大半の場合は今のネット空間で「息ができない」まで追い詰められた感覚まではいかない。中国の民主化を期待するが、この現状をまず見つめなければならない。

その中で習近平政権をめぐる評価が分かれている。江沢民、胡錦涛時代に経済が繁栄したが、汚職腐敗が空前なところまで進み、民衆の大半が「腐敗」を最大の問題と挙げる時期もあった。その次に登場した習氏は反腐敗闘争に力を入れた。彼は内陸部での勤務期間が長かったため、（沿海部の多様化を求める流れより）貧困撲滅、生活水準の底上げに現行政策の重点が置かれた。この政策は、内陸部と農村から支持され、中国の「サイレントマジョリティー」を形成している。二〇二〇年に「全面的小康社会」がひとまず実現すれば、次は日本のかつての「一億総中流」に倣って「全国総中流」との一〇年目標を提示すると言われる。これに関しても大半の民衆は異論を呈しないだろう。

問題は中国の急速な大国化に伴い、国内と海外の目線、物質的要求と精神的な追求、ハードパワーとソフトパワーの間に、ギャップが広がっていることだ。二一世紀の世界は人権、自由、法治を一段と尊重する方向に進んでいるが、これらの分野における中国の足踏み（後退にも受け止められる）がそのイメージを落とす。南シナ海において、中国から見れば第二次世界大戦後に取り戻した南沙諸島の島々が、七〇年代以降になって他の国に相次いで占領されているので、中国が今自分の権益を主張してどこが悪いかとの気持ちが強い。他の国は一旦手中に収めた支配権を簡単に手放すはずはないし、大国中国が南沙諸島を軍事基地化すると、周辺国家、および米国の世界覇権にとって脅威と見られてしまっている。もう一つは、大国中国を自負している以上、国内の世論空間をもう少し広げ、外部からの批判にももう少し胸襟を開くことが期待されるが、そうなっていないのも内外の苛立ちを招いている。

9 「トランプが習近平を助けている」

ただこれまで、前述の錯綜した問題があっても、中国社会の民主化を押し上げていく内部の原動力（民衆の権利意識の向上とそれに伴う行動など）が増強されていくというメガトレンド（大きな潮流）の持続に影響していない。しかし昨今の米中関係が中国国内政治の発展変化のリズムを乱し、思わぬ方向にブレさせていると多くの中国学者が懸念している。

中国の民衆は大体、自称「最大の民主主義国家」のインドは眼中に置かないが、アメリカに関しては大抵好感を持ち、自国の不足点を是正する比較・参考の対象としてきた。中国社会の民主化を推し進める勢力が、親米感情という大きなすそ野によって支えられているとも言える。

ところがここ数年、アメリカの対中政策はますます多くの中国民衆を失望させている。中国自身の問題が米国の対中強硬策を招いたと外部で一部解釈されるが、因果関係はともかく、少なくとも中国国内では近ごろ、以下のような認識が広まっている。

アメリカは中国の台頭をなりふり構わぬ手段で叩き潰そうとしており（ファーウェイ叩きが縮図）、とどのつまり、中国人、東洋人を対等に扱いたくない傲慢さがその根底にある。

「民主主義」「自由」と言うが、実際は「アメリカ・ファースト」、米国覇権維持のための手段に過ぎないのではないか。「共産主義が悪い」「現体制の独裁が悪い」と中国批判の理由が正当化されているが、では一九七一年の段階で、旧ソ連よりもっと「悪い」はずの文革中の中国に、米国はなぜ手を差し伸べたのか。現在、中国と最も政治体制が近いベトナムに対して、とにかく中国けん制になるものなら軍事物資を含めて何でも支援をしているのはなぜか。

トランプ政権のウソだらけの国内政策、自分の失敗を中国に転嫁する汚いやり方は中国人の「アメリカンドリーム」を打ち砕いた。

シンガポール国立大学教授で元国連大使のキショール・マブバニ（K. Mahbubani）が、「米国の歴代政権の中でもトランプ政権ほど中国を侮辱したものはない。これはかえって中国の民衆を政府側に結集させている」と指摘した（米「ナショナル・インタレスト」電子版二〇二〇年六月八日）。中国の学者も、「トランプの最大の『貢献』は米国に対する中国人の幻想を破滅させたことだ」と書いている（「観視頻工作室」二〇年六月一日「特朗普最大的〝貢献〟就是親手摧毀了中國人對美国的幻想」）。

友人の元北京高官が、私的会話で次のようなやるせない気持ちを伝えてくれた。「二〇一八年の憲法改正で任期が撤廃されたことに中国人の多くが不満、失望感を持ったが、現在の米国による空前の圧力を見て、権力の集中は現段階ではやむを得ないと思うようになっている」、「香港、チベット、新疆などに対して干渉を強め、台湾問題でも歴代米政権のやり方を超えて中国の我慢の限界を挑戦している。指導部内では現行の政策に異論があっても、対米危機感が高まる中で国内の権力闘争をする場合ではない、との認識でほぼ一致している」、「中国民衆、特に若い世代の対米感情が空前に悪化している」、と言う。

10　未来からの問いかけ

中国の政治と社会の行方に影響を及ぼすファクターとして、米国の対中政策と米中関係の推移が大きく浮上した。このほかに、経済成長（今後数年間の鈍化が予想される）、民衆の生活水準（政権が支持される最大の要因の一つ）、ポスト「革命第二世代」の人事、台湾問題なども挙げられる。本稿の締めくくりに、もう一つのファクターの存在を指摘したい。5G、ビッグデータなどに代表される「第四次産業革命」の影響だ。

ビッグデータの話になると、「中国が監視社会」とすぐ連想されるが、もう少しスケールの大きい影響を考えてみたい。

かつて『サピエンス全史　上・下』（河出書房新社、二〇一六年）をもって全世界の注目を集めたイスラエル人学者ユヴァル・ノア・ハラリが二〇一五年、続編『Homo Deus : A Brief History of Tomorrow』を出版し、二〇一八年、『ホモ・デウス――テクノロジーとサピエンスの未来　上・下』（河出書房新社、二〇一八年）との書名で日本でも翻訳出版された。著者は、二一世紀は「データ至上主義」の時代と捉え、その特徴を次のように指摘した。

「一八世紀には、人間至上主義が世界観を神中心から人間中心に変えることで、神を主役から外した。二一世紀にはデータ至上主義が世界観を人間中心からデータ中心に変えることで、人間を主役から外すかもしれない」（三三六頁）

「資本主義や共産主義と同じで、民主主義と独裁制も本質的には、競合する情報収集・分析メカニズムだ。独裁制は集中処理の方法を使い、一方、民主主義は分散処理を好む。過去数十年のうちに、民主主義が優位に立った。」（二一六頁）

「二一世紀に、旧来の政治の構造がデータを速く処理しきれなくて、もう有意義なビジョンを生み出せないのならば、新しくてもっと効率的な構造が発達してそれに取って代わるだろう。そのような新しい構造は、民主主義でも独裁制でもなく、以前の政治制度とは全く異なるかもしれない。」（二一九頁）

筆者はこの本を最初に読んだ際、脳裏に強い衝撃を受け、目の前が急に開かれた感じがした。産業革命が加速度的に進んだ三〇年後の世界に立って今日の世界と中国を見てみたらどうだろうと考えたくなった。二〇一九年出版の自らの編著書に「未来からの問いかけ」と題する一章を設けて論じたが、本書との関連でここでも未来から問いかけてみたい。

11　ビッグデータ時代の中国と世界

今後の二〇、三〇年間、データ至上主義の時代が確実に到来する。それを考えると、監視カメラを取り付けるなど、中国の行方を論ずることの限界を強く感じざるをえない。全世界が今ビッグデータの時代に加速度的に邁進している。コロナ禍を経て、日本でもそれ以前より情報化時代にぐっと接近した。データ至上主義の視点から見れば、中国の体制が情報をますます一元的に処理できなくなったため、「新媒体」で多様化する情報（この中に価値観、意見、不満などがすべて含まれる）が溢れ出た。当局が情報をブロックすることは逆に、処理しきれなくなった社会の多様性をデータ至上主義の時代への進化に推し進めているとも解釈できる。実際に、ビッグデータを駆使した社会と意識の分析や科学研究、技術開発への応用は日本より中国が格段に進んでいる。その意味で、監視カメラ云々より、中国社会のビッグデータ時代における可能性をもっと見極めていくべきだ。

5G、ビッグデータに代表される新産業革命の重要性に、中国もアメリカも本気で気づいた。だから監視能力が一番優れるアメリカは、特にライバルと目するファーウェイ叩きに必死になった。日本は「人権」「プライバシー」への矜持を持っていいが、その先を驀進する時代の流れも見越して、日本自身の改革にもっと緊迫感を持つとともに、ロングスパンで中国や米国との関係を捉え直す、という発想転換も求められている。

ビッグデータの時代に、民主主義も独裁もなくなり、第三の政治構造になるかもしれないとハラリ教授が予想した。確かに、中国の行方について、「二〇五〇年は世界的強国」という現体制の延長で引き出される「夢」に羨望、もしくは怯えるより、社会主義はその間なくなっているのかもしれない、同様に資本主義もなくなっているのかもしれない、とのオープンマインドも必要だ。資本主義、民主主義が盤石な宗教のように、つい最近まで信奉されてきたが、トランプ政権のドタバタによって一気に偶像が崩れかけてきた。今回の新型コロナウイルスとの戦いは思わぬ形で、自然の前で我々はすべて人類だということを悟らせてくれた。国境の垣根も、ウイルス、温暖化、IT、ビッグデータの前で低く感じられるようになった。今後は中国も日本も、アジアも世界も、五〇歩が一〇〇歩を笑うのではなく、未来からの問いかけにスクラムを組んで対処しなければならない。「共同」によって体制の差異を「超える」のではなく、「なくす」のだ、という発想もそのうちに生まれるかもしれない。

本稿は中国政治と社会の水面下の潮流を検証しつつ、「未来」という要素も取り入れてみた。結局、結論が出ずじまいになってしまった。もしその中から「中国の行方」を考える何かのヒントを見出してくだされば幸いだ。

コロナ危機をチャンスに変えようと模索する中国

丸川知雄

（まるかわ　ともお）
東京大学社会科学研究所教授
専門は中国経済。著書に『現代中国の産業　勃興する中国企業の強さと脆さ』（中公新書）。『「中国なし」で生活できるか　貿易から読み解く日中関係の真実』（PHP研究所）『チャイニーズ・ドリーム　大衆資本主義が世界を変える』（ちくま新書）『現代中国経済』（有斐閣）などがある。

はじめに

新型コロナウイルス（COVID‐19）がいかにして人類にとりつくようになったかについては諸説あるものの、最初に多数の感染者が出たのが中国武漢市であり、ウイルスがそこから数か月のうちに世界各地に広まっていったことは疑いない。中国では三月上旬には一日の新規感染者数を二桁以内に抑え込むことに成功し、それ以降はごく小規模な流行が数回見られた程度である。つまり、中国は世界で最初にコロナ危機に襲われた国であったし、最初に「コロナ後」の時代に入る国となった。中国は二月までは最大の「負け組」だったのが、四月以降はいちはやく経済活動を再開したことで一転して有利な立場に立つことになった。最近発表された国際通貨基金（IMF）の経済予測によると、二〇二〇年はアメリカ、日本、EU、インド、ASEAN、ブラジルなどが軒並みマイナス成長に沈むなかで、中国だけはプラス一％の成長をするという（IMF、二〇二〇）。

もし中国がウイルスを世界に広めた責任を認め、低姿勢で他国に医療支援を行ったり、医療用物資を援助したり、消費財を輸出したりして、世界のウイルスとの戦いを支援していれば、中国はかなりのソフトパワーを獲得できたかもしれない。しかし、中国の一部の外交官がウイルスの起源をめぐってトランプ政権高官と論戦を演じたり、セルビアやイタリアなど特定の国との関係を深めることでヨーロッパに楔を打ち込もうとしているのではないかと疑われるなど、下手な外交によってせっかく生まれかけたソフトパワーをだいぶ毀損している。

ペイ（二〇二〇）は、中国の強硬な外交姿勢は国内の脆弱性の表れであり、これから中国の経済力も対外的影響力も衰退するだろうという。だが、目を中国国内に転ずるならば、中国がコロナ危機を克服する過程で発揮した統治能力の高さには目を見張るものがあるし、経済危機への対策には危機をチャンスに変えようという前向きな姿勢が顕著である。日本が膨大な債務を背負い、大きなリスクを冒して経済の原状回復に腐心している間に、中国ははるかに効率よく未来の産業発展の方向へ滑り出していこうとしている。これが功を奏せば、数年後には中国の国力が相対的に上昇している姿を見ることになるだろう。

本稿は、中国がコロナ危機にどのように対応したかを跡付けるとともに、コロナ後の世界へどのように踏み出そうとしているのかを明らかにすることを目的とする。一、二節ではアメリカから非難されているコロナ危機発生当初の対応について検討する。三節では武漢が医療崩壊の危機からどう立ち直ったかを明らかにする。四節ではコロナ危機が中国経済にどのような影響を与えたのかを概観する。五節では二〇二〇年五月下旬に開催された全国人民代表大会で決定された経済回復方針の特徴を日本と比較しながら明らかにする。六節では当面の経済対策のなかに含まれる未来産業の基盤づくりに焦点を当てて論じる。[1]

1　原因不明の肺炎の発生

アメリカのトランプ政権は、中国が新型コロナウイルス肺炎に関する情報を隠蔽したせいで世界に感染が広まったと非難を続けている。果たしてこの批判は正当であろうか。武漢でウイルスへの感染が広まった二〇二〇年一月の状況をふりかえって検証しよう。

二〇一九年一二月三一日、中国の武漢市政府が原因不明の肺炎にかかった患者が二七人出たと発表し、そのニュースはすぐに世界に伝わった（時事通信、二〇一九年一二月三一日など）。その前日の一二月三〇日、武漢市中心医院救急科の主任医師艾芬は、午前中に華南海鮮市場から救急外来に運び込まれてきた肺炎患者のＣＴ画像が気になっていた（龔、二〇二〇）。その日の午後に送られてきたこの患者の分析報告は艾芬の懸念を裏付けるものであった。この患者からＳＡＲＳ（重症急性呼吸器症候群）コロナウイルスが検出されたというのだ。艾芬は驚愕し、病院内の各方面に連絡するとともに、分析報告のＳＡＲＳコロナウイルスという箇所に赤く印をつけて同僚たちに微信（ＳＮＳ）で知らせて注意を促した。その日の夜、武漢市衛生健康委員会からの通達が中心医院を通じて医師たちに伝えられた。その内容は「パニックを避けるために、原因不明の肺炎については勝手に外部に情報を流してはならない」というものであった。

年が明けて一月一日の夜遅く、医院の監察科から艾芬に呼び出しがかかった。翌朝、艾芬が監察科に出向くと、なぜ規律を破ってデマを流したのかと厳しく叱責された。救急科に戻った艾芬は二〇〇人余りの部下たちに対してこの肺炎のことは家族にも漏らしてはならないと伝えるとともに、感染防止に十分配慮するように伝えた。

一二月三〇日に艾芬からの微信を受け取った医師たちのなか

には、眼科医の李文亮のようにその情報をさらに医師仲間に転送して注意を促した者がいた。李文亮ら八人の医師は、一月三日に警察に呼び出され、SARS[2]が広まっているというデマを流したとして訓戒の処分を受けた。その数日後、李文亮医師は眼科の治療中に患者から新型コロナウイルスをうつされて重度の肺炎を発症し、二月七日に亡くなった。

一月九日になって、中国中央テレビが、武漢で発生した原因不明の肺炎が新型コロナウイルスによるものであると解明され、ウイルスの遺伝子の配列も解析されたと報じた。これに続いて、この肺炎で死んだ者はおらず、症状は概して軽いという香港中文大学教授の談話や、人から人への伝染が確認されたことはなく、医療関係者の感染もない、という武漢市衛生健康委員会の発表が伝えられた（『二一世紀経済報道』二〇二〇年一月一三日）。

つまり、一二月三一日の原因不明肺炎の発生という第一報があった時には、武漢の医師たちのみならず多くの人々がSARSの再来かと身構えたが、一月九日に官製メディアから、肺炎の原因であるウイルスが解明され、その症状や感染力は大したことないという誤った情報が伝えられたことにより、緊張が和らいでしまったのである。

SARSの時は、原因不明の肺炎の発生から、コロナウイルスの解明まで四カ月以上かかったのが、今回はわずか一週間ほどでウイルスの遺伝子まで解析されたことで、科学の進歩に対する過信まで生じてしまったのかもしれない。

その結果、一月一二日から一七日に武漢で予定されていた湖北省人民代表大会は予定通り開催されたし、一月一九日には武漢市で旧正月の大宴会「百歩亭万家宴」が開催され、四万家族が参加した。

2　初動対応のどこに問題があったのか

一二月三一日に原因不明の肺炎が発生したという情報によって人々に緊張が走ったが、一月九日以降弛緩したという心理の変化は武漢からの人の流出に関するビッグデータからもうかがえる。図表1は二〇二〇年一月一日から二月一〇日までの武漢市からの人の流出状況を二〇一九年の同じ時期と比べたものである。ただし「同じ時期」といっても太陽暦での同じ時期ではなく、旧暦での同時期、すなわち二〇一九年一月一二日から二月二一日の人の動きと比べている。というのも、旧正月の時期には、中国人は旧暦に従って休暇をとって帰省するからである。また、縦軸のデータは人々の移動規模を武漢市の人口規模に対する割合として示した指数である。

これによると一月三日から一月一三日までは前年を大きく上回る人口流出が起きている。つまり、原因不明の肺炎が発生したという情報に驚いて武漢市を離れた人がかなりいた可能性がある。ところが一月一四日から一九日は前年並みの流出にいったん戻る。

しかし、一月二〇日になって事態が急変する。感染症の権威である鍾南山氏が中国中央テレビのインタビューで新型肺炎が人か

図表１　武漢からの人の流出

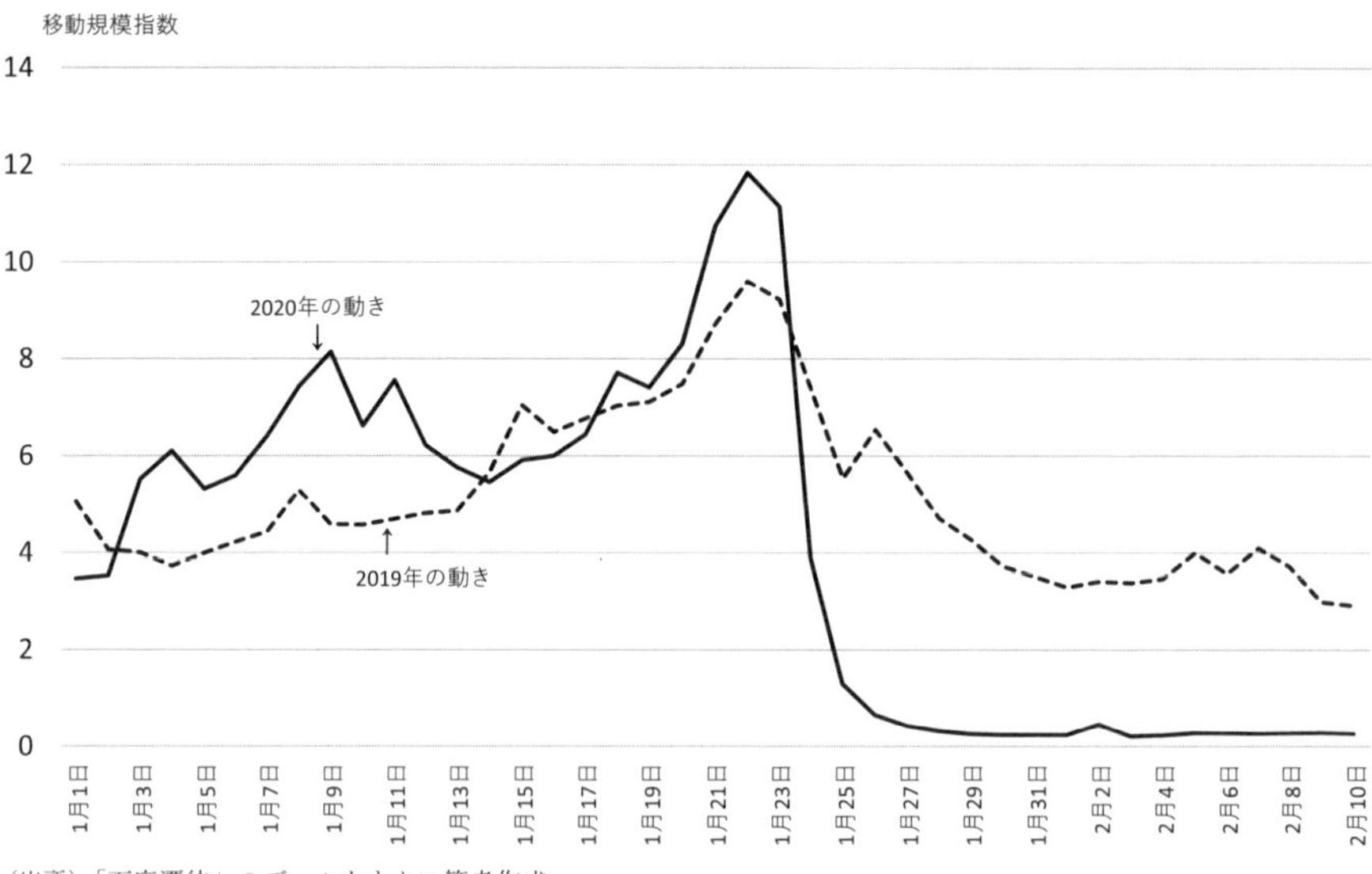

（出所）「百度遷徙」のデータをもとに筆者作成。

ら人へ伝染することを明らかにした。同日、習近平国家主席が新型肺炎の感染防止に全力で当たれと指示を下し、李克強首相が国務院常務会議を開いて新型肺炎に対する対策を決めた。そこでは、伝染病防止法でＢクラスの伝染病に指定されている新型肺炎をペストやコレラと同じＡクラスの伝染病として扱うことを決めた。Ａクラスの伝染病となれば、流行地域からの人々の出入りを制限する措置をとることが可能になる。この決定に基づいて、一月二三日には武漢市内の公共交通機関が停止され、空港や鉄道駅も閉鎖されて、人々の出入りが厳しく制限された。

このように、一月二〇日に一気に緊張感が高まったが、その日から武漢がロックダウンされる二三日までの間、再び前年を大きく上回る人の流出が起きている。つまり、一二月三一日から一〇日間の緊張があり、その後一週間弱の弛緩、そして再び緊張が来た。

以上、一二月三〇日に武漢市の医療部門が原因不明の肺炎の発生を認識してから一月二三日にロックダウンが実施されるまでの初動の対応を回顧すると、武漢市当局がＳＮＳで情報を流した医師たちを叱責した一月二日と三日の時点で、すでに肺炎発生のニュースは世界に伝わっており、人々はそれなりに身構えていた。もしこれが「ＳＡＲＳだ」というやや正確でない情報が広まっていれば人々の警戒心はいっそう高まっていただろうと考えると、言論を封じたことで感染者が多くなったと言えそうである。

しかしより罪深かったのは、一月九日に肺炎の原因が解明され、人々の警戒心を緩めるような情報が発信されたことであった。武漢で新規感染確認数が急増したのは一月二三日にロックダウンがなされた後なので、ウイルスの潜伏期間が二週間とすると、感染が広まったのは一月九日以降とみられる。つまり、「原因不明」の間は人々の警戒心も強かったが、原因が明らかになり、人から人への伝染がないと伝えられたことで安心感が広まってしまったのである。

武漢をもっと早くからロックダウンしておけば、湖北省以外の中国や海外への伝播はもっと少なかっただろうから、中国政府の対応は遅すぎたという議論は可能である。ただ、感染拡大防止に全力をあげることを決めた一月二〇日でさえ感染確認数は累計で二九一人にすぎないので、これより早いタイミングでロックダウンのような強い措置をとることを決断するのは難しかっただろう。この時点での実際の感染者は優に一〇〇〇人を超えていたとみられ、もっと積極的な検査を行っていればと惜しまれるところではある。ただ、感染が広まった初期に十分な検査態勢がとれず感染を広めてしまうということは日本でもアメリカでも起きたことであり、まして世界で最初にこのウイルスの流行に直面した武漢の失敗ばかりを責めるのは公平ではないだろう。

国境を閉ざし、人々の入出国に厳しい規制をかけることには感染の拡大を遅らせる効果はある。しかし、国境閉鎖の効果は、疫病が流行している都市をロックダウンしたり、人々がなるべく外出しないようにして他人との接触の機会を減らすことと本質的には同じである。国境を閉ざすだけで、国内での感染拡大防止に何も対策をとらなければ、やはりウイルスの流行拡大を招いてしまう。

アメリカは六月二五日の時点で二三八万人の新型コロナウイルス感染者と一二万人の死者を出すという世界最悪の状況になっているが、アメリカ政府は中国からの入国制限を一月三一日にいちはやく実施しており、それから一か月経った三月一日の時点でもアメリカの感染者数はわずか三〇人だった。中国はウイルスが武漢から外へ漏れ出るのを食い止められなかったが、アメリカは中国からのウイルスの流入をほぼ完璧に食い止めたのである。つまり、アメリカでの流行の拡大と武漢からのウイルスの漏出とは直接の関係はない。アメリカにおける感染拡大は、ウイルスの特徴から言って、むしろヨーロッパから伝わってきたウイルスによってもたらされたものとみられる（国立感染症研究所、二〇二〇）。アメリカでなぜ二三八万人もの人々が感染したのかを分析することは本稿の課題ではないが、その責任を中国に転嫁しようとするトランプ政権の主張には無理がある。

3　武漢におけるウイルスとの闘い

一月二三日未明に突然公共交通機関が停止した武漢では、その後二五日までの間にタクシーの停止、市中心部への自動車の乗り入れ禁止など厳しい行動制限の措置が次々と市政府から通達された。しかし、その意図や意味に関する説明が十分になされなかったため、武漢市民はパニックに陥った（徐、二〇二〇）。市民の間で武漢は見殺しにされるのかという猜疑心が高まり、指定病院の発熱外来には体調の悪い人が大勢押し寄せた。スーパーにも食品や日用品を買いだめしようと市民が押しかけて大混雑になった。

この時点ですでに感染が相当広がっていたようだ。病院の外来受付で順番待ちをしている間に亡くなってしまう患者までいた（龔、二〇二〇）。役所の腐敗や官僚主義も混乱に拍車をかけた。武漢には全国から防護服やマスクなどの救援物資が続々と空輸されてきたのだが、それを病院などに送り届けるべき武漢赤十字会が物資を貯めこんだり、新型肺炎の治療とは関係のない産婦人科病院に回していたりした。武漢赤十字会に対する批判が高まり、後に副会長が罷免された。また、市内の交通が厳しく規制されたため、病院への医療物資の配送や医療従事者たちへの食事の配達さえも許可が出なくてできないという事態も起きた（万、二〇二〇）。医師や看護師たちのなかに過労やウイルスへの感染で倒れる人が続出した。二月一一日時点で全国で一七一六人の医療従事者がウイルスに感染した。

事態が落ち着きを取り戻してきたのは、武漢市が一〇日間の突貫工事で作った新型コロナウイルス肺炎の専門病院、火神山医院が患者を受け入れ始めた二月四日からである。その四日後には同じく突貫工事で作られた雷神山医院も患者の受け入れを開始した。一月三一日時点では、武漢市内の新型肺炎患者の指定病院は二三か所、ベッド数は六六四一床で、そのほとんどが埋まっていた。二つの臨時病院が開設されたことによって市内のベッド数は一気に二六〇〇床増え、重症患者の受け入れ能力が大幅に増強されたのである（陳他、二〇二〇a）。

新型肺炎の患者が特に多かった武漢市と湖北省を支援するために全国から医療チームが派遣されてきた。一月二四日から三月八日まで、武漢を含む湖北省には全部で三四六の医療チーム、四万二六〇〇人の医師や看護師らが到着したという（陳他、二〇二〇c）。

この頃には新型コロナウイルス感染者を三段階で隔離し治療する態勢も整った（陳他、二〇二〇b）。すなわち、重症の患者たちは設備の整った武漢市中心医院などの指定病院や火神山医院と雷神山医院が受け入れた。軽症の患者たちは「避難所病院」（「方艙医院」）と称される施設に収容された。これはコンベンション・センターや体育館などに臨時のベッドを並べたもので、そこにも医師や看護師がつく。「避難所病院」は武漢市に一五か所設けられ、一万床以上のベッドが据えられた。さらに、無症状の感染者や濃厚接触者などはホテルや党校などに隔離された。二月二〇日時点で、武漢市内の指定病院のベッド数は三万床まで増え、さらに「避難所病院」が二万五〇〇〇床、ホテルなどの隔離場所には四〇〇〇床が用意された。つまり、五万九〇〇〇人の患者や感染者が同時に入院したり隔離を受ける態勢ができたことになる。

一月下旬には患者たちが殺到して崩壊の瀬戸際だった医療態

勢が立ち直ったことで、二月五日以降、武漢市の医療システムは、単に病院にやってくる患者たちに対処するだけでなく、積極的に感染者を洗い出す攻めの医療を展開するようになった。すなわち、係員が住宅を一戸一戸訪問して、住民の体温を測ったり、症状がないか、感染者との濃厚な接触があったどうかなどを尋ねて回ったのである。

こうして二月上旬をピークとして、武漢市および中国全体の新規感染者数は減少に転じた。三月一〇日以降は海外からの帰国者以外での国内の新規感染者は一日に一桁以内にまで減少した。「避難所病院」は三月一〇日にすべて閉鎖され、医療チームもそれぞれの地元へ帰って行った。四月八日には武漢の封鎖が解除され、元通りの日常へ戻ったのである。

武漢でのウイルスとの闘いをふりかえると、なんといっても短期間のうちに四万二六〇〇人もの医師・看護師を湖北省に派遣した動員力が印象的である。同時に、わずか一〇日間で重症患者を受け入れることのできる専門病院を完成させたのも強い動員力のなせる業である。東京都では、「感染爆発の重大局面だ」と知事が記者会見で表明してから一九日後の四月一二日時点で新型コロナの中等症・重症者向けに用意されたベッド数が二〇〇〇床、五月下旬の時点でも三三〇〇床だったことを考えると、武漢では感染の規模が東京より一桁多かったという事情はあるにせよ、動員のスピードと規模には驚かされる。

また、医療崩壊の危機から、三段階の感染者受入態勢を構築するまで持ち直すことができたのは、ＳＡＲＳの苦い経験が生きた。火神山医院、雷神山医院を突貫工事で建設したのは、ＳＡＲＳが流行した時に多くの患者を受け入れた専門病院、北京小湯山医院の成功経験があったからだとされる。

また、湖北省以外の中国各地域で感染者と死者を最小限に食い止めることができたのもＳＡＲＳの経験があったからである。例えば人口が台湾とほぼ同じ規模である上海市は感染確認数三三九名、死者七名にとどまった。上海市では一二月三一日に武漢での肺炎発生の第一報が届くや、一月三日には八〇名の伝染病調査員をトレーニングしてウイルスの到来に備えたという（羅、二〇二〇）。

4　初めてマイナス成長を認める

二〇二〇年の旧暦の元旦は一月二五日なので、中国政府が感染防止対策に全力をあげることを決めた一月二〇日は年の瀬にあたり、すでに帰省ラッシュが始まっていた。例年通りであれば、一月三一日から二月三日頃には、帰省していた出稼ぎ労働者たちが戻って来て経済活動が再開するところであったが、二〇二〇年は二月九日まで休暇が延長され、その後も移動制限が続いたため出稼ぎ労働者たちは徐々にしか戻ってこなかった。

こうして一月下旬から二月にかけて経済活動が著しく低調になった。国家統計局の発表によれば、二〇二〇年一〜二月の鉱工業付加価値額は前年の同期に比べてマイナス一三・五％、サービス業生産指数はマイナス一三％と落ち込んだ。中国では、日本などと同様に四半期ごとにしか国内総生産（ＧＤＰ）の統

図表２　中国の主要経済指標（対前年同期の増減率）

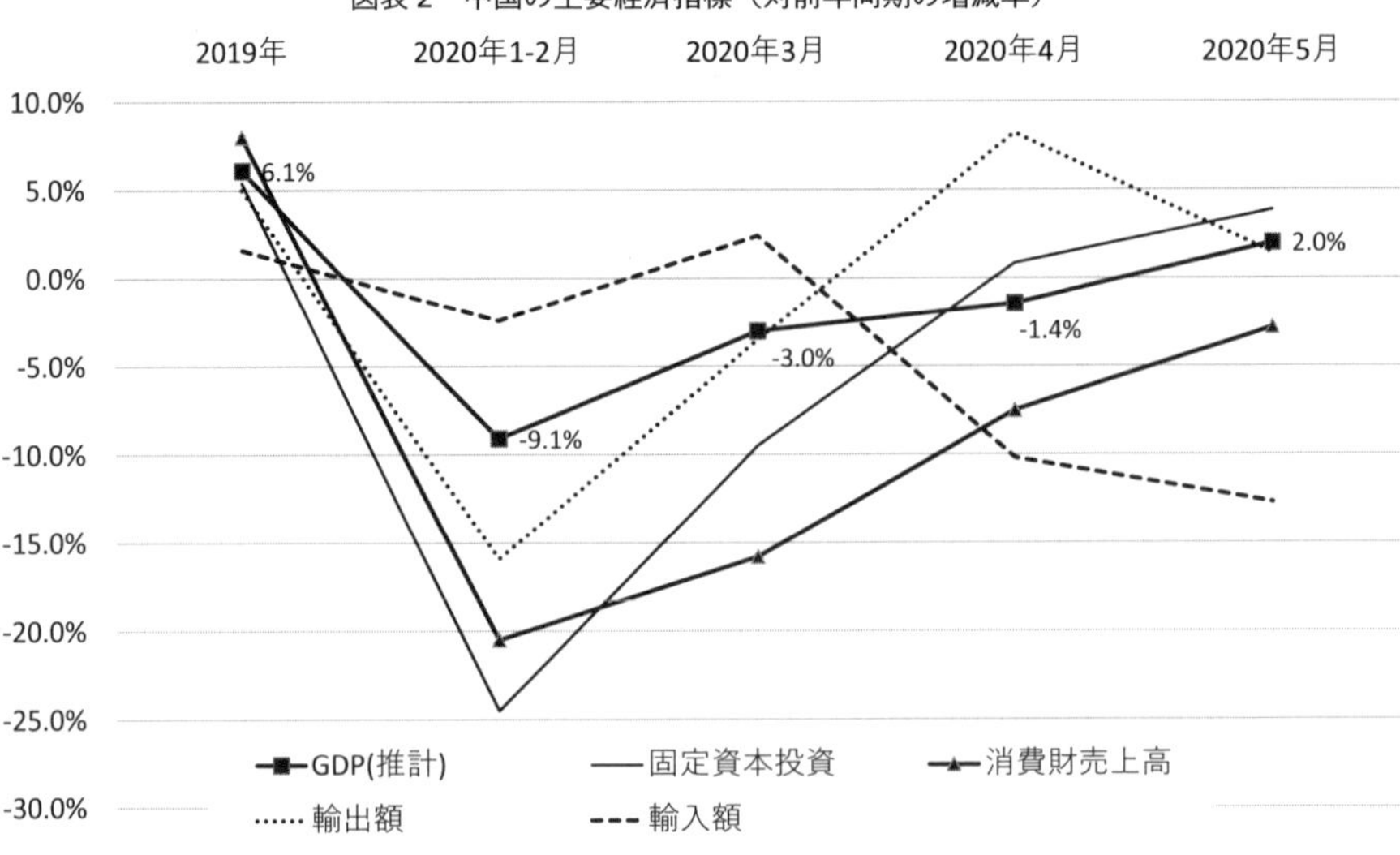

（出所）国家統計局発表。GDPは筆者推計。

計が作成されていないが、二〇二〇年一～二月のＧＤＰ成長率を推計するとマイナス九・一％となる（図表２）。

ただ、そうした落ち込みのなかでも平常通りの生産を保った産業もある。鉄鋼、石油化学、集積回路といった装置産業は前年同期に比べて生産を増やした。一方、多数の部品を組み立てる最終製品の生産は部品や材料が一つでも欠けると生産ができないため、この時は生産が大きく落ち込んだ。自動車の生産台数はマイナス四六％、携帯電話はマイナス三四％だった。日産自動車の九州工場も中国製部品の供給が滞った影響で生産を一時停止した（『日本経済新聞』二〇二〇年二月一一日）。

サプライチェーンの混乱は三月に入るとかなり収まってきたが、一～二月の落ち込みが大きかったため、二〇二〇年第１四半期（一～三月）のＧＤＰ成長率は一九七六年以来四四年ぶりのマイナス成長となるマイナス六・八％となった。なお、一九七六年にはそもそもＧＤＰ統計が作られておらず、同年がマイナス成長であったというのはそれより二〇年以上のちに推計したものにすぎない。今回は中国政府がマイナス成長をリアルタイムで認めた初めてのケースなのである。

一～二月の経済状況からみて第１四半期がマイナス成長になるのはほぼ確実であったが、果たして国家統計局がそれを正直に発表するかどうかは疑問であった（丸川、二〇二〇ｂ）。というのも、特に二〇一五年以降、中国のＧＤＰ成長率の動きが非常に硬直的になり、工業製品の生産量など他の統計や政府のマクロ経済政策との整合性が失われていたからである（丸川、二〇一九)。端的に言ってGDP成長率が粉飾されていた疑いが濃厚である。

だが、蓋を開けてみると、国家統計局は第1四半期がマイナス成長であったことをあっさりと認めた。そして、まるで吹っ切れたかのように、さまざまな統計の間の不整合も目立たなくなり、統計から経済の実態が生き生きと読み取れるようになった。統計が本来の機能を取り戻したことはコロナ危機の「ケガの功名」の一つと言えなくもない。

毎月発表される鉱工業とサービス業の生産指数を用い、第一次産業は第1四半期の状況(マイナス三・二%)がずっと続いていると仮定すると、GDP成長率は三月にはマイナス三・〇%、四月にはマイナス一・四%と次第に回復し、五月には二・〇%と、ついにプラス成長まで戻ったとみられる。このまま回復が続けば、第2四半期はプラス一~二%ぐらいにはなるだろう(追記参照)。

需要項目別にみると、投資は一~二月に激しく落ち込んだが、四月以降はプラス成長となった。消費の回復は相対的に遅いが、六月にはプラス成長に戻りそうである。また、輸出は欧米向けが落ち込んだが、その分を東南アジアや台湾に向けた輸出の増加で補うことができた。輸入額が減少したのは原油価格暴落の影響が大きい。

本稿の冒頭で述べたように、IMFは中国の二〇二〇年のGDP成長率をプラス一%と予想している。ただ、第1四半期の落ち込みが大きいので、仮に第2四半期はプラス一・五%まで成長率を上げることができたとしても、二〇二〇年後半は四%ぐらいの成長をしなければ年間通してプラス一%は実現できない。果たして年内にそこまで回復できるのか予測は難しいが、次節では回復へ向けた中国政府の経済政策に目を向けよう。

5 慎重に雇用回復を目指す経済政策

二〇二〇年五月下旬には予定より二か月以上遅れて全国人民代表大会(全人代)が開催された。例年であれば、全人代の政府活動報告のなかでその年のGDP成長率の目標が示されるところだが、二〇二〇年は目標が盛り込まれなかった。全人代の時点では経済の回復基調が明らかだったので、目標が示されなかったのは、経済が悲惨だから恥ずかしくて数字が出せなかった、というわけではない。むしろ、今後新型コロナウイルスの影響が中国内外でどのように出てくるか見通しにくいなか、下手に目標を立てて、それが投資過熱などの無理を引き起こすことを警戒していたのだと思われる。

もともと二〇二〇年は第一三次五カ年計画の最終年に当たり、「全面的に小康社会を実現」して農村の貧困をなくし、GDPを二〇一〇年の二倍にするという目標があった。後者を達成するには二〇二〇年に五・五%以上の経済成長を実現する必要があるが、二〇二〇年の成長率目標がなくなったということは、GDP倍増の目標は放棄したことを意味している。

一方、貧困問題については、二〇一九年の時点で貧困線以下の人口がすでに五五一万人にまで減っており、二〇二〇年のうちに完全に貧困を撲滅できる可能性がある。政府活動報告のなかでも年内に貧困をなくすという目標が掲げられ、政府予算のなかで一四六一億元が貧困対策費として計上されている。

全人代の政府活動報告のなかで二〇二〇年の経済政策の基調を示すフレーズとして示されたのが「六つの安定（六穏）」と「六つの保障（六保）」である。いずれも冒頭に来るのは「就業」なので、二〇二〇年の最重要課題が経済を正常な軌道に乗せて就業を回復することだ、という点は疑いない。

ただ、「六つの安定」の他の五つは「金融、貿易、外資、投資、予想」の安定である。金融と投資の安定が強調されているということは、景気回復に力を入れすぎて信用の膨張や投資の過熱を招かないようにしたいというニュアンスがある。つまり就業を回復しながらも過熱を招かないような匙加減で景気対策を行うという意味であろう。日本がいわばアクセル全開でコロナ危機からの脱却を目指しているのに対して、中国の対策はかなり慎重である。

慎重に回復を目指すという方針は就業に関する目標にも現れている。都市部の失業率は二〇一九年の年末には五・二％だったのが、コロナ禍に襲われた二〇二〇年一～二月に六・二％へ跳ね上がった。五月には五・九％と少し下がったが、政府活動報告で打ち出された目標は「六％前後」というもので、現状維持でいいというのである。

このような控えめな目標になった背景には、出稼ぎ労働者の事情があると思われる。前述のように、武漢など各都市で移動制限が始まったのは、ちょうど旧正月の休暇期間で、多くの出稼ぎ労働者たちがすでに帰郷していた。その後のコロナ危機により、労働者たちの出稼ぎ先への帰還が遅れ、二月後半から徐々に戻っている状況である。現在の失業率の主要指標である「都市部調査失業率」においては、出稼ぎ労働者たちが帰郷したまま就業していなければ失業者にはカウントされないが、労働者たちが出稼ぎ先の都市に戻って来ても仕事がないと失業者としてカウントされる。従って、出稼ぎ労働者が戻って来ても失業率が六％前後で現状維持するためには雇用機会をかなり創出する必要がある。

慎重に経済の回復を目指す方針は二〇二〇年の国家予算に体現されている。国家予算では財政赤字率（財政赤字のＧＤＰに対する割合）を二〇一九年の二・八％から二〇二〇年は三・六％以上に引き上げるなど、コロナ危機で落ち込んだ経済を回復させるための積極財政を組んでいるが、財政赤字の割合は日本に比べるとかなり小さい。

日本の令和二年度（二〇二〇年度）予算は、もともと一〇三兆円の支出のうち三一・七％を国債で賄うという予算であったが、ここに第一次補正の二六兆円、第二次補正の三二兆円が加わり、それぞれ全額国債で賄うため、財政支出の合計は一六〇兆円で、うち九〇兆円（五六％）を国債発行で賄うことになる。日本の公債依存度はリーマンショックがあった二〇〇九年度に五一・五％に跳ね上がったのち、三〇％台まで下がってきたが、二〇二〇年度は一気に史上最高の五六％以上へ跳ね上がる。これによって日本政府の肩にはGDPの二五〇%前後の債務がのしかかることになるが、財政支出のほとんどが経済の原状回復を目指すものであるため、果たして今後の経済成長にどのように結びついていくのか見通しにくい。

一方、中国の場合、中央政府と地方政府の一般会計を合計すると、支出は二四兆七八五〇億元（三七三兆円）で、うち三億七六〇〇億元（一五%）が国債・地方債の発行で賄われる。これに基金会計も足すと支出は総額三七兆三九七四億元（五六三兆円）で、うち八億五一〇〇億元（二三%）が各種の国債・地方債の発行で賄われる。つまり、公債依存度は基金会計まで含めても二三%ということになる。

中国政府は、日本やアメリカのように国民に対して直接給付金を出す政策は採っておらず、財政支出の重点はむしろ未来産業の基盤づくりにある。中国にもコロナ危機で困窮している人々を救済するために、失業保険や生活保護の給付対象を都市へ出稼ぎに来たばかりの人々にも広げる方針はあるが、すべての国民を対象に給付金を出すような政策は存在しない。

中国には、国民がだれでも享受できる補助としてはこれまでのところ「消費券」があるのみである。これは三月下旬より地方政府が配布を始めた割引クーポンである。杭州市の例でみると、杭州市に滞在している人ならだれでもスマホのアリペイを起動し、クリックすることで申し込むことができる。当選者は早いもの順で決まり、当選すれば杭州市内の実店舗で四〇元以上の買い物をすると市政府から一〇元の補助が行われるクーポン五枚がもらえる。ただし一週間以内に使わないと無効になる。杭州市では三月二七日から四月二〇日までに総計八八〇万セットの消費券が配布された。当たった人は実際には平均で三・五一枚使ったので、当選者一人が市政府から受けた補助はわずかに三五・一元（五二六円）ということになる。

杭州市と類似した消費券は五月七日までに全国一七〇余りの都市で配布され、その額は総計で一九〇億元（二八五〇億円）であった。そのほとんどが杭州市と同様に一定の期間内に市内で買い物をしたら地方政府が金額の一～二割を補助するものである。

日本政府は一人一〇万円の特別定額給付金のために国債発行で得た一二兆円を費やすが、中国が消費券を配るために費やした金額はこれより二桁少ない。では中国は公債の発行で得た資金を一体何のために使うつもりなのか。次節で述べよう。

6　新型インフラ建設による未来産業の基盤づくり

中国政府がコロナ危機後の成長戦略として最も重点を置いているのが「新型インフラ建設」（「新型基礎設施建設」）である。中央・地方で二〇二〇年に発行する予定の公債のうち四四%にあたる三兆七五〇〇億元は地方専項債というものであるが、それによって得た資金は、新型インフラ、新型の都市化、そして交通や水利の大型プロジェクトに投資することとなっている。

新型インフラとは、5Gネットワーク、電気自動車用の充電ステーション、工業インターネットといった内容を含む。これらのインフラは、5Gの応用技術、電気自動車や自動運転など未来産業が発展する基盤となる。

このなかでも特に重視されているのが5Gネットワークの建設である。移動通信の大手三社、すなわち中国移動、中国電信、中国聯通は二〇二〇年に5G通信網の建設に一八〇三億元（二兆七〇〇〇億円）を投じる予定で、これによって中国全体で六〇万基の5G基地局が整備される見込みである。その結果、全国の主要都市にはすべて5Gの電波が届くようになり、県城（農村の小都市）や郷鎮も部分的にカバーされるようになるという。すでに三〇〇〇元（四万五〇〇〇円）ぐらいの比較的安価な5Gスマホも出揃い、中国では5G契約にするスマホユーザーも増えている。五月時点での5G契約者は中国移動が五五六一万人、中国電信が三〇〇五万人となっている。中国聯通の5G契約者数は発表されていないが、5G契約者が中国全体で一億人を突破している可能性が高い。二〇二〇年末の時点では、おそらく中国の5Gユーザー数が世界の八割以上を占めるであろう。

アメリカ政府はファーウェイやZTEなど中国のハイテク企業を危険視し、アメリカの通信機器市場から排除しただけでなく、日本など同盟国にも排除するよう圧力をかけてきた。中国政府が5G普及に前のめりで取り組んでいるのは、アメリカ政府によって海外市場での発展が妨害されている自国のハイテク企業を守るために、国内の市場を拡大してやろうという配慮もあるのだろう。その結果、中国で5Gが世界でもっとも早く普及し、そこを舞台にさまざまな5Gの応用技術が発展する可能性が高い。つまり、アメリカ政府の妨害がかえって中国のイノベーションを活発化させる効果をもたらすかもしれない。

新型インフラのもう一つの分野が電気自動車の利用環境を整備することである。中国は購入への補助金を出すことで電気自動車へのシフトを推進し、二〇一八年には世界の販売台数の五五%を中国一国が占めたほどであった。二〇一九年も上半期は新エネルギー自動車（主に電気自動車）の販売が前年同期比五〇%増と伸びたが、下半期に購入に対する補助金が削減されると、販売台数は一転して前年同期比マイナス三〇%と落ち込んだ。二〇二〇年に入ってからも販売は低調で、自動車全体では四月以降プラス成長に転じたのに、新エネルギー車は五月もマイナス二三・五%とふるわない。そこで中国政府は二〇二〇年に打ち切る予定だった補助金を二〇二二年まで延長することにした。しかし、やはりいつまでも補助金頼みというわけにはいかないので、充電ステーションを整備することで電気自動車の利用環境を整えて普及を促す。

また、中国での電気自動車生産に外国企業の参入を促すことによって、電気自動車のモデル数を増やし、企業間競争を通じて普及を図る試みも始まっている。二〇一九年までは中国の電気自動車の販売台数のうち九割以上が中国メーカーのもので、消費者にとっては魅力的なモデルが少なかった。だが、二〇二〇年一月には世界の電気自動車界で最も人気があるテスラの上海工場が稼働を開始した。また、フォルクスワーゲンは安徽省の江淮汽車との間で電気自動車の合弁企業を立ち上げていたが、二〇二〇年五月にその親会社の江淮汽車にも五〇%の出資をすることが発表された。この合弁企業も近々生産を開始する予定である。

工業インターネットも新型インフラとして期待されている分野の一つである。深圳市ではすでにさまざまな取り組みがなされている（『経済参考報』二〇二〇年五月一九日）。その一つが「速加網」というサイトで、「部品加工をネットで買い物をするぐらい簡単にする」ことをキャッチフレーズにしている。全国の金属切削加工、プロトタイプ製作、板金加工、3D印刷、レーザーカット、プリント基板の製造を行う工場をネットワーク化し、試作からロット生産まで一か所で発注できる。いわば東京大田区の産業集積の機能をネット上に再現しようという試みである。また、フォックスコンの子会社である「工業富聯」では工場の生産ラインでの作業をすべてAIロボットが担い、オペレーターは工場の外から操作する自動工場を展開している。

ただ、目下のところ中国の工業は、工場の自動化やネットワーク化に関わる機器やソフトウェアの多くを外国企業のものに依存しているため、工業信息化部はこうした分野での有力な国内企業を育成したいという意向を持っている（『二一世紀経済報道』二〇二〇年三月二三日）。

おわりに

振り返れば日本で「中国経済崩壊論」が最も盛んだったのは二〇〇六〜二〇〇七年であった。当時は多くの経済評論家が中国経済は目下バブルの状態にあり、そのバブルは二〇〇八年の北京オリンピック後に崩壊するという議論を展開した。しかし、実際に到来したのはリーマンショックで、崩壊したのはアメリカのバブル経済だった。中国はむしろリーマンショック後に大規模な景気対策を打つことでいちはやく復興し、世界経済の牽引役に躍り出た。そして二〇一〇年にはGDPの規模で日本を抜き、世界第二位の経済大国になった。

すると今度は中国は無理な景気対策を打ったためバブルに陥った、人口ボーナスの終焉により中国の経済成長はもう終わりであり、アメリカを追い越して世界一の経済大国になるなど幻想である、という新手の中国悲観論（津上、二〇一三）が日本で人気を博した。だが、まさに同書が出版された二〇一三年に、購買力平価で換算したGDPにおいて中国はアメリカを追い抜いた。米ドル換算のGDPでは二〇一九年の時点でも中国はまだアメリカの六七%にすぎないが、為替レートは長期的には購買力平価で決まるという理論に従えば、中国のGDPがアメリカを追い抜くのはもはや時間の問題となった。そして気づいたら中国のGDPは日本の二・九倍にもなっている。そうなると今度は中国の統計などすべてデタラメだという人が出てきた。

ここでわざわざ中国崩壊論の経過をふりかえったのは、二〇二〇年のコロナ危機に際しての中国観が、数か月のうちにこれまでの中国崩壊論の変遷をなぞるように変化したからである。

一、二月の時点ではコロナ危機は中国の脆弱性を露呈したという見方が強かった。コロナ危機は対岸の火事であり、中国がどのように初期対応の失敗を挽回して危機を克服していったのかをみて、その経験と教訓を汲み取ろうという気風は希薄であった。三月以降、コロナ危機はヨーロッパへ、アメリカへ、そして日本へ飛び火したが、十分な観察期間があったにもかかわらず、これらの国々は中国の対策をよく見ないうちにウイルスに襲われ、より悲惨な結果になった。世界最悪のコロナ危機を招いたアメリカのトランプ大統領は自らの対策の失敗を反省する代わりに責任を中国に転嫁し、中国の患者数・死者数はフェイクだと言い出した。だが、そう言っている間にもアメリカの患者数・死者数は日々増えている。一方、中国はすでにコロナ後の時代に踏み出している。コロナ危機で落ち込んだ経済を立て直すのに、単に原状復帰を目指すのではなく、未来の産業を育成しようとしている。IMF(二〇二〇)の予測通りになれば、二〇二一年には中国とアメリカのGDPの差はだいぶ縮まり、中国はアメリカの七六%になる。

中国の言論機関が一党独裁体制の統制下にあり、自国の弱点や矛盾を隠す傾向があることは言うまでもない。マイナス成長を認めたといっても、果たして中国の統計や報道を額面通り受け取っていいのかという疑問が出るのは当然である。しかし中国を侮った崩壊論が誤っていたことはもはや明白だ。中国のコロナ危機対応が欧米より成功したことも明らかである。中国の情報に歪みがあるとしても中国を侮っていい理由にはならない。

(1) 本章は筆者がコロナ危機とその後の中国について書いてきた一連の文章(丸川、二〇二〇a、二〇二〇b、二〇二〇c、二〇二〇d、二〇二〇e、二〇二〇f)を部分的に利用している。

(2) 二〇〇二年一一月から二〇〇三年八月にかけて中国、香港、台湾などで九一九人が亡くなったコロナウイルス感染症。

参考文献

北京大学光華管理学院・螞蟻金服研究院『疫情下的消費重啓』二〇二〇年四月二七日
陳紅霞他(二〇二〇a)「大武漢〝戦疫〟」『二一世紀経済報道』二月三日
陳紅霞他(二〇二〇b)「大武漢〝戦疫〟二・〇」『二一世紀経済報道』二月一〇日
陳紅霞他(二〇二〇c)「戦〝疫〟迎来転折」『二一世紀経済報道』三月一八日
程思煒「争議消費券」『財新』二〇二〇年五月一八日
龔菁琦(二〇二〇)「発哨子的人」『人物』三月号
万喆(二〇二〇)「我在武漢了解的実際情況、令人心寒的地方不少!」『補壹刀』一月二六日
徐海波(二〇二〇)「通往〝春天〟的道路、開了――武漢〝戦〟疫録」『経済参考報』四月八日
徐奇淵・張子旭「六五億消費券:刺激還是紓困」『財新』二〇二〇年五月五日
国立感染症研究所(二〇二〇)「新型コロナウイルスSARS-CoV-2のゲノム分子疫学調査2020/4/16現在」
津上俊哉(二〇一三)『中国台頭の終焉』日本経済新聞社
ペイ、ミンシン(二〇二〇)「習近平『マスク外交』の野心と過信」『Newsweek 日本版』六月三〇日号
丸川知雄(二〇一九)「今年は危ない中国経済」『Newsweek 日本版コラム』一月二九日
丸川知雄(二〇二〇a)「武漢の危機を悪化させる官僚主義」『Newsweek 日本版コラム』一月二九日

丸川知雄（二〇二〇b）「新型肺炎、中国経済へのダメージをビッグデータで読み解く」『Newsweek 日本版コラム』二月二七日
丸川知雄（二〇二〇c）「中国は新型肺炎とどう闘ったのか」『Newsweek 日本版コラム』三月一八日
丸川知雄（二〇二〇d）「中国経済のV字回復は始まっている」『Newsweek 日本版コラム』四月一九日
丸川知雄（二〇二〇e）「中国への怒りを煽るトランプの再選戦略の危うさ」『Newsweek 日本版コラム』五月二〇日
丸川知雄（二〇二〇f）「コロナ危機からの脱却と未来産業の基盤づくり」『日中経協ジャーナル』八月号
羅和慶（二〇二〇）「新型コロナウイルス制圧後の上海は更なる対外開放で外資導入を加速」二〇二〇年華鐘春季セミナー報告資料、五月一五日
IMF (2020) *World Economic Outlook Update*. June.

追記：本稿脱稿後に、二〇二〇年第2四半期のGDP成長率が三・二％だったと発表された。消費財売上額はまだ前年を下回っているが投資と輸出が回復している。月ごとのGDP成長率を推計しなおすと、四月はマイナス〇・七％、五月は二・五％、六月は三・四％となる。

中国深圳の製造現場でみたコロナ危機と復旧

藤岡淳一

（ふじおか　じゅんいち）
JENESIS株式会社社長
著書に藤岡淳一『「ハードウェアのシリコンバレー深圳」に学ぶ——これからのトレンドとエコシステム』（インプレスR&D）、高口康太、高須正和編『プロトタイプシティ　深圳と世界的イノベーション』（KADOKAWA）、高須正和編『メイカーズのエコシステム　新しいモノづくりがとまらない。』（インプレスR&D）

私・藤岡淳一が代表取締役社長を務めるJENESIS株式会社は、広東省深圳市にある子会社である創世訊聯科技（深圳）有限公司を主力工場とするEMS（電子機器受託製造）企業だ。数十万台を出荷する大ヒット商品となった翻訳端末「ポケトーク」、タクシー内の広告表示・決済端末である「Japan Taxiタブレット」など、日本の皆さんが日頃よく目にする製品を手がけるほか、多くの日本ハードウェアスタートアップの製造支援を手がけてきた。世界的な「エレクトロニクスの都」である深圳市は、多くの日本企業のビジネスを支える黒子的存在であり、我が社もその一角を担っている。

その深圳が新型コロナウイルス（COVID-19）でどのような影響を受けたのか。現地に住み、会社を経営する立場から見えてきた事象についてお伝えしたい。

1　終わらない旧正月

「湖北省武漢市で謎の病気が流行している。」

二〇二〇年初頭からそうしたニュース、噂が流れていたが、たいした話題にはならなかった。事態が激変したのは一月二〇日、ヒトヒト感染することが発表され、習近平総書記が対策の指示を出した日からだ。

ただ、その時点で我が社を含め、ほとんどの企業で対策を採る時間的余裕はなかった。中国最大の休暇である旧正月休みが目前に迫っていたからだ。法定休暇として定められているのは一月二四日から三〇日までだが、まじめな中国の労働者も旧正月ばかりは長い休みを取りたがる。そのため、法定休暇よりも数日長く休みを取る会社がほとんどだ。我が社は二月九日からの再開を予定していた。

ところが、コロナの影響でこの旧正月休みが延長されていく。まず国の指示で二月二日まで休みが延長された。その後、各地方政府の判断でさらに休みが延長された。深圳がある広東省を含め、ほとんどの地方政府が二月九日まで一週間の延長となった。このままならば、当初の予定とはあまり変わらないで操業再開ができるかもしれないと淡い期待を抱いたが、現実は厳しかった。

二月八日、旧正月休みを終えて、日本から香港空港経由で深圳に戻った私は、まず入境検査所で驚いた。人がいないのだ。民族大移動となる旧正月前後は、入境検査所に長蛇の行列ができる。何時間も待つのが当たり前だ。その覚悟を決めてきたのにほとんど人影はない。まさに異常事態だ。街中も人影がなく、一〇〇〇万都市の深圳がまるでゴーストタウンに変貌したかのようだ。

自宅マンションに帰ると、入口には検問ができていた。住民以外は立ち入り禁止で、住民であっても体温検査は必須だ。掲示板には「何号室のだれそれは○月×日まで自宅隔離」という警察の情報が張り出されている。勝手に出歩けば、ご近所に通報されてしまう。誰がどこから戻ってきたのかを地元の警察はよく理解しているし、そうした個人情報を公開することで、人の眼を使った監視が実行されていた。

マンションの検問で問題となったのが宅配や出前だ。中国は世界一のEC（電子商取引）大国であり、ウーバーイーツのような出前代行サービスも充実している。普段ならひっきりなしに配送員がマンションに入っていくのだが、それもシャットアウトされている。その代わりにマンション敷地入口に棚が作られ、そこに荷物を置くようになっていた。棚に並べているうちはまだいいほうで、週末など宅配便が多い時期になると、道端に投げ捨てられるかのように荷物が置かれている。どこに自分の荷物があるかわからないので、一つ一つひっくり返して確認するしかなかった（写真1）。

高層マンションから下まで下りて、さらに敷地入口まで歩いて行くのは面倒だ。しかも、散乱する荷物をかきわけて探し出すという作業まで加わればなおさらだ。住民生活に不便をかけるのは覚悟の上というわけだ。マンション封鎖の運用がうまくいったとはお世辞には言えないが、それでも疫病対策に封鎖を徹底するという当局の覚悟を感じた。こうした手法に文句を言う人がゼロだったとは言わないが、それでも納得していた人が多数だった印象が強い。「危機において文句は言えない」という意識だ。普段は文句ばかり付けて、お上の決めたことにもなかなか従わない中国人だが、極限状態において不満が噴出しなかったことはちょっとした驚きであった。日本人とは違う形だが、公共のための我慢がそこにあったのだと見るべきだろう。

日本のあいまいな感染対策、あいまいな緊急事態宣言、あいまいな自粛解除とは真逆に、中国ではルールベースで、段階的に封鎖が解除されていった。延長された旧正月休みは二月九日で終了したが、お店や工場の経営再開には、消毒設備や感染対策などを整えて許可をとることが条件だ。それだけに遅々とし

写真１

広東省深圳市、筆者が住むマンション前の歩道に放置された宅配の荷物（2020 年 2 月、筆者撮影）

て進まない。

二月中旬に深圳最大のショッピングモールをのぞいてみた。普段は若者たちでごった返している場所だが、閑散としていた。薬局と食品販売店は開いていたが、アパレル系などはほとんど閉まっていた。開いているわずかな店もお客の姿はない。

タクシーに乗ると、前部座席と後部座席の間にビニールシートを貼り、飛沫感染を避ける工夫がなされていたし、お店で現金を渡すとアルコール消毒をしてから受け取られたこともある。お釣りを返してくれる時に「消毒済みだからご安心を」と言われたのにはびっくりした。私は主に非接触のモバイル決済を使っているので現金を触る機会はほぼないが、中国人でもいまだに現金主義者は多い。新型コロナウイルス肺炎で宗旨を変えた人も少ないだろう。

生活面での大きな変化というと、健康ＱＲコードの登場だろう。新型コロナウイルス肺炎の感染者が見つかった時、接触者を追跡できるようにするためのアプリだ。中国ＩＴ大手テンセントのメッセージアプリ「ウィーチャット」上で動作するミニプログラム「深i您」から使うことができる。このアプリに自らの情報を登録すると、携帯電話の基地局接続履歴などから過去二週間に湖北省などのハイリスク地域に足を踏み入れていないか確認され、問題がなければグリーンが点灯する。危険だと判断されれば赤、要注意だと黄色が表示されることになる。さらにスーパー、コンビニ、行政機関などあらゆる場所の立ち入り時にこの健康ＱＲコードの表示が求められる。コードをスキャンすることで、誰がいつその場所を訪問したかという記録が残される。

日本では感染者の接触追跡がきわめてあいまいで、保健所による聞き取りに頼っているという。記憶もあいまいになるだろうし、夜の店に立ち寄ったことなど話しづらいこともあるだろう。本稿を執筆している六月末時点で、日本では感染者の約半数が感染経路不明という状況にあるようだ。中国では健康QRコードの利用を義務づけることで、誰がいつどこを訪問したかという記録をデジタルでしっかり管理している。それに加えて聞き取り調査にかける人員も膨大だ。六月末の北京市のエピソードだが、感染経路がどうしても見つからないので、大量の人員を集めて必死に調査した結果、ある公衆トイレで他の接触者の移動履歴と重なったことが明らかになった。デジタル技術も、追跡スタッフも、ともかく大動員することによって中国は徹底的な接触確認を実現しているわけだ。

日本では世論の批判を恐れてプライバシーに踏み込んだ管理は導入できないが、中国ではすべてを徹底している。今はこの健康QRコードを使う機会はほぼなくなったが、もし居住地域で感染者が見つかった場合には警戒レベルが引き上げられて、再度導入されることになるだろう。

さらに、人々の衛生観念も高まったことも触れておこう。エレベーターのボタンを触らないで済むように、ボタンを押すためのつまようじが用意されているという話は日本でもよく知られているようだが、それだけではなく、いたるところで人々の警戒する姿を見かけた。他にも防護服を着て犬の散歩をしている住民が話題となった。愛犬も青のビニールでぐるぐる巻きにして完全防備をしている。笑い話のようだが、ここまで警戒感が高まっていた象徴として見ることもできるだろう。

さて、慎重に慎重を重ねたため、なかなか進まなかった経済活動の再開だが、二月二三日に習近平総書記が指示したことで、ようやく動きが加速し、三月中旬には広東省ではほぼ正常に近いレベルに復帰した。それでも、映画館など一部の感染リスクが高いと見なされた施設はその後も閉鎖が続いた。また三月になると、中国国内での感染よりも、海外からの感染流入が警戒されるようになった。私のように二月からずっと深圳にいる外国人にも疑いの眼が向けられたこともあった。何度も衛生当局のスタッフがやってきて、書類を書かされたり検査されたりと大変であったが、この徹底ぶりが他国と比べると圧倒的にすばやい、中国の感染抑制につながったと感じる。

2　工場再開までの苦闘

前述したとおり、広東省では二月九日まで旧正月休みが延長された。よし、では一〇日から工場を再開しようと思ったが、いくつもの試練が待ち構えていた。

第一の試練は操業再開許可だ。消毒液やマスクなどの衛生用品、消毒手順などの感染対策マニュアルを備えて当局に申請し許可をもらう必要があるのだが、一度は役人の視察を受けなければならないという問題がある。深圳だけで無数の企業がある

写真２

当社の工場。操業再開から１週間が過ぎたが、労働者が集まらず、製造ラインはがらがらだ（2020 年２月、高口康太撮影）

のに、大人しく順番待ちをしていたら、いつになったら視察してもらえるかわからない。隣の工場に視察があると聞けば、役人の出待ちをして、ついでにうちの工場も見てくださいとお願いするなど、さまざまな手段を尽くしたが、意外にもすんなりと視察の順番が回ってきて再開許可が下りた。もっとも、三月まで許可が出ない工場もあったと聞く。我が社は幸運だったと言うべきだろうか。

二月一四日、当初予定の五日遅れで我が社の深圳工場は再開した。ところが集まった従業員はわずかに一四人である。旧正月休み前には二九〇人もの社員が忙しく働いていた工場に、たったの一四人。がらんとした工場に寒々とした空気が流れた（写真２）。なぜ人がいないのか。第一に地方間の移動規制が原因だ。深圳市外から戻ってきた場合には、一四日間の自宅待機が必要となる。省を超える移動にこうした規制が課されるのはまだわかるが、市を超える移動ですら自宅待機が必要になるのは、正直まいった。我が社の従業員は、湖南省や広西チワン族自治区といった遠隔地の出身者も多いが、半数近くは広東省の出身者だ。せめて省内の移動に規制がかからなければやりようがあったが、深圳市外から戻っただけで一四日間出勤できないのでは厳しい。操業再開の連絡を受けて戻ってきた従業員も二週間しなければ出社できないのだから、二月はほぼ働けない計算だ。これにはまいった。

さらに「実家から深圳まで戻る足がない。村を出られない」というケースも多々あった。最初に聞いた時はどういう意味な

写真３

深圳駅。まだ新しい高速鉄道の駅だが、電車は全て止まり、人影は一人もいなかった（2020年2月、高口康太撮影）

のかさっぱりわからなかったが、よくよく話を聞いてみると、鉄道やバスなどの公共交通機関がストップしているために移動しようがないと言うのだ（写真３）。親戚や知人の車で送ってもらえないのかと聞いてみると、一度村から出ると今度は、戻ることが許されないのだとか。村に閉じ込められた社員たちから送られた写真を見ると、迷彩服を着た男性が監視していたり、おばさんが椅子に座って見張っていたりと形態はさまざまだが、ともかく村の出入り口が封鎖されていることがわかった。なんの比喩でもなく、足が奪われて村に閉じ込められているのだ。

中国では、閉鎖式管理という名称でマンション敷地や村の封鎖が行われたが、そのやり方は場所ごとで大きく違ったようだ。政府とて、なにも村の中に閉じこもれとか、仕事に行くのを妨害しろと言っていたわけではない。ただ、コロナの恐怖は大宣伝されてみな恐れていたし、担当の役人は責任問題を恐れて厳しい対応をとる人も多かったようだ。また、検問を守った人員は基層の共産党組織、行政組織から駆り出されてきた普通の人々だが、人々の行動を制限するという権力を手にしたことで、暴走した人もいたのかもしれない。ともあれ、いつ村から出られるかわからない。どうにか村を出て深圳に戻っても一四日間は働けない。こんな状況が続けば、いつになったら工場をフル稼働させられるのか、見当もつかない。中国で経営者として長年過ごしてきた私は、たいていの不測の事態にはもう驚かなくなっていたが、今回ばかりは予想の斜め上を行く事態の連

写真 4

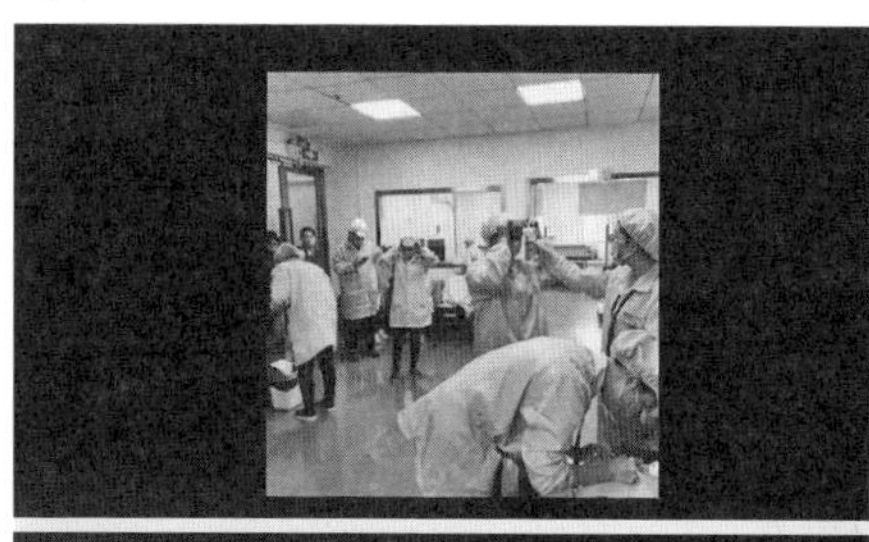

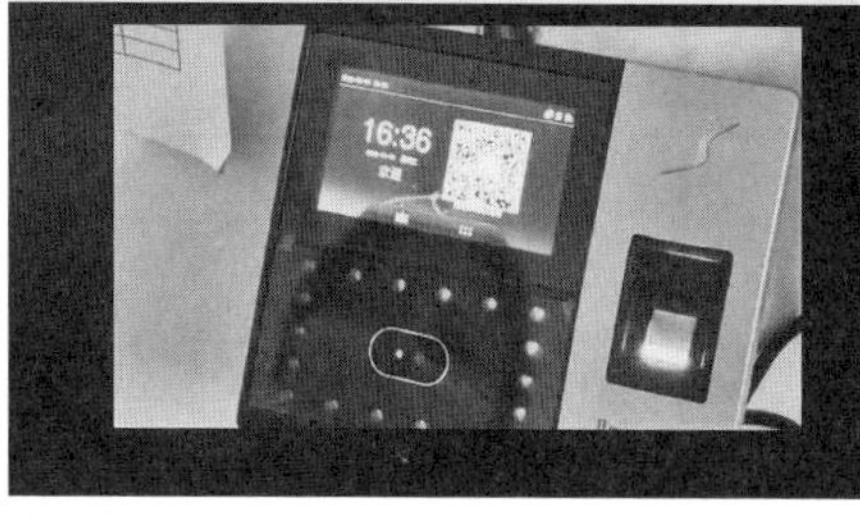

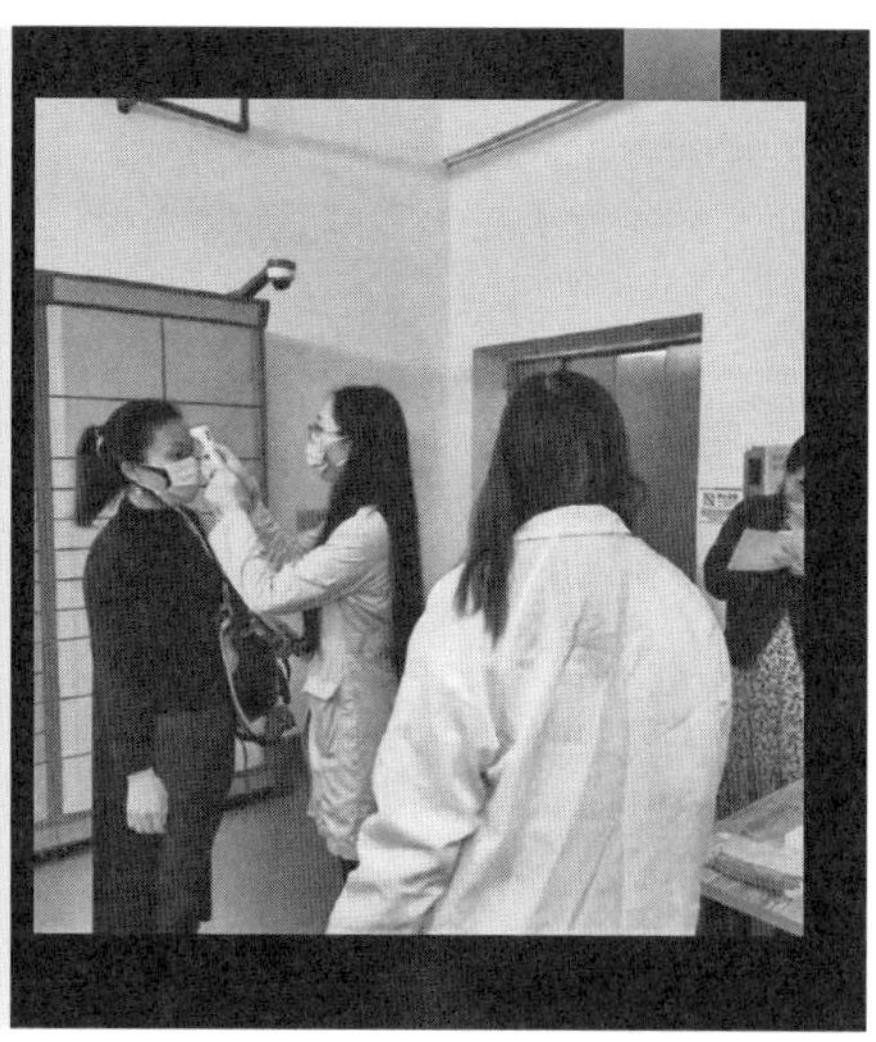

当社の工場、消毒と検温を徹底した（2020 年 3 月、藤岡淳一撮影）

続にたびたび呆然とさせられた。

泣き言を行っていても始まらないと、私はサルベージ作戦を計画した。車をチャーターし、従業員を迎えに行き、封鎖された村からサルベージするという計画だ。一人を迎えに行くだけで往復丸一日はかかるので、コストはかかるが、背に腹は代えられない。

サルベージ作戦しかり、降りかかる難題になんとか立ち向かおうとあがいていたが、二月末から事態は大きく好転した。やはり、二月二三日の習近平総書記の指示が大きかったのだろう。経済再開に軸足が移り、製造業のために従業員の移動をサポートしようという取り組みも始まった。一部の大手企業では従業員サルベージのためのチャーター航空便、チャーター高速鉄道まで手配したと言う。

こうして三月には工場はほぼほぼ稼働状態に戻ったが、感染対策には気を使った。もし工場内で感染者がでれば、一定期間は操業中止が言い渡されるだろう。これは大きなリスクだ。政府の要請どおり、一日三回の消毒と検温を実施したほか、出退勤管理を顔認証のタイムカードに変えた。ウイルスに触れる可能性を少しでも減らしたかった（写真4）。

3　深圳の「アフターコロナ」

日本では「アフターコロナ」という言葉がバズワードになっている。もちろん、コロナという人類史上に残る大事件によって大きな変化は起きるし、私としてもその変化に応じたビジネスを考えていかなければならない。しかし、コロナに抗うことができず、何から何まで変わってしまうという見立ては果たして本当なのかと疑うことも多い。少なくとも中国に暮らしている身からすると、この国では徹底した感染対策によってビフォアコロナの暮らしを取り戻そうというチャレンジが続いているし、相当レベルで成功したと言えるのではないだろうか。再度の感染爆発の恐れは否定できないし、海外旅行もまだできない。映画館もまだ閉鎖されたままだ。だが、レストランはかつてのにぎわいを取り戻したし、旅行もできるようになった。私は五月のゴールデンウィークは浙江省寧波市を訪ねたが、旅行客はみなマスクをしていたとはいえ、例年と変わらぬようなおにぎわいであった。中国の徹底した対策でどのような成果が得られているのか、以前に近い生活ができるようになっているのはなぜか、この点は日本社会も学ぶべき点が多いのではないか。

（編集協力　高口康太　たかぐち・こうた）

中国にとっての新型肺炎の「衝撃」と対米関係

川島　真

（かわしま　しん）
東京大学大学院総合文化研究科教授
専門はアジア政治外交史。著書に『中国のフロンティア』（岩波新書）、『21世紀の「中華」』中央公論新社、『よくわかる　現代中国政治』（編著、ミネルヴァ書房）、『現代中国ゼミナール』（東京大学出版会、分担執筆）などがある。

1　秩序変容期の感染症

近代の歴史を振り返れば、感染症対策は人類社会にとっての最大の課題の一つだった。一九世紀後半から地球規模で気温が上昇し、アジア、アフリカの熱帯地域に植民地を持った欧米諸国は熱帯医療という問題に直面し、また技術革新に伴って交通運輸網が世界的に拡大してヒトやモノの流れが飛躍的に増加したことで、感染症の世界的拡大が世界各地で大きな問題になったのである。一八七四年の台湾出兵でおおくの将兵を病で失った日本も同様である。そして第一次世界大戦が終わる頃からスペイン風邪が流行し、世界的に猛威をふるった。一九二〇年に創設された国際連盟でも、「衛生」は極めて大きな課題であった。

一九世紀後半から二〇世紀初頭に世界的な秩序変容とともに、ヒトやモノの移動の拡大が生じ、それとともに感染症にいかに立ち向かうかという課題が生じた。そして、その課題への対処の過程で、近代科学が重視され、また近代国家がそれへの対策の役割を与えられ、世界的には衛生問題に対処する国際的な枠組みが築かれていった。感染症の拡大は一面で近代という時代を映し出す鏡ともなり、また時代を形づくる動力ともなったと言えるだろう。

二一世紀に入り、SARS（重症急性呼吸器症候群）やMERS（中東呼吸器症候群）、そして今回のCOVID-19（新型コロナウイルス感染症）の感染が拡大した。これも、世界が新たなグローバリゼーションの時代を迎えていることや、中国を含むいわゆる新興国の台頭と関わりのある歴史事象だった、と将来説明されるようになるかもしれない。一九世紀後半からの感染症の拡大と「近代」の形成とに関わりがあるのであれば、昨今の感染症とそれを取り巻く状況もまた、二一世紀の新たな時代への変容過程の一コマだ、ということになるのだろうか。

2　新型肺炎の感染拡大と中国からの「問い」——中国方式？

今回の新型肺炎の発生源がどこであるかについては様々な議論があるが、中国湖北省で最初に感染が拡大したことは確かだろう。中国の初期的な対応に問題があったにせよ、中国は都市封鎖などを断行して二月の後半から次第に感染拡大を押さえ込んだ。武漢市も四月上旬に七五日にわたった封鎖が解除された。その後、無症状の感染者の問題や、北京などでの二次感染の問題などがあるにしても、中国の社会経済全般が回復基調にあることは事実だ。全国人民代表大会を五月下旬に開催したのもその自信の表れであった。

中国の新型肺炎対策における特徴は、ある意味で基本的人権や民主主義的なデュープロセスを必ずしも踏まずに、外部との交通路をも遮断する厳格な都市封鎖を敢行した（できた）ことである。感染症対策じたい、民主主義や人権との間に矛盾を抱えている。これは先進国も同じだ。だが、中国の対策には一定の特徴があった。全人代での政府工作報告を見れば、今回の基層社会での貢献者として、「社区工作者、公安幹警、基層幹部」などがあげられている。都市の末端行政機関である街道弁事処の指導を受けた居民委員会や、かつての「単位」である各職場の組織によって、そして民兵組織などが動員されて、人々の管理統制が実施された。そこでは社区の党員らが「活躍」したことが知られている。それが「社区工作者、基層幹部」などと表現されているのであろう。このことは、政府や党の統治が基層社会にまで及んでいることを示す、とも言えるが、逆に見れば基層社会の個々の現場において基層幹部や社区工作者が政府や党の意向を踏まえつつも、現場の状況に応じて、管理統制を行ったことも考えられる。つまり、個々人の行動を管理統制する必要があるために、こうした末端の幹部たちが権限を持った時、政府や党の意向と現場での政策遂行との間に読み替えや乖離があった可能性も考えられる、ということだ。

他方、今回の新型肺炎対策に際して、携帯電話端末による個々人の行動管理や、ビッグデータなどが活用されたことも重要だ。感染が拡大していた武漢から、都市封鎖の前にどれだけの人がどこに移動したのかということも当局は把握していたとされている。こうしたデータの活用それじたいは、一部は民主主義国でも可能であるが、利用に至る手続きや、個人情報の取扱いなど、中国の政治体制が可能にした方法も少なからずある。何れにせよ、今回の感染対策を通じて中国の習近平政権がどの程度の動員、社会管理能力があるのかということを如実に示す機会ともなったのであり、こうした危機に対処する能力という意味で、中国のような政治体制の国の方が民主主義国よりも肯定的に捉えられる可能性があるのではないか、との問いが提起されたとも言える。ただ、中国自身がこの方式を推奨して拡めようとしているか否かについては留保が必要である。

3　SNSの持つ意味と「ポスト・コロナ」への展望

他方、中国でも携帯電話端末は新型肺炎対策においても様々な用いられ方をした。二〇一九年年末から感染が流行していく過程で、地方政府、あるいは中央政府の対応に問題があり、SNS上では政権批判が広がった。SNS上で感染拡大の危険性を訴えた医師を処分した地方政府当局の幹部への批判が大きくなると、地方政府の幹部らは中央政府により処罰された。これはSNSにあまりに多くの「市民」からの意見が集約されれば、政府もまたそれを無視できなくなることを示した。つまり、SNSは政府からの社会管理だけでなく、社会の側からの異議申し立てにも利用されうるということである。

しかし、異議申し立てが結果を出す例は例外的である。SNSで政府批判を展開した知識人は、逆に拘束されていった。これは一月二〇日以降に中央政府が感染症対策に本格的に乗り出した後、言論統制、情報統制を一層強化したことの結果でもある。様々な言論がデマとして削除され、それを書き込んだ人がデマを流したとして処罰されていった。

他方、携帯端末は前述のような人の移動に関する管理統制にも活用されたが、この新型肺炎対策に取り組む中で様々な態様で利用された。教育面では末端の小学校に至るまでオンライン型の授業が行われ、また日常の生活や経済活動もまたネット上で行う側面が強まった。経済活動が低迷する中、オンラインビジネスはむしろ活発になり、それは農村にも拡大していった。こうしたオンラインビジネスにまつわる事象や、無人化・自動化産業の重要性の高まりなどは、新型肺炎感染過程で、従来ある程度見られた現象が加速化した事例だろう。

新型肺炎の感染拡大によって、GDPが減少するなど、足踏みしてしまった部分もあるのだが、新型肺炎によってむしろ進行したり、新たな局面打開が図られたりする分野もある。このような新たな動向は、その利便性や一連の脆弱性対策により利用が拡大しているオンライン会議ソフトZoomにも見られる。このソフトは、セキュリティ上の問題が指摘されてはいるものの、その「便利さ」によって利用は拡大している。これは、安全上の問題を便利さが上回っていく契機になるのだろうか。またそれが、権威主義体制の民主主義への優位性などと結びつくのか。この問いには依然回答がないが、以後も注意して観察、対応する必要があろう。

4　継続する中国の対米デカップリング

新型肺炎の感染拡大は確かに中国の国内統治にも、また経済にも大きな打撃を与えた。二〇二〇年は、感染の再発を防ぎつつ、リーマンショック後の失敗と同じ轍を踏まぬように、経済の回復に躍起になり、同時に統治を強化しようとするだろう。

しかし、他方で中国はまさに新型肺炎の感染拡大を利用して攻勢に出たり、また感染拡大の間も従来通り粛々と政策を進めた領域がある。前者の代表は後述の領土問題であり、後者の事例は以下で述べる中国が二〇一〇年代に入ってからアメリカに対して仕掛けている情報通信インフラのデカップリングだ。中国は、海底ケーブル建設、GPSのための衛星打ち上げ、GPSを正確に機能させるための地上機器、中国製携帯端末の拡大などを進めてきた。特に一帯一路空間でそれを推進している。アメリカや先進国が提供している通信インフラは使用しない、ということである。これはアメリカ側からではなく、中国側から仕掛けている情報通信のハードなインフラ面でのデカップリングである(1)。

新型肺炎の感染が拡大している最中にあっても、中国版GPSのための宇宙インフラでもある衛星北斗の打ち上げは継続されていた。また、新型肺炎感染拡大期はちょうど5Gの社会実装が進行する時期でもあったが、引き続きそれが継続し、最先端産業に関わる工場は稼働し続けた。それどころか、携帯端末を利用したデータ収集や、無人化・自動化への動きが重視され、対外的にも健康シルクロードなどが提唱されるなどしており(2)、新型肺炎感染拡大前からの継続だけでなく、むしろ拡大している傾向さえ見られるのである。

5　米中対立の深刻化——新型大国関係と核心的利益

新型肺炎の感染拡大とその収束の過程で、中国の対外関係における最も大きな試練は対米関係だった。トランプ大統領就任後、あるいはそれ以前のオバマ政権末期から米中関係は緊張し、昨今は貿易をめぐる交渉が続けられ、一定の合意が形成されていた。そうした場での中国は新型大国関係、つまり相互に「核心的利益」は尊重しつつも、互いに共存するという姿勢を貫こうとし、比較的慎重であった。また、中国自身が改革開放以来、先進国が提供する、無（低）関税や、途上国への直接投資を保障する自由な資本の移動を前提とする自由貿易の枠組みから恩恵を受けながら発展してきた。この点は当面変わらない。だからこそ、アメリカが関税を引き上げることについては、比較的低姿勢で対応してきたとも言える。

だが、この新型肺炎が流行する中で、特にトランプ大統領や一部のメディアが中国批判を展開し、それが経済貿易のみならず、あるいは従来から言われていたテクノロジーを超えて、次第に民主主義などの西側の価値へと至り、そして香港、台湾、あるいはウイグルなど、中国から見た「核心的利益」に触れることも多く見られるようになった。中国はすでに二〇一六年あたりから国際社会において西側の価値観に敵対的な姿勢を示していたし、前述のように新型大国関係という考え方においても、「核心的利益」を相互に尊重することを前提としていた。アメリカが中国の核心的利益に踏み込んできたことにより、中国が新型大国関係に依拠した対米関係を想定できるかがむしろ問われるようになった。

二〇二〇年三月から四月初旬にかけて、新型肺炎のアメリカ起源説など、強硬な議論が中国でも見られ始めた。中国内部では、外交部の対外協調姿勢を批判する声が出ていたようであり、外交部への圧力が強まっていた。だが、四月初旬の段階ではこのアメリカからの持ち込み説を中国の駐米大使が批判するなど、中国内部でも足並みの乱れがあったようだ。ところが四月中旬になると、中国外交部スポークスマンがアメリカ大統領の発言を批判し、また下旬にはこれまで中国外交を様々な言葉で説明してきた、元全国人民代表大会外事委員会主任委員で、現在は清華大学戦略安全研究センター主任の傅瑩が、いくつかの媒体でアメリカを批判する発言を始めた。例えば、『参考消息』でのインタビューでは、「新型肺炎の感染爆発後の様々な現象とアメリカでの状況は、（アメリカの）覇権がまさに退場しようとしていることを示している」と述べて話題になったし(3)、*The Economist* では "China is neither the former Soviet Union, nor intent on becoming the next America" という副題のついた文章を公にして相互依存関係に基づく米中協力の必要性を訴えるなどした(4)。これらの言説は、中国で新型大国関係という枠組みに一定の疑義が見られていることを意味するのだろう。

6　米中対立の激化——貿易・技術・価値観

重要なことは、この新型肺炎感染拡大の過程で、米中対立のレベルが上がったとも言えることだ。貿易、関税面、あるいは知財での米中対立は第一次合意まで交渉が成立している。中国側はこの合意の履行さえも問題にしようとし、楊潔篪国務委員とポンペオ国務長官との六月一七日の会談で、楊委員からこの第一次合意の内容を完全に履行するとの見解が述べられたことが知られている。また、アメリカ通商代表部のライトハイザー代表も第一次合意の内容の履行に自信をのぞかせている。もし、これまでの交渉内容だけを見るのなら、米中対立は修復されたということにもなろう。

しかし、問題は一層拡大している、と言えるだろう。深刻なのはテクノロジーの対立である。特に五月中旬台湾のTSMCがアメリカのアリゾナに5ナノの生産拠点をつくるとしたことは大きな衝撃となった。これは台湾積体電路製造（TSMC）と華為技術、あるいは小米技術、OPPOなどとの取引が寸断される可能性があることも意味する。中国政府は決してこれらの企業を破綻させないであろうが、果たしてTSMCの半導体チップの独占的状況を中国系企業が打破できるのか、つまり同様の役割を中国系企業が担うようになるのか、あるいはTSMCに代わる存在が出現するのか、予断を許さない状況にある。無論、これから3ナノなどより高度の技術に基づく製品が台湾などで生産されるようになれば状況はまた変わるかもしれないが、それまでには一定の時間がある。米中テクノロジーデカップリングは、TSMCの在米工場建設決定で新たな局面を迎えた。華為はTSMCの製品を多く買い付けて在庫を増やすなどして対応するだろうが、在庫はやがて尽きる、時間との闘いである。

また、技術は軍事と経済の双方に関わり、政経分離、また安全保障と経済との分離という考え方にはそぐわない面がある。日本をはじめとする同盟国もまた、アメリカと中国との間で板挟みになることになろう。これは台湾も同じである。

そして、五月に中国が香港への国家安全法制の適用を提起してから一層顕著になったが、米中間の民主主義や自由をめぐる理念的な対立が見られるようになったのも、新型肺炎感染過程、またその収束過程における米中対立の特徴だ。それは五月四日の五四運動記念日に際しての、また五月二〇日の台湾の蔡英文総統の就任に際してのポッティンジャーの中国語での演説などとして如実に現れた。そして、六月にはアメリカでウイグル人権法が議会を通過したり、また同月末に香港国家安全維持法が中国の全人代委員会で採決されたのに対してアメリカ政府が抗議したりするなど、民主主義や自由をめぐる中国批判が明確になった。この「西側の価値」をめぐる対立を、イデオロギー対立と見るか否かについては議論があろうが、少なくとも貿易や技術とは異なる部分での争いだということは言えるだろう。

中国から見れば現状変更を仕掛けているのはアメリカだということになるのだろう。だが、新型肺炎をめぐる問題が一定程度落ち着いた時、そのまさに「ポストコロナ」が訪れた時、米中関係は二〇一九年とは異なる緊張状態をはらんでいる可能性がある、ということだ。これは、米中関係のみならず、東アジアの国際関係、日中関係、あるいは日米関係やＦＯＩＰ（自由で開かれたインド太平洋戦略）などを考察する上での前提条件を変えてしまうことにもつながるかもしれない。

7　中国の仕掛ける現状変更——領土問題

中国政府は四月一九日、南シナ海の島嶼や海底地形について新たな名称を発表した。これはこれまで命名されていなかった場に名を付与するものであった[5]。また、これに相前後して、国務院は海南省三沙市が南シナ海の西沙諸島に西沙区を、南沙諸島に南沙区を設けることを認めた[6]。これに周辺国は抗議しているが、中国政府は南シナ海の島嶼に対する行政権の行使を既成事実化する動きを緩めないだろう。

東シナ海においても、日本の防衛省が発表したように、二〇一九年度の日本の航空自衛隊の中国空軍の航空機に対するスクランブルの回数は増加しているし、尖閣諸島周辺での中国公船の領海、接続水域への「侵入」も、二〇一八年に比べて増加している。この傾向は新型肺炎問題が生じた二〇一九年末以降も変わらない。また日中関係改善と言われたり、習近平国家主席訪日とかいったことが計画されていたりした時期にも変わらない。そして、習主席の来日が延期された後も、中国公船による日本漁船追尾、また海警と海軍の連携も見られた。

中国は自らが新型肺炎対策に追われていた時期も、また中国が一定程度対策に成功し、各国が新型肺炎対策に追われていた時期も、中国の周辺での軍事的な活動を、継続、あるいはむしろ拡大しているということであろう。このこともまた、新型肺炎の前後で変化する光景の一つかもしれない。

なお、アメリカの大統領選挙の結果が米中対立にどのような影響を与えるのかということも話題になっている。だが、気候変動をはじめとするグローバル・アジェンダを重視する民主党のバイデン候補が勝利して、そうした分野での中国との協調を目指す可能性があるなど、共和党政権と民主党政権とでは対中政策に相違点がある。しかし、米中対立が制度的、包括的、超党派的である点は変わらないであろうし、また軍事安全保障や技術面での対立も継続し、そして再び関与政策に回帰するということも、たとえ民主党政権が成立したとしても想定されない。ただ、一九七一年のキッシンジャー訪中のように、アメリカ外交には「君子豹変」があるということは忘れてはならない。

8 中国のマスク外交と国際協調主義

国際場裏で新型肺炎感染拡大の責任などについて批判を受けている中国ではあるが、自らの感染が一定程度収束すると、今度は対外支援に転じ、マスク外交を展開した。これは医療面でのマスク供与、医療隊派遣だけでなく、無人・自動医療器具の供与、販売などにも広がりを見せている。無論反発する声もあるが、中国からの支援は、一定の国や地域、特に国際組織や欧米先進国からの支援が十分に受けられていないところにとっては重要だった。

今回の新型肺炎をめぐって生じている大きな論点として国際協調主義の機能ということがある。本来衛生、感染症対策はグローバルガバナンスの主要課題であり、国際協調主義に基づいて対処されるべき課題だ。エボラ出血熱などはその好事例だ。しかし、今回は先進国にも感染が拡大し、その国際協調主義はあまり機能せず、またEUをはじめとする地域組織も十分にイニシアティブを発揮できていない。国際組織を見ても、WHOがリーダーシップを発揮しているとも言い難い。そして、そうした国際組織を先進国、あるいは先進国出身の専門家集団が主導しているというわけでも必ずしもないようだ。そうした状況の中で、中国はWHOを支持しつつ、国内の感染状況が回復基調になると、前述のような対外支援を展開し、また中国に対する開発途上国の債務返済期限を延長するなどして、中国こそが国際協調主義の担い手であるかのように振る舞っている。

そして、欧州であれば西欧諸国が自国での感染対策に追われ、EUもイニシアティブが取れない中で、セルビアなどが支援を中国に求めたり、欧州で最初に感染が拡大したイタリアに中国が支援を行ったりし、その後はアフリカや南アフリカなどへの支援を継続している。中国自身、国内でも「世界の感染拡大を防ぐために協力する、病気に打ち勝った中国」というイメージを喧伝している。現在、感染がアフリカなどにも拡大する中で、従来、先進国や国際機関から感染症に関する支援を受けていた国々もすでに中国からも多くの支援を受け入れている。

では、中国自身の意図はどうなのか。むろん、中国政府や指導者は「世界を救う」であるとか、「自らの経験を伝える」といったことを伝えるが、例えば『人民日報系』の保守系メディアである『環球時報』の英字ウェブページには、“Chinese standards going global an unavoidable trend” などといった記事が掲載されている[70]。中国自身が、グローバルスタンダードを中国が変えていくということを、少なくとも

「宣伝」のレベルでは喧伝しようとしている、というところまでは言えるだろう。

だが、この過程で感染拡大対策としてのチャイナ・スタンダード、つまり権威主義体制的な手法が感染症対策に有効な方法として広がるのか、また先進国の主導する国際協調主義が機能し続けるのか、という点は依然不明である。あるいは先進国にとってはむしろ正念場だとも言える。当面、先進国や国際組織の機能が低下している状態で、中国がまさにニッチに食い込むように、「酸素」が薄くなったところに入り込んでいくことになろう。だが、そうした国々が直ちにチャイナ・スタンダードになるのかと言われれば、それもまた難しい。そもそも中国がチャイナ・スタンダードの拡大にそこまで注力するか不明であるし、また相手国の視線、考え方ということがあるからだ。

9　国際社会の視線

日本では先進国からの中国批判が話題になるが、中国以外の新興国や開発途上国はどのように新型肺炎感染拡大をめぐる中国の立ち振る舞いを見ているのか、あるいは先進国のそれにはどのような視線を向けているのか、ということも重要だ。

果たして、中国のような権威主義体制の方がこうした危機への対処能力が高いと認識され、国際協調面でも中国の存在が重視されるのか否かは、中国以外の新興国や開発途上国がどのように判断するかということと深く関わる。中国国内のメディアの論調には中国肯定論が多く見られ、諸外国には中国を支持する論調もあれば、また先進国を中心に中国を批判する言説も多々見られる。目下、世界の言論も依然様子見といったところだろう。

しかし、中国自身が描いていると思われる「ポストコロナの世界」、つまり中国が世界の秩序を形成するような世界がそのまま実現するとも思われない。中国内部にも、知識人を中心に、今回の中国政府の新型肺炎対策や、対外姿勢を疑問視する声もある。

だが、だからと言って、中国の進める対外政策がまったく効果がないとか、誰からも歓迎されないというのもないだろうし、中国の描く将来の中国像が完全に絵空事なのでもないし、中国方式がまったく受け入れられないというのでもないだろう。国際協調主義を中国が補完したり、先進国が提供できなくなった国際組織の経費を中国が補填したりすることは否定し得ない現象であり、それを先進国が批判しても、開発途上国や国際組織は中国との関係を大切にする面があるだろう。しかし、中国が自らの行為を覇権交代のためだとか説明してしまうとすれば、それもまた拙劣な手法だということになる。だが、もしアメリカで民主党政権が成立すれば感染症対策やグローバル・アジェンダなどの多様な側面での米中協力が進んでいくかもしれない。

新型肺炎をめぐる状況は依然予断を許さないが、今後それが収束していくとすれば、中国はもとより、様々な主体が「ポストコロナ」の世界を予測し、そこでの自らの立ち位置を有利にするための様々な駆け引きを繰り広げるだろう。そこでは、それぞれの主体の意図と能力の問題もあるが、どれだけの支持を国際社会から得られるかということが、重要なファクターになると考えられる。

付記：本稿は、川島真「新型肺炎の『衝撃』と中国」（『ＵＰ』五七二号、二〇二〇年六月、一–七頁）に加筆修正を加えたものである。

（1）川島真「二つの米中対立——中国の進める国際公共財建設の意味」（nippon.com、二〇二〇年四月三日、https://www.nippon.com/ja/in-depth/d00554/?fbclid=IwAR33cTbwRaPuB43vha-TQ5CZQz3vpqmu3_ZwmtU3cQ1Kqq4GPVDi1XcvtCU）

（2）例えば、王毅「王毅——与更多国家建立聯防聯控機制、共建〝健康絲綢之路」（『新浪新聞』二〇二〇年五月二四日、http://news.sina.com.cn/zx/2020-05-24/doc-iircuyvi4777577.shtml）ただし、健康シルクロードというスローガンは以後殆んど使用されなくなる。

（3）「戦疫——観察与鏡鑑—清華大学戦略与安全研究中心主任傅瑩：美強硬勢力毒化中美合作气氛（4）」（『参考消息』、二〇二〇年四月二七日、http://ihl.cankaoxiaoxi.com/2020/0427/2408726_4.shtml）。

（4）“Fu Ying on why China and America must co-operate to defeat covid-19”, *The Economist*, April 29th, 2020, https://www.economist.com/by-invitation/2020/04/29/fu-ying-on-why-china-and-america-must-co-operate-to-defeat-covid-19?fbclid=IwAR1PethPsNeDF9YjmnyBan1kPawuR2u3Cysl9n6r5FfddFIYLFnZv3LYUSg

（5）「自然資源部民政部関於公布我国南海部分島礁和海底地理実体標準名称的公告」（民政部ウェブサイト、二〇二〇年四月一九日、http://www.mca.gov.cn/article/xw/tzgg/202004/20200400026957.shtml）。

（6）「民政部関於国務院批准海南省三沙市設立市轄区的公告」（民政部ウェブサイト、二〇二〇年四月一九日、http://www.mca.gov.cn/article/xw/tzgg/202004/20200400026955.shtml）。

（7）“Chinese standards going global an unavoidable trend”, *Global Times*, April 28th 2020, https://www.globaltimes.cn/content/1187060.shtml?fbclid=IwAR0puPA4PP4l4nFBVDsdQP3GGjogmRg6CmN96h91[illegible]7j0voHhszjKDTmBvPA

Ⅳ　香港

加速する香港民主化運動の「新冷戦化」
――コロナ禍と香港「国家安全維持法」

倉田　徹

（くらた　とおる）
立教大学法学部教授
専門は現代中国・香港政治。著書に『中国返還後の香港――「小さな冷戦」と一国二制度の展開』（名古屋大学出版会）『香港――中国と向き合う自由都市』（共著、岩波新書）、『香港危機の深層――「逃亡犯条例」改正問題と「一国二制度」のゆくえ』（共編著、東京外国語大学出版会）などがある。

はじめに

世界がコロナ禍に覆われる中で、それとは全く異なる危機を過ごしていたのが香港であった。二〇一九年六月に「逃亡犯条例」改正反対の巨大デモから始まった香港危機は、香港史上においても空前の規模の反政府運動・民主化運動へと転じ、長期にわたって混乱が続いた。一一月には区議会議員選挙で民主派が歴史的な大勝を遂げ、米国が「香港人権・民主主義法」を可決させて香港の抗議活動を背後から支援するなど、中央政府・香港政府の必死の強硬な鎮圧策にも関わらず、運動は収まるどころか拡大し続けた。

そこを襲ったのが突然のコロナ禍であった。香港政府・中央政府に対する強烈な不信を募らせていた香港市民が早期から大陸との境界の封鎖を求めた一方、感染拡大防止を理由に政府は長期におよぶ「集会制限令」を発出し、デモは表面上沈静化した。しかしその「休戦」期間中に、中央政府は香港「国家安全維持法」を制定し、香港危機はこれによって完全に国際関係の焦点に上昇してしまった。

本稿ではその過程を大まかに振り返る。コロナ禍前後の香港危機は「新冷戦」の急速な深刻化を体現する。本稿執筆時点では現在進行形のこの危機が、日本を含む東アジアにとって非常に憂慮される事態であることに、警鐘を鳴らすことも本稿の目的である。

1　二〇一九香港デモの拡大――体制の危機

(1) 条例反対から民主化運動へ

振り返れば二〇一九年の香港危機の発端は、ある殺人犯を台湾に引き渡すための「逃亡犯条例」の改正という、極めて非政治的かつテクニカルに見える問題であった。台北での若い香港人カップル間の殺人事件が二〇一八年に起きていなければ、現在の世界の様相は少し違っていたかもしれない。蝶の羽ばたきが気象の大変動に至るという比喩の「バタフライ効果」の国際政治版として、教科書にも載せてもよいように思われるこの二〇一九年の香港危機の経緯について、ここには詳細に振り返る紙幅はないし、それを行うことは本書の趣旨からも逸脱するので、既刊の別稿などに譲りたい[1]。ただここでは、時間を追うごとにあらゆる問題が深刻化・複雑化していった背景には、香港の「一国二制度」をとりまく体制が正常に機能できなくなっていたことがあったと指摘したい。

まず、香港政府の判断ミスがあった。大陸からの難民とその子孫が多数を占める「逃亡犯の街」香港において、台湾への引き渡し実現を口実に、大陸への引き渡しをも可能にするよう「逃亡犯条例」を改正する政府の提案は、極めて不人気な政策であった。しかし、政府は反対の声が高まると、それを無視してますます改正を急いだ。本改正案が二〇一九年六月九日の「一〇三万人デモ」（主催者側発表、以下同）後に撤回されるなど、何らかの譲歩・妥協が適宜行われていれば、問題は一つの政策の挫折にとどまり、その後の「体制の危機」は生じなかった可能性が高い。しかし、香港政府は警察と衝突した六月一二日のデモを「暴動」と称し、武器使用をエスカレートさせて反対派を力で押さえ込む方法を取り続けた。その結果、市民の怒りはより強まり、衝突は激化した。

しかし、この対処方法は、恐らく香港政府の本意でもない。九月二日にロイターがリークした、私的会合での林鄭月娥行政長官の発言の録音によれば、林鄭月娥はできることならばすぐに謝罪して辞職したいが、米国との緊張が高まる中で、この危機は国家の安全と主権の問題になったため、中央政府と香港市民という二人の主人に仕える行政長官には極めて限られた選択の余地しかないと述べ[2]、政治的妥協が中央政府によって許されないことを強く示唆した。条例の改正に対する異論という政策批判レベルの問題が、北京の認識で「国家の安全」や「主権」という問題にまで上昇させられていたのである。この硬直した認識からは、問答無用の弾圧という方法以外引き出されない。

しかしこうなると、巨大なデモで不満を示した市民の側も収まらない。政府は六月一五日に「逃亡犯条例」改正案の審議の停止を発表したものの、撤回は拒否したため、六月一六日には「二〇〇万人デモ」が発生し、この際民主派は「五つの要求」を発表した。即ち、①逃亡犯条例改正案の完全撤回、②六月一二日の立法会外での衝突を「暴動」と称した政府の見解を撤回すること、③デモ参加者を逮捕・起訴しないこと、④警察の権力濫用の責任追及のための第三者委員会「独立調査委員会」の設置、⑤林鄭月娥行政長官の辞職である。これを政府が無視したため、七月一日には抗議者が立法会に突入して破壊行為を行い、さらに五つ目の要求を行政長官の辞職から普通選挙の実施へと書き換えた。抗議活動は手法の面で激化し、質においても、政策批判から政府批判、そして体制批判の民主化運動にまで発展したのである。こうなると、九月四日についに政府が「逃亡犯条例」改正案の撤回を表明しても、デモが収まらなかったのはむしろ自然であった。改正案の撤回後、このデモをどう名付けるべきなのか、未だに定着した名称はない。水のように姿を変えるというカンフー映画のスター、ブルース・リーの「Be water」という言葉がデモの合い言葉になったことから「流水革命」と呼ぶ者もある。一部メディアは「逆権運動」と称している。デモのスローガンとして定着したのは「時代革命」であった。少なくともこれらの語から明らかなのは、「条例改正反対」が、「革命」や「権力への反逆」といった、体制を否定する正面衝突にまで深刻化したという事実である。

(2) 政治意識と「香港人」意識の爆発的高揚

そもそも香港は、かつては「ノンポリ経済都市」などと称され、「香港人は金儲けにしか興味がない」などと自称・他称されてきた場所であった。しかし、近年は二〇〇三年の「国家安全条例」に反対する「五〇万人デモ」、二〇一二年の小中高「愛国教育」必修化に反対する「反国民教育運動」、二〇一四年の「中国式」普通選挙導入に反対する「雨傘運動」と、政治意識の覚醒と称される事態が徐々に進行してきた[3]。これらはいずれも何らかの意味で「中国化」に抵抗する運動であったという点で二〇一九年のデモとも共通しているが、これらと比しても二〇一九年のデモの「覚醒」の規模が凄まじかったことは、香港民意研究所（二〇一九年六月までは前身の香港大学民意研究プロジェクト）による一連の世論調査でも明らかにされている。

図1は、香港市民に政治・経済・民生（社会）のうち、いずれの問題に最も関心を持つかを問うた調査の結果である。調査開始時点である、返還前、天安門事件から三年後で、パッテン総督の民主化問題で揺れていた一九九二年においても、最多は「経済問題」の四〇・四%であり、続いて政治問題二一・〇%、民生（社会）問題二一・三%の順であった。その後、政治問題への関心は逓減を続け、返還直後の時期にはアジア通貨危機を受けた不景気から、経済問題が圧倒的な関心を集めた。景気回復後は不動産の暴騰などの民生（社会）問題が関心を集めた。ところが、デモ発生後の二〇一九年六月調査では突如政治問題が四〇・〇%に跳ね上がり、民生（社会）問題の四〇・六%にほぼ並んだ。最新の二〇二〇年六月調査は、コロナ禍での生活難を反映してか、民生（社会）四三・八%、政治三四・九%となったが、依然非常に政治化した状況が続いている。

図2は、香港市民に自身のアイデンティティについて問うたものである。この調査も一九九七年からの蓄積があるが、ここでは自分を「中国人」と称する者が史上最高（三八・六%）であった二〇〇八年六月以降の変化を示した。「中国人」と称する者はその後二〇一九年一二月には過去最低の一〇・九%まで減少した。代わって「香港人」と称する者は、デモ発生後の二〇一九年六月に跳ね上がり、その後も五割を超えている。

このように、「逃亡犯条例」改正反対デモは、香港市民の民主化要求と香港人意識を空前の水準にまで高めた。二〇一九年

図１　市民が最も関心を持つ分野

問：現在香港は様々な問題に直面していますが、あなた自身はどの種の問題に最も関心を持っていますか？

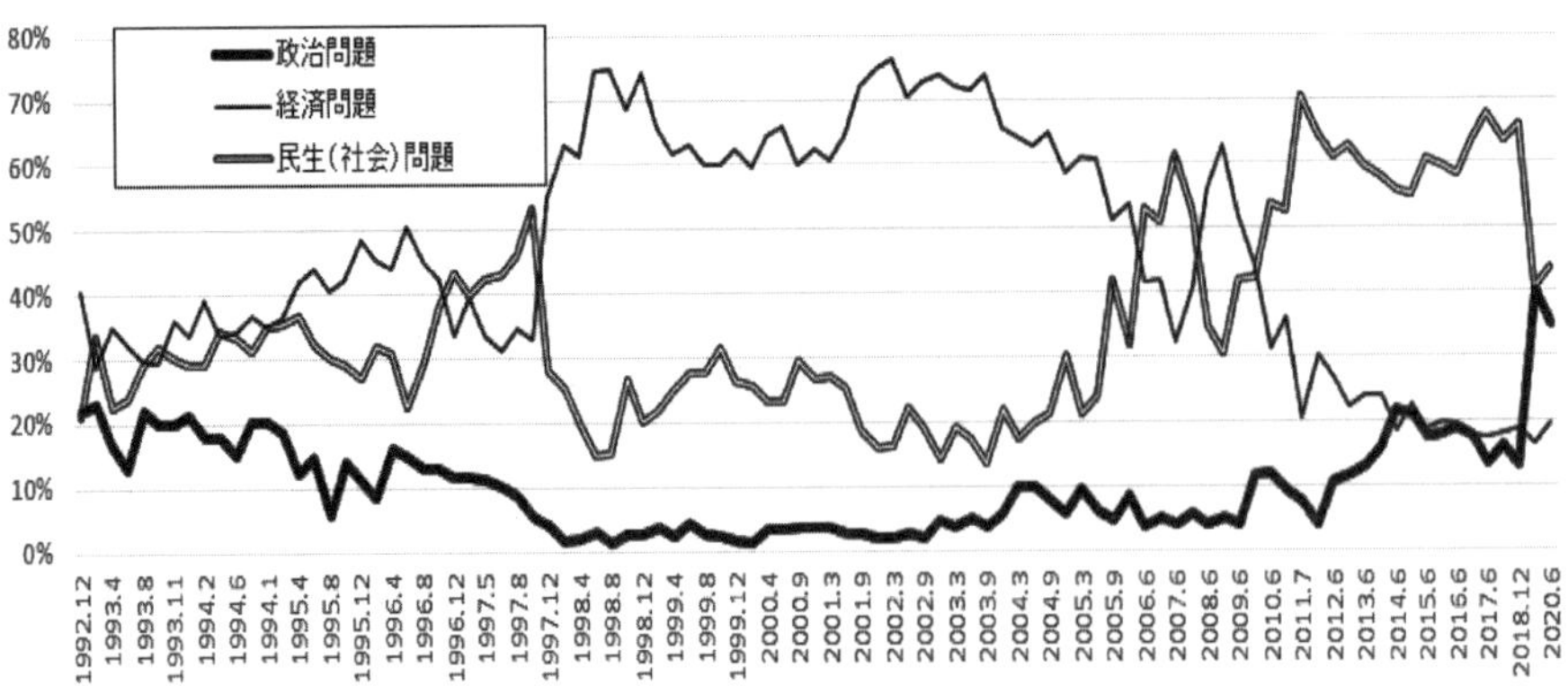

（出所）香港民意研究所ウェブサイト。
（https://www.pori.hk/pop-poll/current-condition/n002、2020 年 6 月 24 日閲覧）。
なお、2010 年 6 月の調査以降、「社会問題」が「民生問題」に用語変更された。

図２　香港市民のアイデンティティ

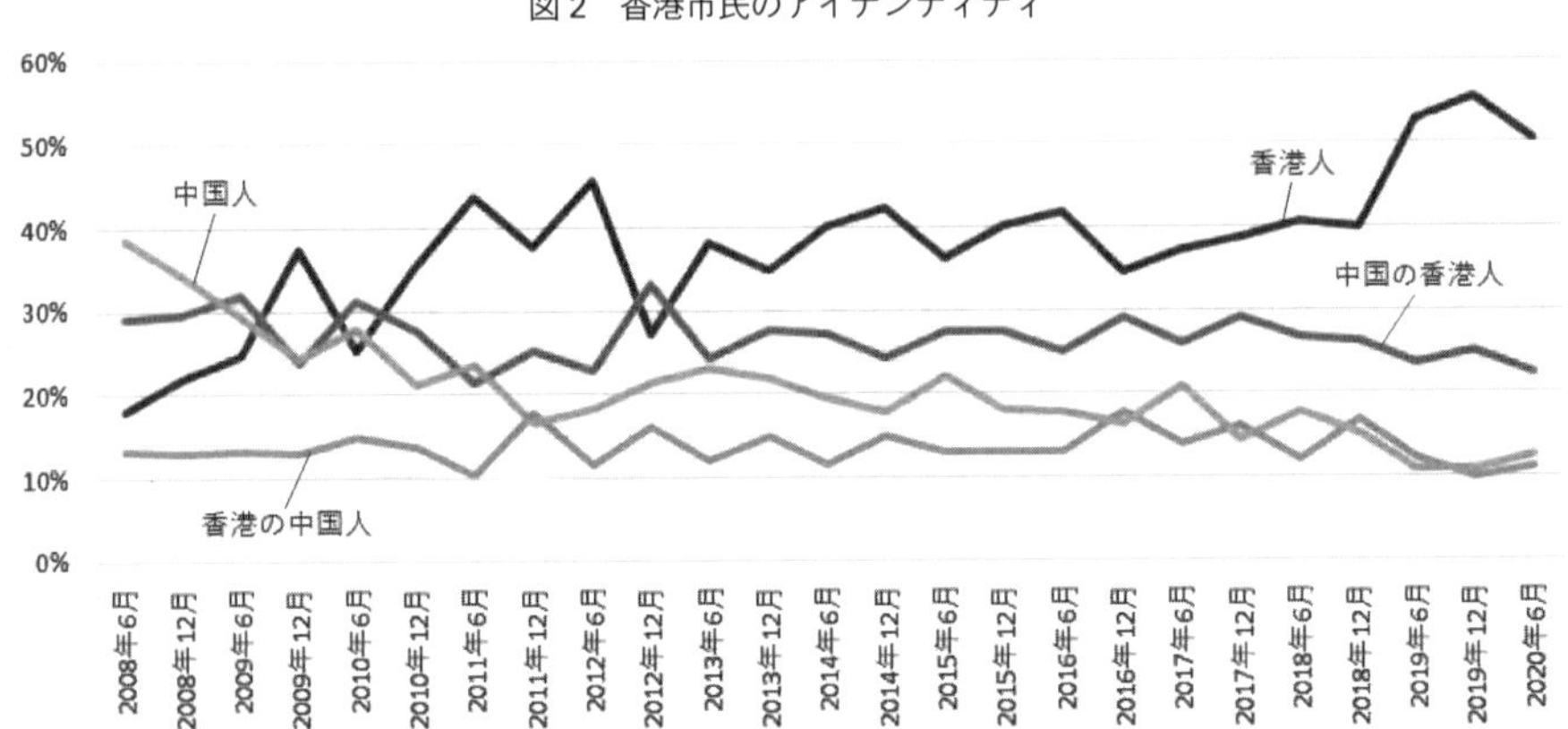

（出所）香港民意研究所ウェブサイト。
（https://www.pori.hk/pop-poll/ethnic-identity/q001、2020 年 6 月 24 日閲覧）。

九月後半にはネット上で有志が作成した革命の歌『香港に栄光あれ』が瞬く間に流行し、香港各地のショッピング・モールなどに連夜人々が詰めかけて大合唱する光景が繰り広げられた。これを香港の「国歌」と称する者も多く、一部の論者は香港での「ナショナリズム」の出現を指摘する。

(3) 米国の態度――無関心から積極関与へ

香港のデモは世界にも大きな影響を与えた。強大な北京の中央政府を支えとする香港政府と戦うため、デモ参加者は当初から国際社会の支援を求めた。中でも彼らが期待したのは米国であった。トランプ大統領が中国との「米中貿易戦争」を引き起こすなど、対中強硬路線をとっていたことに加え、米国は実際に香港問題をめぐり中国に打撃を与える「武器」を持っていたからである。

米国は一九九二年制定の「香港政策法」により、香港が大陸と異なる自治を有していると米国政府が判断した場合、香港を大陸とは別個の独立した関税区として扱うと規定している。独立した関税区の扱いを米国がもし取り消すと、米国は香港を中国と同じ経済地域と見なし、あらゆる面で香港に対して現状より厳しい政策をとることとなる。特に、香港の国際金融センターとしての地位は、米ドルと固定された香港ドルと、資金の自由な国際移動に支えられたものであるから、この「制裁」の方法次第では、香港に大打撃となるとも見られていた。

米国は長年この「香港政策法」の規定を発動する意思を示さなかったが、米中対立で様相が変化しつつあった。米国議会の米中経済・安全保障審査委員会は二〇一八年一一月一四日に発表した年次報告書において、北京が香港の政治制度・法治・言論の自由を侵食し続けており、香港が徐々に大陸の他の都市と変わらなくなっていると、「一国二制度」の現状に対する疑念を示した。報告書では、二〇一七年に香港政府が返還後初めて米国への容疑者引き渡しを拒否したことを「北京の直接の支配」によると指摘し、香港に対する軍事転用可能な技術の輸出規制を大陸並みにすることを商務省が検討すべきと論じた。二〇一九年三月二一日、米国政府は二〇一九年版の「香港政策法報告書」を発表した。その内容では香港の自治が弱まっていることを指摘し、前年までは香港に特別待遇を与えるのに「十分以上(more than sufficient)の自治」があると評していたものを、「十分だが、減退している(sufficient-although diminished)」との表現に改めていた。

それでもデモ発生後しばらくの間、トランプ個人は香港問題への無関心を露わにしていた。八月一日には、トランプはデモを暴動(riots)と称した上で、これは香港と中国の間の問題であり、香港は中国の一部であるから、彼らが自分で解決すべきであり、アドバイスは必要ないと述べた。これには中国外交部報道官も、香港で起きていることは騒乱と暴動であるという点と、香港は中国の一部であるという点の二点は少なくとも正しいと賛同したほどであった。

しかし、香港のデモ参加者は、米国領事館前に集結して星条旗を振るデモを行うなどして米国議会に「香港政策法」の強化版とも称される「香港人権・民主主義法」の制定を求めた。同法は二〇一四年の雨傘運動後に初めて米国議会に提出され、審議未了で不成立となっていたが、デモ開始後の二〇一九年六月に再度議会に提出されていた。それでも、米国にとって必ずしも優先順位の高い政策とは言えない、香港問題に関する法律の成立の可能性は疑問視されていたが、香港情勢の悪化を受けて議会は法案審議を加速し、下院が一〇月一五日、上院が一一月一九日にこれをほぼ全会一致で採決した。中国との「ディール」を目指していたトランプが、外交という行政の権限を議会が縛る性質を持つこの法律に署名しない可能性も一部で言われたが、この圧倒的な「民意」を前に、結局一一月二七日に同法案に署名し、成立させた。香港のデモはトランプにも恐らく不本意な態度変更を迫ったのである。

同法には香港の人権を害する者の米国入国拒否や資産凍結が盛り込まれ、中央政府と香港政府の公務員が制裁対象となる可能性が生じた。また、軍民両用技術の中国への輸出規制と、国連と米国による北朝鮮とイランへの制裁の実施状況を米国が調査し、特に中国が広東省・香港・マカオの経済融合を図る「粤港澳大湾区」構想を使って、香港から敏感な技術を輸入することを監視するとしている。香港政府の陳茂波財政長官は一二月二日の立法会で、香港のイノベーションと粤港澳大湾区の発展の急所を同法がついていると述べている。人権や民主主義という理由で、中国のハイテク戦略を牽制する手段を、米国は手にしたのである。

2　コロナ禍と香港民主化運動

(1) 中国・香港政府不信と市民による防疫

二〇一九年のデモは、一一月二四日の区議会議員選挙での民主派の大勝利と、二七日の米国の「香港人権・民主主義法」成立という「成果」を挙げた後も続けられていたが、突然のコロナ禍から大きな影響を受けた。

香港での新型肺炎の流行は七月に入って、武漢からの第一波、欧米からの帰国者による第二波に続く、第三波と称される状況に晒された。第三波は過去の流行より大規模で、七月の感染確認者数は、一月二三日の初めての感染確認以降の総数の約六割を占めている。このため、七月二九日に三人以上の集会の禁止、屋内外を問わないマスク着用の義務化、レストランの全面営業禁止（ただし、激しい非難を浴びて三一日からは朝・昼の営業を制限付きで許可）といった、最も厳しい制限が開始された。

それでも、少なくとも六月までは感染者・死者ともに抑制に成功し、台湾に次ぐレベルの成功例と言えた。しかし、香港政府の防疫に対する市民の評価は、蔡英文政権が指導力を発揮して高く評価された台湾とは対照的であった。香港民意研究所の調査では、林鄭月娥行政長官の支持率はデモ開始以降激しく低下し、そこにコロナ禍が加わった二〇二〇年二月一七―一九日の調査で九・一％の最低を記録した。その後わずかに回復したが、二〇二〇年六月一五―一八日でも二一・八%にとどまっている[4]。

それでは香港の防疫はどう機能したのか。その特徴は、前年のデモと非常に類似した、社会運動による政府への圧力と、政府の強硬な対応という形で、市民と政府の相互不信と自己防衛の対策が、双方においてとられたことであった。

焦点となったのは、大陸との人の流れの遮断の是非であった。武漢での謎の肺炎への集団感染発生は、すでに二〇一九年末から香港で報じられていた。二〇二〇年一月四日には公立病院の面会時間が短縮されるなど、警戒措置もとられ始めた。しかし、台湾と違っていたのは大陸との間の人の往来が止められなかったことであった。深圳と陸続きで一体化した経済圏を形成する香港には、通勤・通学で毎日両地を往復する者も少なくない。また、大陸からの観光・買い物客が香港経済を支えていることも周知の事実であり、二〇一八年に大陸から香港に入境した者は年間のべ五一〇四万人[5]と、香港の総人口の約七倍にも達していた。政治的にも、中央政府の影響が強まる香港政府が、大陸からの入境を拒絶するような政策の導入を躊躇するのも当然であった。

香港市民には、今回同様に新型のコロナウイルスが原因となった二〇〇三年のSARS（重症急性呼吸器症候群）の苦い記憶が鮮明に残っていた。当時香港では世界最悪の死者三〇〇人を出したが、その発端はある感染者が広東省から香港を訪問したことであった。中国政府は流行に関する情報を早期に、十分に提供しなかったことで内外から批判された。今回も大陸からの情報に懐疑的であった[6]香港市民は、いち早く自己防衛に走った。一月二五日は旧正月初日であったが、旧正月期間中には香港から大陸への観光ツアーが多数中止され、大学の大陸との交流も停止された。一月二三日には武漢が封鎖されるなど、すでに大陸でも感染は深刻な状況となっていたため、旧正月の最初の二日間の香港出入境者は前年より約三割減少した。たまたまこの期間に香港を訪問した筆者は、宿泊先でチェックインの前に湖北省への渡航歴の有無を問われ、検温された。デモ参加者が身分を隠すことを禁ずるために、前年一〇月五日から香港では「マスク禁止令」が施行されていたが、街頭ではマスク姿の人が目立った（保健を理由としたマスク着用は許される）。しかし、林鄭月娥行政長官が外遊していたことなどもあり、政府の旧正月期間中の対応は、在住の湖北省出身者をリストアップして強制隔離または強制帰郷させる等の措置をとったマカオよりも大きく遅れていると批判された。一月二七日、香港政府はようやく湖北省住民および一四日以内に湖北省に渡航歴のある者の入境規制を開始したが、一月二二日にはすでに香港で初めて大陸から来た二名の感染が確認されており、二月四日には三名の香港での市中感染が初めて確認された。

香港政府は湖北省以外からの来港を制限することには消極的であったが、医学者は全面的にチェックポイントを封鎖すること（全面封関）を提唱していた。香港の公立病院は隔離が必要な香港人以外の者を無料で治療していたため、大陸からの感染者の流入を惹起し、医療体系に負担がかかると懸念された。

そうした中で発動されたのは、全面封関を求める医師・看護師によるストライキであった。ストを発動したのは新興労組「医管局員工陣線」であった。同労組は二〇一九年のデモ現場で負傷者の応急処置をしていた公立病院関係者によるネット通信アプリ「テレグラム」上でのグループを通じて成立したという。公立病院で働く多くの看護師は警察と抗議者が激しく衝突するような抗議活動の現場で応急処置を行っていた。彼らは抗議活動の一つの手段として労働組合の設立を二〇一九年一〇月下旬ごろから進め、正式には一二月四日に同労組が発足した。副代表の羅卓尭は大学学生会の連合組織である「香港専上学生連会（学連）」の常務委員会副主席として、雨傘運動に大きく関わった一人であった。[7] 香港の立法会および行政長官選挙委員会の選挙には、職業別に投票権が与えられる「職能別選挙」があり、従来親政府派が牛耳を執ってきた「労働界」での投票権を獲得するため、民主派寄りの若者はデモの期間中に多数の新興労組を成立させていた。ストライキは二月三日から七日まで続いた。

深刻な品不足に陥ったマスクの確保においても、抗議活動から派生した市民団体が力を見せた。香港政府は大陸を含む世界中からのマスク買い付けを試みたが、政府も不調を認めざるを得ない状況であった。したがって政府がまずマスクを節約すると称し、林鄭月娥行政長官は二月三日と四日の記者会見でマスクをしなかったほどであった。[8] この状況を受けて、二〇一四年の「雨傘運動」の主力であった「学民思潮」から発展して、黄之鋒らによって成立した「香港衆志」は海外からマスクを買い付け、米国から一〇万枚を購入して民主派の区議会議員を通じて市民に配布・廉売したほか、二月一七日には台湾と国交を持つホンジュラスから一二〇万枚のマスク買い付けに成功したと発表した。中国と国交がない国には中国人が少なく、マスクの供給に余裕があるとの判断であった。なお、このホンジュラスからのマスクを分配された民主党のある区議会議員は、これを警察宿舎にも配付しようとしたが、批判されて中止したという。[9] デモの鎮圧の過程で催涙弾を乱発した警察に対する香港市民の不信感は非常に高まっていた。

このほか、感染症対策指定病院化に反対する地域住民の抗議活動、隔離に使用する予定の未入居の完成済み公共住宅への放火、深圳湾チェックポイントへの時限爆弾の設置といった、前年の抗議活動で見られた実力行使の延長線上にあると思われる抗議の手法も見られた。こうして見ると、香港市民の防疫は、二〇〇三年のSARSの経験、それ以後の大陸からの大量の入境者に対する不満と、二〇一九年のデモで累積してきた、大陸当局・大陸住民と香港政府に対する不信感を背景とする市民の自己防衛の防疫という特徴を示したと言える。実際香港市民もそのように認識していた。『サウス・チャイナ・モーニング・ポスト』紙が香港中文大学に委託して三月一九〜二七日に実施した世論調査では、香港が最終的に防疫に成功したとすれば、それは市民の自発的行動の成果であるとの見方に七一・九%の者が同意し、同意しない者は一〇・〇%にとどまった。一方、政府の処理が良かったためであるとの見方には同意は二四・〇%、不同意が五五・七%であった。[10] 香港の研究者たちは、香港は台湾のようには政府が信頼されていなくても、強い市民社会があったために防疫に成功した事例であったと結論づけている。[11]

(2) 政府の対応——ソーシャル・ディスタンスによる市民運動の規制

香港政府は一月三〇日から一五のチェックポイントのうち六ヶ所を閉鎖し、無料診察も中止した。また、大陸からの個人旅行客の入境も停止した。二月八日からは、大陸からの入境者は全て一四日間強制隔離する措置をとった。その後もチェックポイントの封鎖は少しずつ拡大された。一方、政府は全面封関を拒否し続けた。しかし、主に大陸側で厳しい規制が敷かれたことにより、香港への入境者数は全面封関がなくとも激減した。一月二九日には大陸との間の高速鉄道が運休するなどし、二月一〇日に入境した大陸住民は陸路六六人、空路七六六人にまで減少していた。林鄭月娥行政長官は二月一一日、すでに人の流れは最小限にとどめられているとして、全面封関は今や意味がないと述べた。[12] この対応は、「逃亡犯条例」改正案の撤回を断固拒否しつつも、審議には入れない状態を引きずったまま最終的に撤回に追い詰められた、前年の政府の行動にも似た構造を示している。即ち、香港市民の民意が大陸との関係の杜絶にあっても、中央政府に配慮する香港政府はそれを決断できず、市民と長期にわたり対立するのである。

他方、防疫のためのソーシャル・ディスタンスの確保は、大量動員する市民運動を制限するには好都合な口実ともなった。市民が人混みを恐れる状況下で、二〇二〇年は元旦大デモ（主催者側一〇三万人以上、警察四万七五六〇人）、一月二〇日の集会（主催者側一五万人、警察一万一〇〇〇人）を最後に、大規模なデモと集会は開催されなくなった。

中でも威力を発揮したのは、三月二九日から政府が新たに導入した防疫措置である「集会制限令」であった。五人以上の集会が禁止され、違反すれば二〇〇〇香港ドルの罰金とされた。一四日間の規制は途中上限を九人以上、五〇人以上と緩和されつつも延長を繰り返し、七月一五日からは感染の再拡大を受けて五人以上禁止に戻され、二九日には先述の通り三人以上の集会を禁止した。このため、毎年恒例の六月四日の天安門事件追悼集会は三一回目にして初めて開催できず（主催団体は無許可のまま部分開催を強行し、幹部多数が違法集会扇動罪で後日起訴された）、返還記念日の七月一日デモも不許可となった。六月九日の「一〇三万人デモ」、一二日の立法会包囲、一六日の「二〇〇万人デモ」の一周年の節目にも合法な集会は開催できず、これ以外の散発的に開催される集会やデモも、警察は「集会制限令」を理由にして容易に取り締まっている。こうして昨年来のデモは再開の機を逸している状態にある。

その間にも北京は着々と対香港政策の立て直しを図っていた。まず行われたのは人事の一新であった。一月四日に北京の香港出先機関である中央政府駐香港連絡弁公室（中連弁）の主任が駱恵寧に、二月一三日には北京における香港担当の国務院香港マカオ弁公室（港澳弁）の主任が夏宝龍に、それぞれ交代した。両名とも従来と異なり、これまで香港問題を担当したことがなく、習近平国家主席と関係が深い人物であった。中でも夏宝龍は全国政治協商会議副主席という、副国家指導者クラスの高官であり、港澳弁自体が従来の部クラスから格上げされたことを意味する。夏宝龍はかつて浙江省共産党委員会書記を務めていた際、省内のキリスト教会を弾圧し、十字架を取り壊す大規模な運動を指揮した強硬派であった。二〇一九年の混乱を受けて人事を一新し、北京がより強く香港をグリップする意思の表れであることは間違いない。香港政府内でも四月二二日には五名の局長が交代となった。中でも、政治体制や大陸との関係を扱う政制・内地事務局長に新たに抜擢されたのは入境事務処長を務めていた曽国衛であり、職務上大陸当局と深い関係を持ってきた「制服組」の者が、民主化問題を管轄することとなった。他方、デモ参加者と激しく対立してきた、林鄭月娥行政長官、法律を扱う鄭若驊法務長官、警察を管轄する李家超保安局長などは留任している。

感染状況が落ち着いてきた時期には、デモの「休戦」の中で香港政府・中央政府は様々な方面で民主派に圧力を加え始めた。港澳弁・中連弁は四月一三日、立法会内務委員会で国歌条例（中国国歌を正しく歌わない者に罰則）の審議を妨害している民主派を非難する共同の声明を発出した。これを中央政府部門が香港に介入することを禁じた基本法二二条に反する行為と民主派が翌日に会見して批判すると、一七日には中連弁が声明を出し、両弁公室は基本法二二条には拘束されず、立法会に対する監督権を正当に行使したとの新たな解釈を示し、香港情勢への介入の意思を露わにした。四月一八日には民主党の初代主席である李柱銘など一五名の民主派リーダーが、二〇一九年のデモの違法集会関連の罪で一斉逮捕された。

言論統制も強化の様相を見せた。五月一四日、香港の大学入試統一試験において、「一九〇〇年～四五年の日本の行為が中国にとって利が多かったか」と問う問題が出題された。当然、受験生はこれに反対の意見で論じることも可能という問題であったが、一五日に楊潤雄教育局長は「国民感情と尊厳を傷つけた」として、担当部門に史上初めて問題の取り下げを要求した。一六日には『人民日報』にも「香港の教育には治療が必要」と非難する記事が掲載され、結局、多数の受験生がすでに解答した後であったにも関わらず、この問題は取り消しとなった。また、五月一九日には、通信管理局は公営放送局・香港電台が三一年前から放送してきた政治風刺テレビ番組『頭条新聞』の二月放送分の回について、警察が侮辱されたと訴えたことを妥当と裁定した。同番組は六月一九日の放送を最後に打ち切られた。こうした動きは、「集会制限令」がなければ大規模デモの原因となった可能性が高く、結果的に政府は、反政府活動の取り締まりに、コロナ禍を利用したような形となった。

3 「国家安全維持法」の意味

(1) 自由・民主・司法の独立への巨大な脅威

こうした中で、中央政府は突如衝撃的な動きを見せた。五月二一日、コロナ禍での延期を経て翌二二日から開催されることとなった全国人民代表大会(全人代)は、香港版の「国家安全法」を審議すると発表したのである。

本来、香港基本法二三条には、国家の安全を守るための法律を北京ではなく、香港政府が自ら制定するとの規定が存在する。しかし、これに基づいて二〇〇三年に提案された「国家安全条例」は、同年七月一日の「五〇万人デモ」発生を受けて廃案となり、以来立法作業は滞っていた。「国家安全法」は国家分裂、中央政府転覆、外国の干渉、テロ行為の四つのカテゴリーの行為・活動を取り締まるとされており、これらの語は二〇一九年のデモに対する非難の言葉として、中央政府関係者がしばしば用いてきた。また、全人代スポークスマンの張業遂は制定の目的を「新しい情勢」への対応のためと述べている。中国では二〇一五年に「国家安全法」が制定されており、当時からこれを香港にも適用するという主張をする者は存在したが、これを踏まえると、今回の「国家安全法」の香港への適用は、二〇一九年のデモ以来の危機への対応策と考えるべきであろう。

また、中央政府は制定を非常に急いだ。五月二八日の全人代は、「国家安全法」の制定作業を全人代常務委員会に付託することを決定した。五月二五日の全人代で栗戦書全人代委員長が行った演説にはなかった「立法を加速して推進する」との文言が、三一日に発表された公式の演説全文には加えられた。すると、全人代常務委は六月一八日～二〇日と、二八日～三〇日に開催され、審議の上、香港向けの「国家安全維持法」を成立させ、六月三〇日の成立当日の午後十一時に香港で施行した。通常、全人代常務委は偶数月の下旬開催であり、また、法律制定には三回の会議を経るのが通例であるから、月内に二回の会議を開催して成立させ、直後に施行したのは異常とも言うべき速さであった。北京が急いだ理由の一つとして、九月六日投開票の香港立法会議員選挙がある。民主派はデモの余勢を駆って、史上初の過半数獲得を目指していたが、「国家安全維持法」は公職に就く者が国家への忠誠や基本法の擁護を宣誓する義務を規定しており、同法を批判する民主派の立候補資格を剥奪して、選挙から締め出す口実にも同法はなり得た。

「国家安全維持法」の規定は、様々な方面で香港の自治を迂回して、中央政府が直接管理するための装置となっている。まず、同法は香港で一切審議されることなく、全人代常務委で制定された。基本法一八条には中国の法律を香港に適用する規定は存在するが、今までに適用されたのは中国の首都や国旗を定める法律や国籍法など、論争性の低いものに限られていた。中国で「国歌法」が制定されたことを受け、同法も香港に適用することとなったが、正しく歌わない場合の刑罰などの規定が必要であるため、同法の香港版は香港の立法会で審議され成立した。今回、ある意味では香港で最も論争性の高い法律を、一切香港に審議させずに北京が制定することは、従来は考えられないことであった。今回採用されたのは、民主派が激しく抵抗し、多くの法案を廃案に追い込んできた立法会を避ける立法手続きであり、立法会は宙づりにされた。

そして、新設される香港政府の「国家安全委員会」は、行政長官がその長を務め、香港政府関係各部門の高官などで構成されるとしているが、ここに中央政府は顧問を派遣するとしている。この顧問が目付役として会議を主導することは明らかである。すでに基本法二三条に基づく「国家安全法」を二〇〇九年に立法会で成立させ、同じく国家安全委員会を設置しているマカオにはこの顧問制度は存在しない。デモの鎮圧に苦戦した香港の行政部門に対する中央政府の不信感が如実に表れており、行政長官の傀儡化が進むであろう。

最大の脅威は司法部門に及ぶ。中央政府の出先部門として新たに「国家安全維持公署」が香港に設置され、その人員は香港で限定的ながら法執行も行うとされる。容疑者を逮捕して大陸に送致して裁判を受けさせることを意味し、「逃亡犯条例」改正案の撤回で消滅したはずの容疑者の大陸への引き渡しが実現することになる。さらに、「国家安全維持法」は香港の既存法の規定に優先するとされ、「一国二制度」の下で英米法の判例や、「国際人権規約」の規定の実施のために、香港の他の法律に優先して効力を持つ「人権法」を参照する香港の裁判所の人権保護の規定に穴を開ける。そして、「国家安全維持法」に関連する案件を裁く裁判官は行政長官が選出するとされる。裁判所の人事に事実上中央政府が政治的に介入する余地を作り、原告が裁判官を選ぶ状態となる。

刑罰は最低でも懲役三年、最高は終身刑とされた。

「国家安全維持法」は施行前からすでに猛威をふるった。同法の条文は六月三〇日夜一一時の施行と同時に公表されるまで、完全に秘された。その間、同法が過去の罪を遡及して裁く可能性が指摘され、政権批判や独立の主張を行ってきた者には恐怖が広がった。このため、同法の施行直前の三〇日午後には、若者が設立した新しい政治団体が多数、続々と活動停止や解散を発表した。「雨傘運動」の指導者として国際的に知られる黄之鋒（ジョシュア・ウォン）や周庭（アグネス・チョウ）らは、幹部を務めた「香港衆志（デモシスト）」を脱退し、同団体は解散した。

成立後は早速適用された。七月一日にはデモの現場で一〇名が「国家安全維持法」違反容疑で逮捕された。最初の逮捕者は、カバンの中に「香港独立」と書かれた旗を所持していたことが容疑とされた。香港政府は二日、昨年のデモで多用されたスローガン「光復香港、時代革命（香港をとり戻せ、革命の時代だ）」には「今日においては」香港独立や政権転覆などの含意があり、「法を試すな」と市民に警告する声明を発した。警察は民主派の議員事務所や民主派支持の商店などを回り、壁に掲示されているスローガンが違法である可能性を指摘した。こうした脅しの結果、街からは急速にスローガンが姿を消した。さらに、公営の図書館は黄之鋒らの著作を書架から撤去した。七月二九日には香港独立を提唱する書き込みをネット上で行ったとして、一六歳から二一歳までの四人が逮捕された。瞬く間に香港の自由は萎縮している。

香港政府は立法会議員選挙の候補者を決めるための民主派による民間投票イベントである予備選挙を、「国家安全維持法」違反の可能性があると非難した。「予備選挙」を勝ち抜いた民主派の者は出馬手続きを行ったが、七月三〇日にはそのうち一二名が出馬資格を無効とされた。出馬資格取り消しはすでに二〇一六年以降出現しているが、今回の規模は例を見ない。政府は事実上民主派の候補者を意のままに選挙から門前払いできる仕組みを作ったと言える。翌三一日には、林鄭月娥行政長官は昨年のデモの取り締まりにも使われた緊急事態規則条例を適用し、コロナ禍を理由に行政長官の判断で立法会議員選挙自体を一年延期してしまった。その一年の間にも民主派への攻撃は行われ、失職する議員などが現れるかもしれない。

弾圧は留まる所を知らない。七月三一日には、香港警察は香港衆志の主席を務めた羅冠聡（ネイサン・ロー）など、海外に在住または逃亡した者六人を、「国家安全維持法」違反容疑で指名手配した。そのうちの一人である朱牧民は、一九九六年に米国籍を取得し、米国の政府や議会に香港の民主化に向けた支援を訴えるNGO「香港民主委員会」を運営していた。海外在住の外国人による、外国での行為を犯罪とした事例と言える。[13]

そして八月一〇日、警察は「国家安全維持法」の「外国との結託」容疑で、香港主要紙で唯一民主派寄りの論調を貫く『蘋果日報』の創業者である黎智英（ジミー・ライ）や、日本でも良く知られる周庭ら六名を逮捕した。施行から一ヶ月半を経て、取り締まりはいよいよ民主派の主要人物に及んできたと言える。

(2) 米国の制裁――地政学的前線としての香港

これまで香港市民は、巨大なデモなどの抵抗運動を通じて、多くの政策や法案を廃案に追い込んできたが、立法手続きが全て北京で行われた「国家安全維持法」に対しては為す術もなく、香港社会には無力感が漂った。

しかし、「国家安全維持法」にはそれに代わり、国際社会から痛烈な批判が浴びせられた。カナダ・豪州・英国の外相は五月二二日共同声明を発出し、香港版「国家安全法」は香港の「一国二制度」を損ねるとして、深い憂慮を表明した。日本も五月二八日、秋葉剛男外務事務次官が孔鉉佑中国大使を召致し、全人代において香港に関する議決が、国際社会や香港市民が強く懸念する中でなされたことおよびそれに関連する香港の情勢を深く憂慮しているなどと申入れを行う異例の対応をした。英国のジョンソン首相は六月三日に『サウス・チャイナ・モーニング・ポスト』紙などに寄稿し、英国史上最大規模のビザ政策の変更を行うとして、返還前の香港永住民を対象に発給されている英国属領市民（BNO）パスポート保持者三五万人と、二〇〇万人以上の有資格者に対し、英国滞在期間を六ヶ月から一二ヶ月へ延長するとともに更新可能とし、就労や市民権取得にも道を開くとした。

何より強烈な反応を見せたのは米国であった。そもそも、五月二一日の全人代による「国家安全法」審議の際、多くの者は意表を突かれた状態であったが、あるいは米国はこの動きの可能性をある程度予測していたかもしれない。五月六日、ポンペオ国務長官は、本来五月二五日までに発行すると義務づけられている「香港人権・民主主義法」に基づく年次報告書の発表を遅らせるとした。その理由は、五月二八日までの全人代までに、中国政府が香港の自治を弱める行動に出るかどうかを見極めるためとされていたのである。果たしてポンペオは二七日に議会に「香港には高度の自治がない」とする報告書を提出したと述べた。そしてトランプ大統領は二九日に会見し、香港はすでに「一国一制度」になったとして、香港への特別待遇を廃止することを始めるよう政府に指示したと述べた。

六月二六日、ポンペオ国務長官は中国共産党の一部の関係幹部と家族に対して、訪米ビザを制限する措置をとったと発表した。さらに七月一四日、トランプ大統領は「香港人権・民主主義法」の強化版とされる「香港自治法」に署名し、成立させた。八月七日には、米国政府は林鄭月娥行政長官・夏宝龍港澳弁主任・駱恵寧中連弁主任ら一一人の中央政府・香港政府の高官に対し、資産凍結などの制裁を科すと発表した。制裁は今後続くと考えられるものの、今のところ最も破壊力があるとされる、香港の金融に対する制裁は発表されていない。強力な制裁は経済を傷め、米国にとっても自傷行為となることから、トランプも慎重にならざるを得ないであろう。しかし、香港問題で米国が対中制裁を持ち出すに至ったことは、米中対立が地政学的な東アジアの「新冷戦」に上昇したことを象徴する。

トランプ大統領の対中政策は、「貿易戦争」からコロナ禍の原因をめぐる中傷合戦へとエスカレートしてきたが、これらのワシントンと北京の間の「空中戦」と比して、香港問題は東アジア地域にとって格段に深刻さの度合いが大きい。資本主義と社会主義の陣営間の争いには、朝鮮半島の三八度線、台湾海峡、鉄のカーテン、ベルリンの壁など、世界にいくつかの最前線が存在した、あるいは、今も存在する。香港もそのような存在と言えるが、そのありようは極めて特殊である。「一国二制度」では、香港の国家主権は社会主義の中国にある。他方、香港の経済・社会は国際的につながり、欧米的な資本主義の価値観を持つ。一つの地域の中に、双方が重なり合って存在する「最前線」は、世界でも香港しかないであろう。香港が完全に北京の制御下に置かれれば、北京は強硬手段が有効との成功体験を得ることになる。当然次はそれを背景に、台湾への攻勢を強めるであろう。米国による制裁の発動は、二一世紀の「ドミノ理論」に基づいて、二一世紀の「トルーマン・ドクトリン」を発動し、中国を地理的に封じ込めるための一手であると言える。

おわりに――日本はどうする

以上述べてきたのが、二〇一九年六月以降のわずか一年ほどの間に起きた出来事であることを改めて振り返れば、我々は今、従来の秩序や常識ががらがらと崩れる時代の大転換に立っているという事実に、覚悟を決めて向き合わざるを得ない。

一九七〇年代の米中接近以来、東アジアでは社会主義と資本主義は妥協の下で共存し、発展の果実を分け合う関係を続けてきた。しかし、中国の台頭は既存秩序に少しずつ衝撃を与え、それを最前線で受け止める香港に最大の歪みをもたらした。二〇一九年のデモはその総決算とも言うべきものであった。そこに、香港は世界秩序の変化を受けて対中強硬策に転じていた米国を巻き込んだ。

ジェフリー・リーブスは、中国より人口・経済力・軍事力などでずっと小さな周辺の国々が中国に翻弄されることが、むしろ中国の安全保障上の問題にもなり得ると論じた。リーブスはカンボジア・ネパール・モンゴルを具体例として、「中国ファクター」によって発生する小国の内政問題が、翻って中国の安全保障の問題となるメカニズムを分析した。圧倒的な経済力を持つ中国は、その行使を意図するとせざるとに関わらず、周辺諸国の内政を変えてしまう力を持つ。これら周辺国では、程度の差はあれ、まず中国企業が大いに進出してくる。中国企業は大規模インフラや鉱山の開発などでその国の経済の命脈を握り、政界にも影響力を持つようになる。結果、中国からの資金を得る政界指導者の政策決定が偏ったり、腐敗が蔓延したりする。環境問題も発生し、社会はそれらに対する不満を募らせ、中国のソフトパワーが減退する。すると、それらの国は対中強硬姿勢に転じたり、バランスを求めてインドや米国などの他国への依存を強めたりする。こうして、小国の不安定化は中国自身の安全保障の問題となって跳ね返るとリーブスは解説する。[14] 香港が米国を「連れてきた」のは、まさにこの理論の実践のようなものであった。

しかしここに偶然、百年に一度のパンデミックが襲いかかった。グローバル化は急ブレーキを強いられ、オリンピックが吹き飛ぶほどに、全世界は急激な「行動変容」を迫られた。パンデミックは未だ収束していないが、「香港国家安全維持法」をめぐる国際対立は、その向こうに見える、新しい、しかし明るくない時代の幕開けを象徴しているようにも見える。

米中対立が地政学の色彩を帯びてくると、日本にとっては完全にひとごとでなくなる。香港・台湾の次は言うまでもなく、尖閣諸島や海洋が新たに前線となるからである。米中の間にあって、双方と政治を回避してビジネスを語ってきた日本は、米中対立の激化という方向性が続くならば、早晩踏み絵を迫られるかもしれない。香港・台湾や周辺諸国と協調し、知恵のある外交を構築することが、日本の生き残りを懸けた急務である。

---

(1) 倉田徹・倉田明子編『香港危機の深層――「逃亡犯条例」改正問題と「一国二制度」のゆくえ』、東京外国語大学出版会、二〇一九年、小川善照『香港デモ戦記』、集英社新書、二〇二〇年など。

(2) Greg Torode, James Pomfret, Anne Marie Roantree, "Special Report: Hong Kong leader says she would 'quit' if she could, fears her ability to resolve crisis now 'very limited'", Reuters, September 2, 2019, https://www.

reuters.com/article/us-hongkong-protests-carrielam-specialre/special-report-hong-kong-leader-says-she-would-quit-if-she-could-fears-her-ability-to-resolve-crisis-now-very-limited-idUSKCN1VN1DU. なお、翌日の会見で林鄭月娥は「私的な、非公開の場の交流の内容が公開されたことは、極めて不適切だ」と発言しており、事実上報道されたものは自身の発言であると認めている（「行政長官於行政會議前會見傳媒開場發言和答問內容（附短片）」、香港特別行政區政府新聞公報、二〇一九年九月三日、https://www.info.gov.hk/gia/general/201909/03/P2019090300524.htm）。

（3）　香港人の政治的覚醒の過程については、羅永生著、丸川哲史・鈴木将久・羽根次郎編訳『誰も知らない香港現代思想史』、共和国、二〇一五年や、李怡著、坂井臣之助訳『香港はなぜ戦っているのか』、草思社、二〇二〇年に詳しい。

（4）　香港民意研究所ウェブサイト（https://www.pori.hk/pop-poll/chief-executive/a003/satisfaction、二〇二〇年六月二五日閲覧）。なお、同調査での支持率とは、「もし明日行政長官選挙があり、あなたに投票権があったとしたら、あなたは林鄭月娥行政長官に投票しますか」との問いに「はい」と回答した割合を指す。

（5）　『香港統計年刊』、二〇一九年版、三三三ページ。

（6）　例えば、一月一〇日付の『明報』は、大陸の専門家のＲＮＡ配列の解読によって、今回の肺炎の原因が新型コロナウイルスであると究明されたものの、大陸から香港に配列の情報の通知がなかったと報じている。

（7）　石井大智「香港中文大・第八報：テレグラムから生まれた新興労働組合の実相」、『日経ビジネス』、二〇二〇年三月一三日（https://business.nikkei.com/atcl/seminar/19/00030/031100082/）。

（8）　『明報』、二〇二〇年二月五日。

（9）　『明報』、二〇二〇年二月一九日。

（10）　*South China Morning Post*, 1 April, 2020.

（11）　Kin-Man Wan, Lawrence Ka-ki Ho, Natalie W. M. Wong and Andy Chiu, ‘Fighting COVID-19 in Hong Kong: The effects of community and social mobilization’, *World Development*, Vol. 134 (2020), p. 6.

（12）　『明報』、二〇二〇年二月一一日。

（13）　『毎日新聞』、二〇二〇年八月一一日。

（14）　Jeffrey Reeves, “Structural Power, the Copenhagen School and Threats to Chinese Society”, *The China Quarterly*, Vol. 217, March 2014, pp. 140–161.

国家安全と民主主義の相克

——新型コロナウイルスと香港問題を通して考える

阿古智子

（あこ　ともこ）
東京大学大学院総合文化研究科教授
専門は現代中国研究（社会学）。著書に『貧者を喰らう国』（新潮選書）『超大国・中国のゆくえ5 勃興する民』（共著、東京大学出版会）『東アジアの刑事司法、法教育、法意識：映画『それでもボクはやってない』海を渡る』（現代人文社）などがある。

はじめに

新型コロナウイルスへの対応に関して、中国政府の初動に問題があったことは否定できない。言論統制と隠蔽体質が、国を越えた情報の公開や共有、専門家同士の連携を遅らせてしまった。SARS（重症急性呼吸症候群）の経験がありながらも、それを生かせなかったのは、中国の国家と社会の構造に、容易には変わらない負の側面があることを示している。一方香港では、コロナショックの混乱の最中、民主活動家たちがマスクの調達や配布に奮闘していた。しかし、香港の民主化支援を欧米諸国に呼びかけるなど、ロビー活動を熱心に行う彼らに対し、中国政府は厳しい目を向け、中国の官製メディアは彼らに対する激しいネガティブ・キャンペーンを展開した。中国政府がここまで香港の民主化を警戒するのはなぜなのか。五〇年間は「一国二制度」を維持するという約束を反故にし、このタイミングで香港の立法会での審議も経ずに「国家安全維持法」導入を強行するのは、どのような思惑があってのことなのか。世界の「監視社会化」のイニシアティブを取ろうとする中国に、民主主義国である我々はどのように対峙すべきであろうか。

1　言論統制と隠蔽体質が生み出した悲劇

二〇二〇年一月、中国・武漢で原因不明の肺炎による死者が急増しているとのニュースが届き、同月一六日には日本国内でも、武漢に渡航した中国籍の男性の感染が確認された。武漢の病院が混乱状態に陥り、遺体があちこちに放置されるなど、惨状が露わになった。だが、中国の様子を他人事のように見ている間に、日本を含む世界各地で感染者が増え始めた。そして、世界全体が「新しい日常」を強いられ、経済活動は大きな打撃を被った。

　中国では二〇一九年一二月下旬頃から、武漢の医師たちが警告を発していた。武漢市中心医院の眼科医・李文亮医師は一二月三〇日、華南海鮮市場で七名がSARSに罹り、武漢市中心医院の緊急科に隔離されていること、ウイルスが人から人に感染する可能性があることを、約一五〇人が参加する微信（ウィチャット）のグループに発信した。調査報道で高い評価を受けている中国の雑誌『財新』が、李医師（この時、集中治療室で新型肺炎の治療を受けていた）に電話取材した記事によると、李医師はとにかく、「人から人へ感染する可能性がある」ため、「臨床業務に就いている人に予防を心がけるよう」伝えたい一心で、自分が得た情報を流したのだという。

　そのグループに参加していた人が、李医師が発信した検査報告書のスクリーンショットを撮り、インターネット上に投稿した。その人も、この情報は重要だと感じ、より多くの人に知らせなければと感じたのだろうか。同日、武漢市衛生健康委員会は「原因不明の肺炎に対する適切な治療についての緊急通知」をネット上に発表し、「いかなる機関及び個人も、許可を得ず、みだりに治療情報を外部に発信してはならない」と強調した。李医師は病院の監察課の事情聴取を受け、一月三日には派出所に呼び出され、「ネット上に不正確な情報を流した」として訓戒書に署名させられた。

　同じ頃、中国中央テレビのニュースは、八名が武漢市公安当局からデマを流したとして調査を受けたと報じている。『財新』は、一月一日に武漢市公安当局の公式微信アカウントが、この八名を呼び出したと発信していたことを突き止めた。つまり、原因不明の肺炎について、注意を呼びかけようとしていた人たちが李医師以外にもいたということがわかる。李医師は『財新』の記者にこのように述べている。

「私は（自分の流した情報は）デマだとは思いません。なぜなら報告書にはきっぱりとSARSと書かれていたからです。それに私は単に友人達に注意喚起をしたかっただけで、パニックを引き起こしたかった訳ではありません。（中略）健全な社会に必要なのは様々な声です。公権力を利用して、過度に干渉されるのには同意できません」（財新編集部「新型肺炎を武漢で真っ先に告発した医師の悲運——一二月に警告も、当局から処罰され本人も感染」『東洋経済オンライン』二〇二〇年二月七日カッコ部分は筆者補足）

　李医師が一月初めに眼科で診察した患者は、その後、新型コロナウイルスの感染によって死亡する。ほどなく、李医師自身にも発熱の症状が現れた。新型コロナウイルスに感染した李医師は、それから一ヶ月を待たずして、二月七日に三四歳の若さで死亡した。

2　声を上げようとする人たち

李文亮医師が亡くなり、一ヶ月が経った三月一〇日、共産党系の人民出版社が発行する雑誌『人物』が、李医師と同じ武漢市中心医院の救急科に勤める艾芬医師のインタビュー記事「笛を配った人」を掲載した。「笛を吹く人」というのは英語の「ホイッスル・ブローワー」（内部告発者）から来ている言葉だ。同記事で艾医師は、自分は笛を「吹いた」のではなく「配った」とし、李医師がグループチャットに発信した検査報告書と同じものを入手し、同級生の医師に送ったところ、病院の監察部門から厳しい叱責を受けたことを告白している。院内感染で医師が次々と倒れていく中、政府や党の関係部門からの指示は一向に出されず、習近平総書記が「全力で感染拡大を防ぎ、制圧する対策」を講じるよう指示したのは、一月二〇日になってからのことだった。共産党の中央政法委員会はＳＮＳの公式アカウントを通じ、情報を隠匿すれば、「永劫にわたり不名誉という柱にくくり付けられるだろう」と警告した。

艾医師の勤める救急科は当時、平時の三倍に当たる一五二三人を受け入れ、病院のホールも患者で溢れかえったという。艾医師は李医師と面識はなかったが、李医師の気持ちを慮り、このように話している。

「後に事情が明らかになり、李医師の行動は正しかったと証明されましたが、私には彼の気持ちがよく理解できます。おそらく、（李医師は）私の気持ちと同じで、興奮したり、喜んだりはしていない。後悔の気持ちが強かったのではないでしょうか。もっと大きな声を上げ続けるべきであり、私たちに質問した全ての人に話し続けるべきだったと悔いていると思うのです。私は幾度も、時計の針を戻すことができれば良かったのにと思っています」（龔菁琦・金石編「発哨子的人」『人物』（人民出版社、二〇二〇年三月）

艾医師のインタビュー記事がネット上に記載されたのは三月一〇日。しかし、そのわずか二時間後には削除され、発行された雑誌も回収された。それでも、艾医師の真実の声を伝えようという人たちが、ＳＮＳ上でインタビュー記事を転送し続け、当局はそれを削除し続けた。ネットユーザーたちは検閲に引っかからないように、中国語だけでなく、さまざまな外国語や、中国古代の甲骨文字や篆書、絵文字、ＱＲコード、モールス信号など、アイデア満載の表現方法で記事をＳＮＳ上で伝えた。

武漢市在住の作家・方方は、一月二五日から毎日、封鎖下の武漢での日々の暮らしや政策に対する考えなどをつづり、ＳＮＳで発信した。彼女は、武漢のリーダーたちが市民に党や国家に感謝するよう求めることを批判し、「政府は人民の政府であり、人民のために奉仕する存在だ」と述べた。率直かつ辛辣な彼女の日記は、億にのぼる人が購読したとも言われている。方方は「文明国家」の基準について、このように述べている。

「ある国が文明国家であるかどうかを測る基準は、ビルが高層であるかとか、車のスピードが速いとか、武器が先進的だとか、軍隊が威風堂々としているとか、科学技術が発展しているとか、芸術が高明であるとか、さらに、イベントが豪華で、花火が華麗であるとか、世界を豪遊し、世界中のものを買い漁る観光客がどれほどいるかとか、決してそうしたことではない。基準はただ一つしかない。それは弱者に対する態度である」（「検験文明尺度的是你対弱勢人群的態度」『独立中文筆会』ウェブサイト〔二〇二〇年二月二四日〕）

李医師の死から一ヶ月経った三月一九日、国家監察委員会の調査チームは調査報告書を発表し、一二月には武漢市内の複数の病院で原因不明の肺炎患者が確認されていた事実に触れた上で、李医師に対して警察が訓戒書を作ったことは不当であり、法執行の手順も規範に沿っていなかったと結論づけた。国家監察委員会は警察に対し、訓戒書の取り消しと関係者の責任追及も求めている。四月二日には湖北省政府が、李医師ら一四人を「烈士」に認定した。「烈士」は、殉職した軍人や治安要員、消防隊員らが認定対象となることが多く、遺族には補償がある。今回の一四人のうち一二人は院内感染後に死亡した医療従事者であり、「感染するリスクを顧みずに、第一線の職場を堅守した」ことから、「党と国家が授与する最高の栄誉ある称号」が与えられるのだという。李医師はあの世で、このニュースをどのような思いで聞いているのだろうか。

方方は日記を本として中国国内で出版したかったようだが、さまざまな障壁にぶつかり、あきらめざるを得なかった。彼女は度々、微博（ウェイボ）のアカウントを閉鎖されたり、ネットユーザーから攻撃を受けたりしている。方方はそれでも怯まず、『方方日記』の英語版をアメリカに本社のある出版社・ハーパーコリンズから、日本語版を河出書房新社から出版するところまで漕ぎ着けた。

3　香港の民主化を極度に恐れる中国政府

中国の医師たちが発した警告が、すぐに中国全土に、そして世界各国に伝わっていたら、どれだけの人数の感染者の命が救われただろうか。早くから、国を越えて積極的に情報を公開・共有し、各種の対策について謙虚に助言を求め合い、迅速に専門家同士が連携を進めていれば、もっと効率的に感染の拡大を抑え込めたはずだ。

香港政府は、一月二五日には公衆衛生上の緊急事態を宣言し、幼稚園から大学までの休校措置、公務員の在宅勤務、テーマパークなどの大規模施設の閉鎖などの措置をいち早く講じた。二〇〇二―二〇〇三年のＳＡＲＳで、広東省や香港を中心に八〇〇〇人以上の感染者、七〇〇人以上の死者を出した時の教訓を生かした徹底的な策を取ったと言える。しかし、香港政府は中国本土との出入境検査場を開けたままにしたため、医療従事者は中国本土と香港の境界を完全に封鎖すべきだとして、二月三日から五日間ストライキを実施した。香港政府は二月四日に、香港国際空港、深圳湾口岸、港珠澳大橋以外の検査場を閉鎖したが、中国の人々が帰省や旅行で移動する春節（旧正月）に重なる時期に、感染者が急増していた中国との境界を閉じていなかったのは問題だと批判を浴びた。

また、香港政府はマスクの購入制限や配分を積極的には行わなかったため、マスクの不足が深刻になり、値段が高騰し、一時は医療従事者にさえ行き渡らない状況に陥った。そうした中、市民団体や企業が連携し、マスクを生産したり、配布したりする動きが広がった。区議会議員、立法会議員、政党関係者なども団地でマスクを配り始めた。雨傘運動のリーダーの一人で、「国家安全維持法」が施行されるまで「香港衆志」（デモシスト）という政治団体の秘書長として活動していた黄之鋒は仲間と共に、アメリカなどから一〇〇万枚以上のマスクを輸入し、区議会議員などを通じて必要な人たちに配布した。しかし二〇二〇年五月、デモシストが配布・販売していたマスクは表示が不適切だったとして、デモシストのメンバーらが逮捕される事態に発展した。デモシストのマスクの箱は、民主派のシンボルカラーである黄色で、目立つところに「メイド・イン・チャイナではない」と書かれている。デモシストは、この表示について税関職員に「香港、マカオ、中国大陸、台湾で生産されたものにこのような表示をしてはならない」と言われたとし、「政治的圧力だ」と反発した（Danny Mok, “Coronavirus: Demosisto member arrested in Hong Kong over sale of ‘Not made in China’ masks”, *South China Morning Post*, May 22, 2020）。

二〇二〇年七月現在、黄之鋒はマスクの表示に関連して逮捕されてはいないが、彼は二〇一七年八月、雨傘運動において非合法集会を組織したとして、禁固八ヶ月の有罪判決を受け、服役している。さらに二〇一九年八月三〇日には、同じく雨傘運動で活躍した周庭と共に、突如逮捕された。六月二一日にデモ隊が警察本部を包囲した際、不許可の集会を主導したのが二人の容疑だという。反逃亡犯条例改正案をめぐるデモは「リーダーなき運動」と言われており、黄之鋒はリーダーとなって集会を呼びかけたりはしていない。二人の保釈は同日夜に認められた。

二〇一九年九月、黄之鋒は「香港人権民主主義法案」の可決を促そうと、保釈中の身のままに訪米し、米議会の公聴会で証言している。同月八日に台湾から帰国し、その足でドイツへ、ドイツからアメリカへ行こうとしていたところ、空港で保釈条件に違反したとして一時拘束されたが、保釈条件では逮捕前に既に手配されていた海外渡航は許可されていることが判明し、ドイツとアメリカへの渡航も認められた。

「香港人権民主主義法案」は、二〇一九年一一月二七日にトランプ大統領が署名し、成立した。これにより国務長官は、二〇二三年までの毎年、香港の高度な自治を保証した「一国二制度」が機能しているかどうかを検証する年次報告書を発行しなければならない。機能していないと判断されれば、香港が受けている関税などの優遇措置を見直される可能性がある。香港で人権侵害を行った当局者に制裁を科したり、違反した政治家らの資産を凍結したりすることも可能となる。

国際社会の協力を得て中国政府に圧力をかけようとする黄之

鋒らの態度に、中国政府は激怒している。中国共産党の機関紙『人民日報』系の新聞『環球時報』は二〇一九年九月二日、黄之鋒が渡米を前に周永康（雨傘運動のリーダーの一人で二〇一七年に黄之鋒、羅冠聡と共に逮捕される。有罪判決を受け六ヶ月服役）と共に『ニューヨーク・タイムズ』（九月一日）に投稿したオピニオン"The People of Hong Kong Will Not Be Cowed by China—You can arrest us. But more protesters will keep coming out"（香港の人々は中国には脅されない。中国は我々を逮捕したらよい。そんなことをしても、より多くの抗議者たちが活動を続けるだろう）に対し、「社説」で痛烈な批判を展開した。

「黄之鋒ら若い〝新世代〟の売国奴たちには弱みがあり、自らの小さなグループの利益のために、香港の未来を危険な賭けにさらそうとしている。路上で暴力行為を組織し、空港を封鎖し、政府機関を襲撃し、国旗や国章を侮辱し、〝一国二制度〟という大きな枠組みを揺るがすことに失敗した。歴史上の全ての売国奴と同様に、外部勢力の太腿に必死でしがみ付き、自らの拠り所を見出そうとしている。彼らはとても古臭く、中国の歴史のなかで落ちぶれていくだろう」

『環球時報』は二〇一九年二月二〇日、「〝河童〟黄之鋒感染症流行下の狂気」と題して、黄之鋒らが調達したマスクについても反応している。「河童」は、黄之鋒自身も自分を面白おかしく表現する時に使うことがあるが、『環球時報』は黄之鋒を嘲るようにしてそう言っているのだろう。記事の内容をざっとまとめるとこんな感じである。

「厚顔無恥な黄之鋒は市民を騙している。アメリカで調達した一〇万枚は歯科とネイルショップ向けのもので、細菌やウィルスの侵入を予防する条件を満たしていない。中南米で調達したものは一セット五〇枚を九八ドル、つまり一枚〇・一ドル（約〇・七八香港ドル）で販売しているが、最初にアメリカで調達した一枚一・九六香港ドルのものより安く、より質の低いものではないか。生産地の中南米のホンジェラスは、世界の最も貧しい国の一つで、コーヒーは有名かもしれないが、軽工業のレベルは非常に低い。こんな国から輸入したマスクの質が保証されていると言えるのか。現地で、建築労働者が粉塵を吸うのを予防するために使うようなマスクだろう。『香港独立分子』で香港衆志の頭目の黄之鋒は、マスクの販売を口実に、資金を確保しようとしているのではないか」

二〇一九年一二月一五日、黄之鋒がスウェーデンの環境活動家、グレタ・トゥンベリに、香港のデモと環境問題に取り組むグレタの自由を求める姿勢に類似性があるとし、「中国はいずれの問題でも信頼に値しない。世界は目的達成のため、団結しなければならない」とツイートしたのに対し、グレタが「ジョシュア・ウォンの勇敢で鼓舞を与える重要なメッセージだ」とコメントした際には、『環球時報』が「危険なPR行為だ」とする記事を掲載し、「火炎瓶は環境汚染の源だ」「香港の反政府抗議者たちは、世界の注意を引くためにグレタを利用している」などと批判した。

世界の大国になった中国が、二三歳の青年にここまで躍起になって反論するのも、大人気がないように感じるが、そのように言ってしまうと、中国政府が感じている危機感を過小評価することになるし、黄之鋒にも失礼だろうか。黄之鋒は「香港人権民主主義法案」に関してアメリカと折衝する際に、制裁を科すべき具体的な人物の名前まで挙げたと言われているし、デニス・ホーなど発信力のあるポップ歌手などとも連携しており、外見は素朴な青年でありながら、国際政治に鋭く切り込んでいく相当なやり手である。黄之鋒を主人公にした映画『大国に抗った少年』はネットフリックスで全世界に配信された。

中国政府は、若者の間に民主化運動への共感が広がることを極度に恐れている。新型コロナウイルス拡大でデモができない中、ゲーム好きの黄之鋒は、任天堂のゲームソフト「あつまれどうぶつの森」に活動の場を見出した。これは、のどかな南国の島に住むプレーヤーが、擬人化された動物たちの友になり、自分の島をカスタマイズしてオンライン上で互いの島を訪問するというシミュレーションゲームだが、黄之鋒はSNSで、民主主義のために闘う香港人たちが、理想の社会をゲームの中で実現できるのだと述べた。ところが、この黄之鋒の発信の翌日には、中国の多くのオンラインショッピングのサイトなどで突如「あつまれどうぶつの森」が買えなくなり、ゲームファンたちは騒然となった。黄之鋒のもとには、中国のゲームファンたちから苦情が集まった。

4 「国家安全」を謳う恐怖政治の浸透

中国はなぜ、これほどまでに民主化運動の広がりを警戒するのか。それは、中国政府の言うところの「西側の民主主義」が中国の「国家安全」を脅かすと考えているからだ。

中国の「国家安全法」(二〇一五年七月一日公布)は、国内外の政治経済の安定、安全保障について包括的に定めている。偵察やスパイに対する取締りを担う国家安全部の職務を規定した法律として「反スパイ法」があるが、それは二〇一四年に旧「国家安全法」を廃止し、その内容を引き継ぐ形で成立した。現在の「国家安全法」は、国家が担う「安全」確保の任務を、政治体制の安定性と国家の統一性、領土と海洋・空域における主権、経済システム、金融、エネルギーとその輸送ルート、食糧、文化・イデオロギー、科学技術、インターネット、各民族の団結、宗教の名を騙る違法活動、テロリズム、社会治安の安定、生態環境、原子力、宇宙空間、国際海底と北極・南極の領域において定めている。

国家の安全を脅かすという容疑がかけられた場合、刑事訴訟法の規定などによって捜査、拘禁、逮捕が行われる。刑事訴訟法は「居住監視」を規定しており、逮捕の十分な証拠を得られていない人物に対して、外部との接触を断つため、拘禁を行うことが可能である。逮捕の理由や留置の場所は通常、二四時間以内に被疑者の家族または所属する組織に通知しなければならないが、捜査に妨げがある、あるいは通知の方法がない場合には、その限りではない。例えば、国家の安全や安定に危害を加える可能性があると認定すれば、親族にも居場所を伝えることなく被疑者を拘束できる。また、被疑者を拘留した後の捜査のための身柄拘束期間は二ヶ月を超えてはならないが、内容が複雑な事件については延長を申請でき、「特に重大で複雑な事件」については全人代常務委員会の了承を得て、起訴を先送りできる。

このように、中国では「国家安全」の名の下に、基本的人権を侵害する行為が広く行われている。だから、人権派弁護士の妻たちは、夫がどこに拘留されているのかもわからず、二年も三年も行方を探し回り、外国政府や国際社会から支持を得ようと涙ぐましい努力をしているのだ。二〇一八年一月、憲法の改正など政治改革を求める公開書簡を発表した後、身柄を拘束された余文生弁護士の妻・許艶は、今年六月一七日、突然、江蘇省徐州市検察院の電話を受け、夫の裁判が昨年五月に秘密裏に行われ、同市の裁判所が国家政権転覆扇動罪で懲役四年、政治権利剝奪三年の有罪判決を下していたことを知った。二年半にわたり、彼女は法律を調べ、関係機関をまわり、夫を不当に扱わないよう訴え続けてきた。しかし、彼女が死に物狂いで活動する一方で、余文生弁護士には早々と有罪判決が下されていた。

5　香港にも「国家安全維持法」を導入

中国と同様の状況が香港でも当たり前になるのか。そう考えずにいられないのは五月二八日、中国の全国人民代表大会（全人代）が国家分裂や中央政府転覆を企図する反体制的言動を禁じる「国家安全維持法」を香港に導入する方針を圧倒的多数で可決したからだ。

「国家安全維持法」導入については、倉田徹氏執筆の「加速する香港民主化運動の『新冷戦化』」が詳述しているように、中国政府は香港の立法会での議論を迂回し、基本法一八条が規定する付属文書三に追加するという、無茶なやり方を強行した。ではなぜ中国は、このタイミングで「国家安全維持法」を制定するのか。この問いについて考えている時に、日本で長く生活している中国人の友人が、最近私に投げかけた言葉が頭に浮かんだ。――「香港はもともと中国のものじゃないか」

もちろんそうだ。中国はアヘン戦争に負け、香港を割譲せざるを得なかった。その屈辱を今こそ晴らしたいのだろう。しかしこれまで、「一国二制度」に基づいて高度な自治を認め、一定のルールに沿って国際社会との協調を模索してきたというのに、その基盤を簡単に崩していいのか。新型コロナウイルスの拡大によって、世界は大きな転換を迫られている。ここで、民主化を求めるデモが一向におさまらない香港にくさびを打つことで、これからの世界を中国が有利にリードできると踏んだのか。中国国内では経済成長が鈍化し、失業者や倒産が増加するなど、社会の不安定化が進んでいる。共産党政権は人々の不満が自らに向かうことを避けたいと考えているはずだ。香港が民主化の拠点として、中国本土に影響を与えることにも危機感を持っているだろう。

国家安全維持法が香港に施行され、香港の警察はより堂々と、デモを率いるリーダーとされる人物を逮捕し、中国政府を批判するチラシを撒く市民を威圧し、ＳＮＳで香港の高度な自治や独立を呼びかけるネット民に制裁を科している。そして、香港の人々は次々とソーシャルメディアの投稿を削除している。それは「国家安全」を脅かした証拠として採用されかねないからだ。欧米に支援を求める民主派の活動は、外国との結託とみなされる可能性が高い。二〇二〇年八月一〇日には、国家安全維持法違反の容疑で、『蘋果日報』（アップル・デイリー）の創始者でアメリカの政界に太いパイプを持つ黎智英（ジミー・ライ）や、日本ではよく知られている民主派政党「デモシスト」の元メンバーの周庭ら一〇人のメディア人や活動家が逮捕された。国家安全維持法に反対すれば、立法会選挙にも立候補できないだろう。学術界、報道の現場、市民運動においても大きな制限がかかるようになる。教員や企業の人員の採用に際して、運動への参加履歴や政治思想が問われることもあるだろう。

中国の南部では現在、香港、マカオを含むグレーターベイエリアの計画が進んでいる。香港は中国の一都市としてその中に組み込まれ、一流の国際金融都市としての輝きはもう見られなくなるかもしれない。人材や企業の流出も進むだろう。中国は二〇二〇年一月から「暗号法」を施行するなど、幅広い情報セキュリティーを統制する法律を整備している。ビッグデータをコントロールするという意味で、中国の右に出る国は存在しない。中国でビジネスを展開する外国企業も、中国のルールに従わざるを得ない状況に陥っている。

おわりに——監視社会下の民主主義

本稿は主に中国について論じたが、言論弾圧や権力濫用のリスクは、中国だけの問題ではなく、民主主義国家においても常についてまわる。日本では、二〇一三年一二月に「特定秘密保護法」が成立した。これは、漏洩すると国の安全保障に著しい支障を与えるとされる情報を「特定秘密」に指定し、それを取り扱う人を調査・管理し、それを外部に知らせたり、外部から知ろうとしたりする人などを処罰し（最高で懲役一〇年と一〇〇〇万円の罰金）、「特定秘密」を守ろうとするものだが、「特定秘密」とはいったい何を意味するのか。防衛、外交、特定有害活動（スパイ）、テロリズムの防止に関わる情報というが、具体的に指定するのは、その時々の政府や行政機関の長であり、何が秘密かわからないまま、国民が処罰される可能性もある。

二〇一七年六月には、犯罪を計画段階で処罰する「共謀罪」の構成要件を改め「テロ等準備罪」を新設する「改正組織犯罪処罰法」が成立した。これにより、実行されたかどうかにかかわらず、テロ組織や犯罪組織が行うであろう犯罪に加担した場合に罰則が科せられる。つまり、実際に犯罪が行われていない段階で検挙・逮捕されるのであり、市民の社会運動や抗議活動に適応される懸念も示されている。政府による国民への監視が合法化されたと批判する声も強い。

昨今の日本では、森友・加計問題、桜を見る会、黒川検事長問題、新型コロナウイルス対策に関する持続化給付金支給事務の委託問題、河井克行前法務大臣と河井案里参議院議員の選挙資金をめぐる疑惑など、政権が説明責任を果たしているとは到底思えない事案が続いている。メディア、市民、専門家の相互監視の目が弱くなれば、権力の濫用が起こり得る。公文書をしっかり管理し、情報公開を進めるよう、言論の自由を守り、開かれた討議ができるよう、私たちは政府や関係組織に働きかけなければならない。子どもたちが自由に考え、表現し、市民としての責任を果たすことができるよう、教育環境を整えることも重要だ。フェイクニュースに騙されず、質の高いメディアを評価できるよう、国民全体がメディアリテラシーを高め、不正を見抜く厳しい目を持たなければならない。民主主義の環境は常に更新することが必要であり、そのためには、市民的自由を圧殺しようとする動きを黙殺してはならない。

情報化は私たちの暮らしを便利にし、コミュニケーションを促進してくれたが、「敵」の存在をより明確に示すようにもなった。実際には、「敵」の輪郭をくっきりと描くことなどできないのだが。ビッグデータの時代、中国は強大な影響力を持つようになった。私たちは中国の現在のありかたへの警戒を強めなければならない。しかし同時に、自らの足元をしっかり見据えた上で、監視社会に抵抗し、民主主義を維持するために絶え間なく努力しなければならないのだ。

V

台湾

新型コロナウイルスの封じ込めで増した台湾の存在感

福岡静哉

（ふくおか　しずや）
毎日新聞社台北特派員
一九七八年生まれ。京都大学総合人間学部卒業。二〇〇一年、毎日新聞社に入社。政治部、外信部などを経て二〇一七年から現職。

台湾は新型コロナウイルス対策において世界トップクラスの「優等生」と言える。二〇二〇年八月一九日現在で感染確認数は四八六人、死者は七人にとどまる。その理由は何か。台湾にとって今回の成功に、どのような意義があるのか。現地での取材を通じて考えたことを書き記したい。

超前部署（チャオチエンブーシュー）――。台湾のコロナ対策では、この四字熟語が合い言葉となってきた。「最悪の事態を想定し、事前に最善の備えをする」という意味がある。台湾政府による用意周到な対策は、まさにこの「超前部署」を地で行くものだった。

中国当局が中国湖北省武漢市の医療機関で二七人が原因不明のウイルス性肺炎を発症したと発表したのは二〇一九年一二月三一日。台湾政府の対応は極めて早かった。この日のうちに武漢からの直行便に対して検疫を始めた。検疫官が飛行機の機内に乗り込んで、全乗客に対して健康に異常がないかどうかの確認や、体温測定などを行った。発熱や気管支炎などの症状が出て感染が疑われる人はウイルス検査を実施した。一月二三日までの約三週間で検疫は計三八便の四六二五人。一月二一日の台湾初の感染確認は、この検疫網にかかった武漢帰りの台湾人女性だった。当局は女性を隔離し、濃厚接触者四八人にも全員、二度ずつウイルス検査をして感染拡大を抑え込んだ。

二〇二〇年一月五日には早くも、武漢で発生した肺炎に関する専門家会議を開いている。中国当局と交渉し、一月一二日には現地に専門家を派遣、調査を実施した。まだ台湾で感染者が出ていなかった一月二〇日には、対策本部に当たる「中央感染対策指揮センター」（以下、センターと表記する）を立ち上げている。センターは政府の各部門で構成され、センター長には、衛生福利部長（厚生労働大臣に相当）の陳時中氏が就任した。

世界保健機関（WHO）は一月中旬の時点で、「現時点では人から人への感染が続いているという事態は確認されていない」との見解を示し、渡航制限の措置を取らないよう求めていた。だが台湾は独自の判断に基づき、矢継ぎ早に対策を打ち出した。一月二六日には湖北省在住の中国人の入境を禁止し、その他の地域の中国人についても訪台の手続きを原則として停止した。二月六日には中国人の訪台を禁止する措置に踏み切っている。

台湾の専門家たちの脳裏にあったのは、過去の痛ましい経験だ。台湾では二〇〇二年〜〇三年に世界的な流行が起きた重症急性呼吸器症候群（SARS）で、関連死も含め七三人が犠牲になった。〇四年に米疾病対策センター（CDC）をモデルにした防疫の司令塔機関「国家衛生センター」（NHCC）を設置し、公衆衛生の専門家の育成にも努めた。また感染症の拡大防止のために一定の強制的な措置を取れるよう伝染病防治法を大幅に改正した。新型コロナの感染が確認された一九年一二月末は、一月一一日に投開票が迫った総統選と立法委員（国会議員）選の真っ最中だった。蔡英文総統ら政治家は遊説などで多忙をきわめていたが、行政院（内閣）を中心に、防疫を担う専門家や職員たちが緊張感みなぎる初動対応を行った。SARSの際に経験を積んだ人も多く、感染症への危機感は強かった。

中国大陸にはビジネスや留学などで数十万人の台湾人やその家族が住むと言われ、中台間の交流人口は多い。しかも武漢から感染が拡大し始めた一月下旬は、ちょうど春節に当たり、一年で最も中台間の人の往来が多い時期。急激な感染拡大が起きてもおかしくなかった。だが三月一三日時点で感染確認を五〇人にとどめた。政府の「超前部署」な対応が奏功し、初期に感染拡大を封じ込めることができた。

ところが三月中旬ごろから感染確認数が急増する。原因は、感染が急速に広がった欧米などから帰国する台湾人が相次いだためだ。三月一八日には感染確認数が一〇〇人に達した。このうち七一人が海外からの帰国者で、国内の感染確認は二九人にとどめていた。ここでも台湾政府は果断な措置を取った。三月一九日、居住権を持つ人を除き、外国人の台湾入境を原則として禁じたのだ。台湾には年間一〇〇〇万人を超える観光客が来ており、経済への打撃は避けられない。それでも感染防止の徹底を最優先した。その後も海外から戻る台湾人を中心に感染確認者は急増し続け、四月一日には三二九人となった。それでも国内感染者を四五人にとどめ、感染ルートを追えない人はこの時点で一〇人だけだった。

感染拡大の危機を乗り切ることができた秘訣は、何なのか。一つずつ見ていきたい。

1　マスク工場を事実上、政府所有に

まず挙げられるのは、感染拡大防止に効果的とされるマスクの供給体制をいち早く構築したことだ。台湾の一日あたりマスク生産量は二〇二〇年一月時点で約一八八万枚だった。多くを中国など海外からの輸入に頼っていたためだ。政府はまず一月二四日、マスクの輸出禁止を発令した。二月初旬までには、政

総統府で記者会見に臨む蔡英文総統（左）と、衛生福利部長の陳時中氏（2020年4月1日、筆者撮影）

府が民間工場でのマスク製造や流通ラインを事実上、管理する仕組みをスタートさせた。悪徳業者による買い占めや高額での転売で、マスク不足が生じることを防ぐための措置だ。政府はマスクの生産ラインを急速に拡充させ、足りない労働力は軍人や予備役を投入して補った。こうした強制力を伴う措置は、SARSを受けて改正された伝染病防治法に基づき実行することができた。中央感染対策指揮センター長は、政府機関や民間団体を指揮、監督する強大な権限を付与されている。軍の動員のほか、民間の建物や物資を徴用でき、都市封鎖（ロックダウン）も法的には可能だ。

この結果、二月下旬には一日あたりの生産枚数を当初の六倍超に当たる一二〇〇万枚まで増やした。三月五日からは、指定の薬局で一週間に三枚（子供は五枚）までマスクを購入できる制度をスタートさせた。増産に伴い、三月末には一四日間で九枚まで購入できるようになった。一日あたりのマスク生産量は五月下旬、二〇〇〇万枚と当初の一〇倍を超えた。

指揮センターは、マスクの重複購入を防ぐため、大半の市民が持っている健康保険カードで購入記録を管理した。健康保険カードには、市民の身分証カードの番号が紐づけされている。マスクを販売する政府指定の約六〇〇〇店舗の薬局で、パソコン端末から健康保険カードを読み取れば、購入履歴のデータにアクセスできるようにした。さらに指揮センターは、各薬局のマスク在庫数に関するデータをインターネット上に公開した。大勢の市民がこのデータを使って、在庫数がひと目で分かるアプリを開発し、利便性が高まった。三月一二日にはオンラインでの予約が可能になり、薬局の長蛇の列が解消された。

さらに四月二二日からはコンビニで予約できるシステムが始まった。コンビニでは鉄道のチケットなどを購入する機器にマスク受け取り用のバナーが新たに登場し、健康保険カードを差し込めばすぐに予約できる。私は、ネット予約とコンビニ予約の両方を利用したが、コンビニでは一分で作業が終わり、その速さと便利さに驚いた。価格は九枚で手数料七台湾ドルを含めて五二台湾ドル（約一九〇円）と安価だ。ただ手数料を節約するために引き続き薬局でマスクを買う人もいた。こうしたマスク購入システムの迅速な「進化」は、日本でも一躍、その名を知られるようになったデジタル担当大臣、唐鳳（オードリー・タン）氏が主導した。

指揮センターは、マスク不足がほぼ解消された状況を踏まえ、四月上旬から公共交通機関でのマスク着用を義務づけた。罰金は最高で一万五〇〇〇台湾ドル（約五万四〇〇〇円）。地下鉄の改札には赤外線で体温を測定するサーモグラフィーが設置され、「マスクをつけていない人は罰金」と記したプラカードを手にした警備員が巡回した。私も駅構内を歩いていた時、マスクを耳にかけたまま口から無意識にずらしていたところ、警備員から厳しく注意された。マスク着用を拒否した人が罰金刑を科されたというニュースも報じられた。

指揮センターが、市民一人一人にきちんとマスクが行き渡るよう計画的に増産と流通管理をし、一定の強制力を伴う制度を果断に実行したことが、感染拡大阻止につながったと考えられる。

2　隔離対象者の厳格な追跡システム

次に挙げたいのが、隔離対象者の厳格な追跡システムだ。新型コロナウイルスの感染拡大を防ぐためには、感染の疑いがある人や濃厚接触者らをどれだけきちんと隔離できるかがポイントだ。台湾はこの点で強制的な措置を取った。携帯電話の位置情報機能を使い、隔離対象者が出歩いていないかを監視する仕組みだ。一四日間の自宅隔離を守らなかった人には、最高で一〇〇万台湾ドル（約三六〇万円）の罰金を科す。これは二月下旬に成立した新型コロナウイルス対策の特別法（厳重特殊伝染性肺炎防治及紓困振興特別条例）に基づく措置だ。実際に、ナイトクラブに遊びに出かけた人や、ネットカフェに行った人など、一〇〇万台湾ドルの罰金を科される人が相次いだ。三月下旬までで計二二九人が総額一八六六万台湾ドル（約六七〇〇万円）を科された。一方、きちんと一四日間の隔離に従った人は、計一万四〇〇〇台湾ドル（約五万円）の補償金を政府に請求できる仕組みになっている。

台湾政府は、海外から戻った人に無条件で一四日間の完全な隔離を義務づけた。徹底した隔離策を断行したため、三月中旬以降に急増した海外帰りの感染者から感染が拡大するのを食い止めることができた。

私は、オーストラリアから三月に帰省した男性（四一歳）に話を聞くことができた。当局は海外帰りの人に対し、公共交通機関で自宅へ戻ることを禁じている。男性は台湾北部の桃園国際空港に到着すると、まず検疫官から健康状態などを確認され、その後、政府が手配したバスに乗せられた。乗車中、マスク着用を義務づけられた。約四時間かけて台南市の実家まで送られた。バス代は通常より安かったという。

翌朝、里（町内会に似た末端の行政組織）の職員から電話があった。当局に伝えた携帯電話番号と住所が共有されていた。自宅にいるかどうかや健康状態を聞かれ、家族への感染防止策について丁寧に説明を受けた。そして職員は最後にこう言った。

「自宅を離れると厳しい罰金を科せられますよ」

午後、再び電話があった。職員は携帯電話の位置情報で男性の所在地を常に把握していると伝えた上で「一日二、三回は電話をします。自宅を離れたら警察官がすぐに駆けつけます」と警告した。

これで終わりではなかった。夜、すぐに担当職員に連絡するよう求めるメールが携帯電話に届いた。電話すると、職員はこう言った。「メールが届いた場合は必ず担当職員に連絡を取り、自宅にいると告げてください。そうすれば警察官が来ることはありません」。携帯電話を自宅に置いてこっそり外出していないかチェックするためだった。

その後も毎日、欠かさず数回の電話がかかってきた。男性は私の電話取材に「世界的な感染拡大を考えると厳しい隔離は当然です。台湾の方式は素晴らしいと思う」と話した。

ただ隔離対象者は多い時で四万人を大きく上回っていた。どうすればこれほど多数の隔離対象者に、丁寧な対応ができるのか。私は三月末、末端の行政組織である里にも取材をした。

「体温に変化はないですか？　困ったことがあったらいつでも言ってください」

台北市大安区の光武里（住民約七八〇〇人）。雑居ビルにある里の事務所を訪ねると、里長の韓修和さん（四二歳）が、自宅隔離中の女性と電話で話していた。光武里の隔離対象者はこの時点で約五〇人。健康状態や自宅にいるかどうかを確認するため、朝夕二回電話し、記録するのが韓さんの日課だ。

台湾全土は約七七〇〇の里に分かれている。里長は四年に一度の選挙で選ばれる公職で、小さな事務所も構える。給与や必要経費は地元の自治体から支給される。光武里を含む大半の里は、里長と職員一人の計二人体制。だが、光武里では三月中旬以降、常に四〇～五〇人の隔離者を抱えていた。

対象者は、携帯電話の位置情報で警察や衛生当局に監視されている。外出が分かれば、里長や派出所に通報され、里長や警察官らが駆けつける仕組みだ。新たな隔離者にはマスク一四枚や保存食などを配る。私が取材のため事務所を訪れた際も、ちょうど男性職員が保存食やマスクを入れた大きな袋をいくつも原付きバイクの足元に乗せ、配達に向かうところだった。この日も新たな隔離者が次々と光武里に到着したようだ。韓さんは「朝晩の電話をかけるだけでも一日に計六時間ほどかかる。一人暮らしの隔離者には毎日一回、食事も配達している。隔離がつらくて落ち込んでいる人を元気づける心理カウンセラーのような役割も果たしている。忙しくて目が回りそうです」と話す。取材してみて、現場の苦労は想像以上だった。こうした台湾ならではの地域社会のネットワークが、感染拡大を防いだと言える。

余談になるが、私はこの原稿を、香港での一四日間隔離の期間中に書いている。取材のため六月に台湾から入境したが、香港外からの渡航者は、一四日間の隔離が義務づけられた。香港空港では、厳格に隔離するため、位置情報機能のついた腕輪をはめられた。台湾でも一時期、こうした腕輪の装着を義務づけるよう求める意見が出たが、人権に配慮すべきだとの反対論が起きて実現しなかった。香港でも隔離中は滞在先のホテルの部屋から一歩も出られない。香港では台湾のような行き届いたサービスがないと事前に聞いていたため、私は食材や調理器具を持参し、室内で自炊してしのいだ。もちろん自己都合で香港に来ているから、仕方のないことだ。ただ、香港で自ら隔離を体験してみて、台湾の隔離政策がいかに、隔離される人の気持ちに寄り添ったものであるかを実感した。

3　政府への信頼感

台湾の感染症対策を語る上で欠かせないのが、中央感染対策指揮センター長を務める陳時中氏だ。陳氏は日本の厚生労働大臣に相当する衛生福利部長を二〇一七年二月から務めてきた。実直で手堅いとの印象はあったが、それまではあまり目立つ存在ではなかった。

陳氏は一月二一日以降、午後二時から毎日、記者会見に出て、質問に答えた。陳氏は歯科医出身のため、専門的な質問に対しては、陳氏の脇を固めた公衆衛生の専門家たちが一つ一つ丁寧に答えていった。陳氏と専門家たちは、質問が尽きるまで一時間でも二時間でも、記者たちの質問に答え続けた。「感染症対策は、政府が市民に信頼され、市民の協力を得ることが何よりも大切」との信念があったからだ。政府に対する不信感が募れば、市民は感染防止に関する政府の協力要請に応じなくなり、感染症対策は失敗する。

二月四日夜の記者会見では、陳氏が思わず涙を流す場面があった。この日、中国湖北省武漢市からチャーター便で戻った台湾人の一人に感染が確認されたためだった。陳氏は涙をぬぐいながら、こう語った。「皆さんは悲しく思うでしょう。こんなに努力しているのに（感染者が出てしまった）。しかしこれこそ、私たちが武漢在住者を台湾に戻す理由なのです。この人たちは、良くない医療環境にいて尊い命を落としたかもしれない。感染が確認されても、台湾に戻れば私たちが全力を尽くし、命を救います」

陳氏は、どのような場面でもほとんど表情を崩さず、冷静沈着に対応してきた。感染者を増やしてはならないという責任感。不眠不休で努力する職員たちへの思い。そして一人でも多くの命を救いたいという使命感――こうした感情が思わず涙となってあふれ出たのかもしれない。「部長、頑張れ！」「あなたが台湾にいて良かった」「この災難を克服するため台湾人は全

4月には新型コロナウイルスの感染確認が「ゼロ」となる日が相次ぎ、台北市の老舗ホテル「圓山大飯店」は「ZERO」（ゼロ）のライトアップが輝いた（2020年4月16日、筆者撮影）

力で協力する」。インターネット上には市民の激励の声があふれた。

二月一五日の記者会見では、自宅隔離者に位置情報が分かる腕輪を装着させるべきだと台北市長が主張したことについて、質問が出た。私も体験した香港の方式だ。陳氏はこう述べた。「隔離対象者は肉の塊ではない。人間です。思いやりに満ちた制度を作り、社会で支えることが解決につながります」

陳氏は、素朴な話しぶりと温かいコメントから「定心丸」（安心させてくれる人の意味）と呼ばれ、台湾の雑誌が「鉄人大臣一〇大語録」と特集を組んだ。

中国・武漢から多くの台湾人が退避してきた三月一〇日から一一日にかけては対策本部と空港を行き来し、徹夜で対応した。一一日午前、二五時間連続勤務の状態だったんが記者会見に臨み、退避の状況などについて丁寧に説明した。ネット上では「感動した」「少しは休んで」と支持やねぎらいの書き込みが相次いだ。三月二六日に大手テレビ局「TVBS」が発表した世論調査で陳氏の支持率は空前の九一％に達した。陳氏は台湾で「鋼鉄大臣」と呼ばれるようになっていた。このころ、まだ「鋼鉄大臣」を紹介した日本語の記事は私が知る限り、見当たらなかった。私は考えた末に「鉄人大臣」と訳し、三月二七日の『毎日新聞』朝刊に、陳氏の活躍ぶりを紹介する記事を書いた。

四月一三日の記者会見も印象的だった。その前日、記者が「ピンク色のマスクは、からかわれる」と不安がる男児の話を紹介した。子供は二週間に一〇枚のマスクを買えたが、色は指定できない。すると陳氏ら出席者全員が一三日の会見にピンク色のマスク姿で登場。「ピンクはいい色」とアピールし、台湾企業がSNS上の自社ロゴをピンクにするなどの運動に広がった。

私自身、台湾に暮らしていて、陳時中氏が率いる指揮センターの徹底した対策と、市民に寄り添った姿勢に、強い安心感を覚えた。携帯電話の位置情報による監視といった私権の制限や、地下鉄でのマスク着用の義務づけ、厳しい罰金といった強制的な制度は、ともすれば市民の反発を招きがちだ。とりわけ、台湾は国民党による一党独裁体制を打破し、一九八〇年代後半以降に民主化を成し遂げた歴史がある。中高年層には独裁政権時代の記憶があり、人権や自由、民主主義を重視する姿勢は市民の間に深く根づいている。だが三月二六日発表のTVBSの世論調査で、台湾の防疫対策に「満足」と答えた人は八四％に達した。政府が説明責任をきちんと果たし、市民の心配を取り除くよう努めたことで、政府と市民の間に「ともに頑張ろう」という一体感が生まれた。これが台湾の成功の秘訣と言えるだろう。

台湾政府は六月七日、市民に課していた規制を大幅に解除した。潜伏期間（一四日）の四倍に当たる五六日連続で国内感染者が確認されなかったためだ。六月七日時点の感染確認四四三人のうち、海外移入は外洋から帰港した軍艦の事例を含め三八八人。国内感染は五五人だけだった。六月七日を最後に、記者会見は毎日から週一回に変更となった。陳時中氏は一四〇日連続で記者会見に出席し続けた。まさに不眠不休の仕事ぶりだ。

蔡英文政権が置かれた政治環境も、新型コロナウイルス対策の成功を検証するために、見逃せない点だと思う。

4　「上昇気流」で迎えたコロナ危機

蔡英文政権は二〇一八年末ごろまで、「どん底」の苦境にあったと言ってよい。このころ、二〇年一月一一日の総統選で蔡氏が再選されると考えている人は極めて少数だった。

蔡政権は二〇一六年五月二〇日に発足した。民間団体「台湾民意基金会」の世論調査で、蔡氏の支持率は発足時、六九・九％に達した。だが清新さを欠いた閣僚の顔ぶれが「高齢、男性、国民党系」と強い批判を浴び、支持率が急落した。蔡氏は年金改革や労働法制改革といった難題にあえて正面から取り組み、さらに支持率を落とした。一八年一一月にあった統一地方選挙では、最大野党・中国国民党（以下、国民党と表記する）の韓国瑜氏が高雄市長選に出馬し、大衆的な風貌と歯に衣着せぬ話しぶりで大きなブームを巻き起こした。蔡政権は強い逆風にさらされた。与党・民主進歩党（以下、民進党と表記する）は焦点の二二県・市長選で、首長ポストを選挙前の一三県市から六県市に半減させ、惨敗した。二〇年にわたり守り続けてきた高雄市の市長職も韓氏に奪われた。逆に国民党の首長ポストは選挙前の六県市から一五県市に躍進した（残り二県・市は無所属候補が当選）。蔡総統は責任を取って民進党主席（党首）を辞任した。台湾民意基金会の一八年一二月の調査で、蔡氏の支持率は二四・三％まで落ちた（上図参照）。

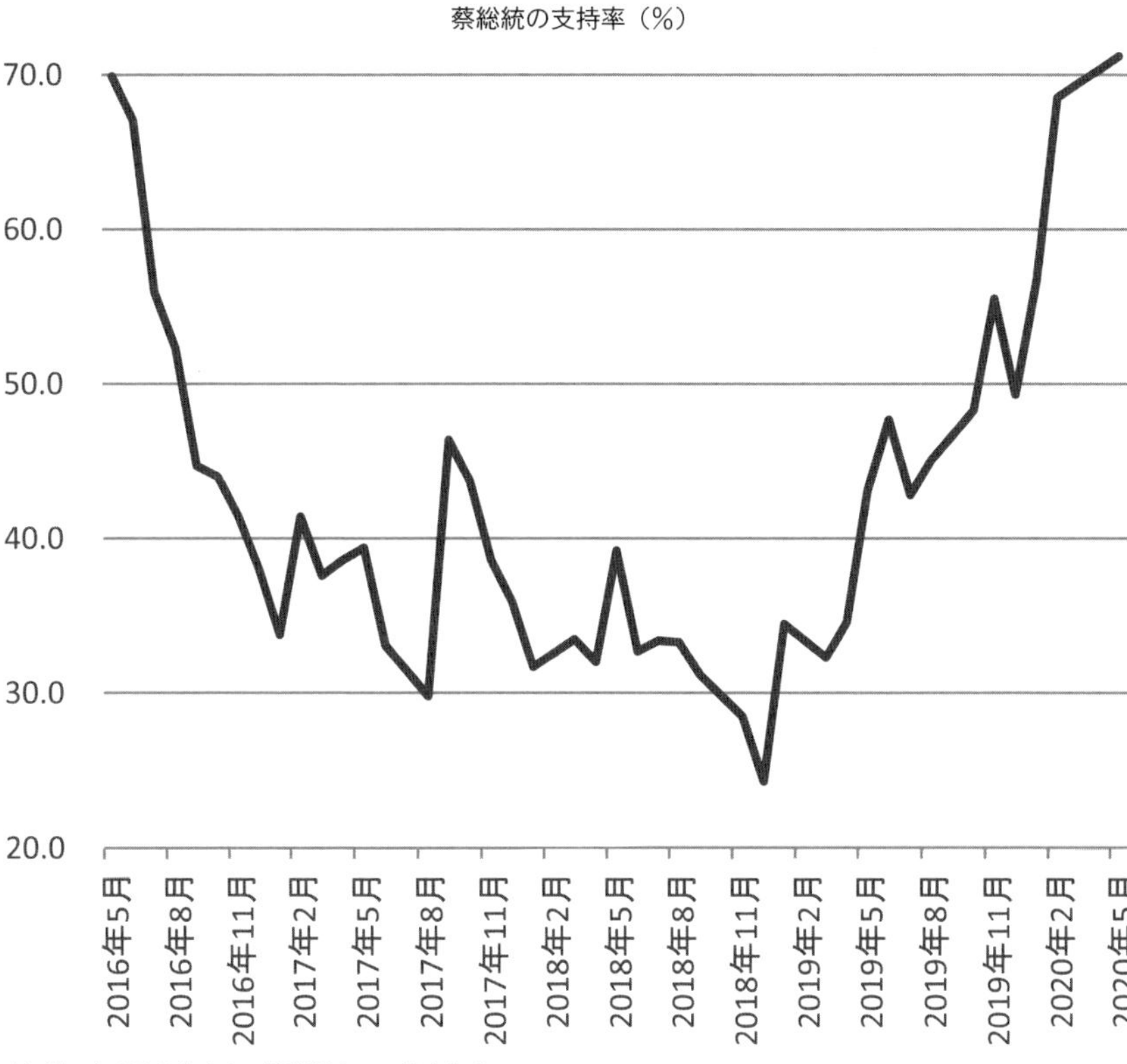

（出所）台湾民意基金会の世論調査より筆者作成

民進党は二〇二〇年総統選に向け、党公認候補の選出作業を控えていた。台湾の総統は連続二期八年まで務めることができるが「蔡氏が再選を目指して出馬することは極めて難しく、人気のある頼清徳行政院長（当時）が党公認候補となるだろう」という見方が大勢を占めた。だがここで、蔡氏にとって幸運とも言える出来事が起きた。

中国の習近平国家主席は一九年一月二日、台湾政策に関する「重要演説」を行った。ここで「一国二制度」による台湾統一を繰り返し強調した。蔡氏の反応は早かった。同じ日に緊急記者会見を開き、「大多数の台湾人の民意は一国二制度に断固、反対している」と強く反発した。習氏の発言は、台湾アイデンティティ（台湾人意識）を強く刺激し、これを機に、台湾の民意の流れが変わった。蔡氏の支持率は一九年一月に三三・四％、五月には四三・一％まで回復した。奇しくも習氏が蔡氏を「アシスト」した形だ。

さらに六月九日、香港から蔡氏の背中に強烈な追い風が吹いてきた。拘束された香港市民を中国当局に引き渡すことを可能にする「逃亡犯条例改正案」に反対する大規模デモが起きたのだ。香港に適用された一国二制度はもともと、中国共産党が台湾統一のための方策として編み出した制度だ。少しずつ自由を剝ぎ取られていく香港の様子に、多くの台湾人が「今日の香港は、あすの台湾」という強烈な不安に襲われた。中国に毅然と対応する蔡氏の支持率はさらに上昇を続けた。対照的に、中国との融和路線を取る国民党は強烈な逆風に見舞われた。蔡氏は民進党公認候補として二〇二〇年一月一一日の総統選に出馬し、国民党から出馬した韓国瑜氏に史上最高得票で圧勝した。蔡氏の支持率は二〇年一月、五六・七％に達した。新型コロナウィルスの問題はちょうど、政権が絶好調の上昇気流に乗っているタイミングで起きた。

仮定の話になるが、もしも蔡政権の支持率がどん底にあった二〇一八年ごろに新型コロナウィルスの問題が起きていたら、どうだっただろうか。陳時中氏や唐鳳氏といった、コロナ対策で高い評価を受けた人材は一八年時点で既に内閣のメンバーだった。だが私は、私権の制限や各種の強制的な措置が反発を招いていた可能性があると感じる。台湾の世論は良くも悪くも、極端なほど「ムード」に流されるところがある。支持率が低下した総統は何をやっても批判の対象にされ、逆に支持率が高い総統の政策は、少しくらいの失点は見逃される。

中国に対して初期の段階で厳しい措置を取れたのも、対中関係が悪化した政治環境がたまたま奏功したと言えるかもしれない。

国民党の馬英九政権（二〇〇八〜一六年）は中国との関係改善を進め、中国本土から台湾への訪問者は一五年に四一八万四一〇二人と、訪問者全体（一〇四三万九七八五人）の約四〇％を占めた。だが中国の習近平指導部は、「独立志向」があるとみなす蔡英文政権への圧力として、台湾の観光業界に打撃を与えるため、中国本土からの訪問者を激減させた。その結果、一八年には二六九万五六一五人まで落ち込んだ。それでもまだ中国本土は、台湾訪問者の国・地域別ランキングで一位だった。

中国政府はさらに一九年八月、台湾への個人旅行を禁止。九月には月間の台湾訪問者数で一九万三五六人の日本が一位となり、中国本土は一一万六〇三七人にまで落ち込んでいた。これは九月の台湾訪問者全体（七九万四四一五人）の一四％に過ぎない。中国人の入境を止めても観光業への打撃は限定的であることに加え、香港問題で台湾世論は全体に「対中強硬」に傾いていた。このため、早期に中国人の台湾入境を禁止する措置を取ることができる環境があったと言えよう。

再び仮定の話になるが、二〇一六年総統選で国民党の朱立倫氏（元新北市長、元党主席）が当選していたら、どうだっただろうか。中国とのパイプが強みである国民党にとって、真っ先に中国人の入境を禁じることは政治的に容易ではないだろう。「朱政権」が蔡政権のように初期段階で中国に厳しい措置を取れていたかどうか、疑問と言わざるを得ない。

5　台湾ならではの成功要因と課題

台湾では四月一二日、世界に先駆けてプロ野球が開幕した。五月八日には一試合一〇〇〇人以下との条件で、観客の動員も解禁した。観客は体温測定と消毒を済ませ、スタンドでは一定の距離を保って着席した。

私は五月八日、北部・新北市の新荘球場であった開幕試合を取材した。試合の開始前にあったセレモニーがとても印象的だった。まず軍の精鋭六〇人が登場し、約六〇〇平方メートルの巨大な青天白日満地紅旗（中華民国国旗）を広げた。続いて最前線で感染防止対策を担った化学部隊の兵士らが防護服姿で現れ「防疫の英雄たち」と紹介された。スタンドから兵士たちに割れんばかりの拍手が送られる光景は、まるで、戦争に勝って凱旋する将兵を迎えるようだった。

海峡を挟んで常に中国という「敵」の軍事的脅威にさらされている台湾では、中国から拡大したコロナ問題は、「戦時」に近い感覚でとらえられていた。実際に、多くの政治家や市民がコロナ対策を「戦争」に例えていた。「戦争」に勝つためには一定の私権の制限はやむを得ない――。そうした意識が働きやすい環境があったのかもしれない。これは日本とは大きく異なる点だ。

取材を通して感じたもう一つの日本との相違点は、政治にみなぎる緊張感だ。

台湾は李登輝総統（国民党）時代の一九九六年、総統を市民が直接選挙で選ぶ制度が始まり、二〇〇〇年には民進党の陳水扁総統が初めて政権交代に成功した。その後は八年ごとに民進党と国民党の間で政権交代を繰り返している。

蔡英文政権は、支持率が落ち込んだどん底から奇跡的に這い上がり、二〇二〇年一月の総統選で再選されたが、同時にあった立法委員（国会議員）選挙で、与党・民進党の比例得票率は三四・〇%にとどまった。国民党の三三・四%とほぼ変わらない。国民党は一定の支持基盤を維持している。蔡政権は「失敗すれば政権を失うかもしれない」と民衆の目を恐れるため、市民生活や有権者の思いに必死で寄り添おうとし、政策の改善に生かす。陳時中氏が記者の質問が途切れるまで答え続けるのも、民意重視の表れと言えるだろう。

台湾ではデモが日常的に起きる。日本に比べ「政治が自分の生活を左右する」ととらえている人が多い。民意は揺れ動きやすく、ともすれば政治が混乱する。だが、こうした有権者の政治に対する熱い視線こそが、民主主義を前に進めるエネルギーだろう。SNS上では「日本にも、台湾のように優秀な専門家の大臣がほしい」という嘆きをよく目にする。しかし参考にすべき点はむしろ、政治を動かす民衆のチェック能力だと私は思う。

一方で、今回の政府の対応について、成功の陰に隠れた課題を指摘する声もある。とりわけ問題になったのは、新型コロナ対策の特別法七条だ。そこにはこうある。

「感染症対策指揮センター長は感染拡大を防止、抑制するために必要な対応や措置を取ることができる」

台湾の憲法には「緊急命令」条項があり、大災害や疫病などの際に総統が強制力のある命令を下すことができる。しかし発令には行政院長の同意に加え、発令から一〇日以内に立法院（国会）の追認を得ることが必要だ。立法院が認めない場合、命令は無効となる。

しかし、新型コロナ対策の特措法には、指揮センター長の権限を制約する規定はなく、行政院長の同意や立法院の追認もいらない。指揮センター長は、新型コロナ対策に限れば、総統を上回る強大な権限を有しているとさえ言えるかもしれない。立法院の審議では野党から「権限に一定の制限を加えるべきだ」との批判が出た。当局が防疫を理由に医療関係者や高校生以下の児童・生徒の海外渡航を禁止した際、政府は「防疫のために必要で、特別法七条に基づき合法だ」と説明した。野党やメディアからは「移動の自由への侵害だ」と反発が相次いだ。

台湾中央研究院法律学研究所の邱文聡・副研究員は私の取材に対し、こう警鐘を鳴らした。「危機の際の人権に対する一定の制限は、民主主義に対する潜在的な危険性をはらんでいる。その上、テクノロジーの進歩で、人権やプライバシー侵害につながるシステムの構築は容易だ。『良き総統』が政権を担ううちはいいが、もしも権力を乱用する政権が現れた時に、今回を前例として同様の法律を策定すれば、歯止めがきかなくなる危険性がある」

蔡政権が新型コロナウイルス対策を利用して権力を乱用したとは、私は思わない。ただ、防疫と人権の保障についてどうバランスを取るかは、どの国にとっても極めて難しい課題と言えよう。

6 国際社会で増した台湾の存在感

台湾は二〇二〇年六月現在、一五カ国としか外交関係を有していない。蔡政権の発足時は二二カ国あったが、中国の外交攻勢によって次々と断交に追い込まれたためだ。新型コロナウイルス対策での成功は、台湾が国際社会において存在感を発揮する空間を広げる契機となった。その一つが世界保健機関（WHO）へのオブザーバー参加問題だ。

台湾（中華民国）は一九七一年、中国との争いに敗れ、国際連合から離脱した。さらに七二年にはWHOからも離脱した。李登輝総統時代の九七年以降、台湾はさまざまな形でWHO総会への参加を模索したが、これに反対する中国に阻まれてきた。SARSが流行した際、台湾はWHOから十分な情報提供を受けられず、深刻な危機に陥った。当時、防疫対策を担当閣僚として指揮したのは、二〇年五月二〇日まで蔡英文政権で副総統を務めた陳建仁氏。二〇年五月一四日にあった陳氏の記者会見で、私はこの点について質問してみた。陳氏はこう説明した。「SARSのウイルスのサンプルを当初、WHOが提供してくれず、患者の感染確認検査ができなかった。各方面に提供を依頼し、最終的に米国が提供してくれた」

政治的な理由で健康や人命を脅威にさらしたのだとすれば、どのような理由があったとしても、賢明な行為とは言えないだろう。WHO憲章にある「健康は基本的人権である」との原則や、国連の持続可能な開発目標である「誰も置き去りにしない」とのビジョンにも矛盾する。だが台湾はその後も、WHO総会への参加を阻まれ続けた。

ところが対中融和路線を取る国民党の馬英九政権が二〇〇八年に誕生すると、中国は態度を変えた。〇九年五月の総会には

WHO事務局からオブザーバーとしての参加を求める招請状が届き、台湾の代表団は参加を許された。招請状を出すかどうかの権限を有する事務局長はこの当時、香港政府元高官のマーガレット・チャン氏だった。チャン氏は台湾を招いた判断について香港メディアに「中国と協議した」と明かしている。

だが、民進党の蔡英文政権が発足した後の二〇一七年五月、WHOから招請状が届かなくなった。中国が蔡政権に圧力をかけるため、チャン氏と協議した結果だろう。一七年七月にチャン氏の後任の事務局長に就任した元エチオピア外相、テドロス氏も中国側の意向を尊重し、一八、一九年も台湾に招請状を出さなかった。

台湾は二〇一九年一二月三一日の時点で、WHO事務局に対し、武漢で人から人への感染が起きている可能性を示唆するメールを送っていた。だがWHO側はこれに返事をしなかった。WHOが一月中旬の段階でも「人から人への感染が続いているという事態は確認されていない」との見解を示していたことは前にも触れた。日本政府を含む各国政府は、WHOの見解も参考にして政策立案をしたため、水際対策で遅れを取った観は否めない。しかしWHOからの情報収集を期待できない台湾は、独自の判断で先手の対応を打ち続けた。WHOから排除されていたことでかえって、防疫の成功につながった側面もあると言えよう。

台湾の成功は、海外の大手メディアでも大々的に取り上げられ、各国の政治家からも称賛が相次いだ。台湾はさらに量産したマスクを欧米や日本、東南アジア諸国などに次々と贈る「マスク外交」を展開した。日本にも四月に約二〇〇万枚のマスクが贈られた。

二〇二〇年のWHO総会は五月一八、一九日にオンライン形式で計画されていた。台湾は「コロナウイルスを封じ込めた経験を世界と共有できる」とオブザーバー参加への支持を国際社会に訴えた。日米やカナダ、ニュージーランドなど多くの国が賛意を表明し、これまで以上に、台湾の参加を要求する声が広がりを見せた。中国が最後まで譲らず、結局、台湾が招請されることはなかった。だが、新型コロナウイルス対策の成功とWHO参加要求運動を通じて、台湾が国際社会で存在感を高めたことは間違いない。また一連の対応で閉鎖的な印象が強まった中国と対照的に、「自由」「民主」を掲げて情報公開と透明性を徹底させながら新型コロナウイルスを封じ込めたことで、国際社会での台湾のイメージは格段に上がった。

最後に触れておきたいのが、日本と台湾の関係だ。

新型コロナウイルスは猛威を振るい、世界中で多くの市民が命を落とし、職を失った。悲しみの中から「コロナ後」に向けた明るい話題を探せないだろうか。台湾で取材していて私が感じたのは、コロナ後の新たな日台関係だ。

台湾で「日本」の存在感は大きい。日本チェーンの飲食店が建ち並び、家電製品や車も日本製があふれる。驚いたことに「芥川賞」「徳川家康」「小室哲哉」といった日本にちなんだ名前を持つマンションすらある。不動産関係者に聞くと「高級感が出るから好まれる」と教えてくれた。

ところが二〇二〇年二月ごろから、台北で多くの台湾人に、こう言われるようになった。「日本はいったい、どうしてしまったのか？」。原因は新型コロナウイルスを巡る日本政府の対応だ。横浜港に停泊したクルーズ船で感染拡大を招き、市中感染も増えて死者が相次ぐ様子は、台湾でも連日報道された。「日本のコロナ対応には失望した」という声も多く聞いた。日本ブランドが揺らいでいる――。私はそう感じた。その後、欧米でも感染拡大が広がったため、日本の対応について話題になることは少なくなった。とはいえ、少なくない台湾人が「台湾は防疫に関しては、日本よりも優れた対策を取った」と感じている。

一方、台湾のコロナ対策の成功を機に、日本における「台湾」の存在感は、これまで以上に高まったように思う。

振り返れば、日本での「台湾熱」は二〇〇〇年代ごろまで、さほど広がっていなかった。私自身、学生時代の〇一年に初めて台湾を訪れるまでは、恥ずかしながら、台湾についてあまり知らなかった。政治大学（台北市）の李世暉教授は「〇一～〇六年に京都大学で学んだが、台湾の場所を知らない京大生に会って驚いた」と私に話してくれた。こうした逸話は、よく耳にする。

大きな転機は二〇一一年だった。三月の東日本大震災で台湾から二〇〇億円以上の義援金が送られ、多くの日本人が感謝の涙を流した。この後、地震や災害が起きれば、日台が互いに義援金を送りあい、ボランティアで被災地に駆けつける関係が生まれた。一一年一一月には、日台当局間で、航空便の規制を大幅に緩和する「日台オープンスカイ協定」を締結。台湾と日本の地方都市を結ぶ航路が相次いで就航し、日台の就航便が急増した。日台の交流人口は一〇年に計約二四五万人だったが、一九年には計約七〇五万人へと急増した。

だが台湾から日本に行く人数が約四八九万人であるのに対し、日本から台湾を訪問する人は約二一六万人にとどまる。日本の人口が台湾の約五倍であることも踏まえると、その差は歴然としている。このため「日台関係は台湾側の片思い」（台湾当局者）との嘆きを聞くことも少なくない。

しかし今回、台湾が新型コロナウイルスの感染拡大を封じ込めたことで、日本で台湾への関心がひときわ高まっていると感じる。陳時中・衛生福利部長やデジタル担当大臣の唐鳳氏といった有能な閣僚が活躍する様子は、日本でも大きな注目を浴びた。また台湾から二〇〇万枚のマスクが贈られ「日本が困難にある時、まず助けてくれるのは台湾」との好印象が広がり、日台の絆はさらに深まった。

新型コロナウイルスが終息し、日台の航空便が通常に戻れば、これまで以上に多くの日本人が台湾を訪れるに違いない。日台が「両思い」の関係に近づいていくと、私は期待している。

苦悩のもとはウイルスか、米中対立か
──台湾経済の立て直しと台湾企業の軌道修正

佐藤幸人

（さとう　ゆきひと）
ジェトロ・アジア経済研究所研究推進部長
専門は台湾の政治経済学分析。著書に『蔡英文再選──二〇二〇年台湾総選挙と第二期蔡政権の課題』（小笠原欣幸、川上桃子、松田康博との共著、アジア経済研究所、近刊）、『東アジアの人文・社会科学における研究評価──制度とその変化──』（編著、アジア経済研究所）、「台湾と中国の経済関係」、若林正丈・家永真幸編『台湾研究入門』（東京大学出版会）などがある。

台湾は早期に防疫体制を整え、新型コロナウイルスの感染拡大を抑制することに成功し、国際的に称賛されている。しかしながら、それでも内部における経済活動は一定期間、一定程度、制限せざるをえず、また世界経済が収縮したため、他の国々と同様、コロナウイルスによる打撃を免れてはいない。感染の防止に目途が立った二〇二〇年六月現在、政府は経済の立て直しを急いでいる。

一方、企業に目を向けるならば、悩みの種はコロナウイルスだけではない。新世紀に入って、台湾の製造業の多くは中国への生産のシフトを加速しながら発展してきた。それは中国が世界の工場となる推進力のひとつでもあった。しかしながら、その帰結として中国の生産コストが上昇し、台湾企業の収益を圧迫するようになった。

さらに近年、米中間の対立が先鋭化するなか、アメリカの措置によって、中国で生産した製品をアメリカに輸出するという、台湾企業の従来のモデルが制約を受けるようになっている。米中の対立は貿易摩擦を超えて情報セキュリティへの懸念、技術覇権をめぐる争いへと展開し、世界経済のデカップリングの可能性が浮上している。それは中国を拠点にしながらサプライチェーンのグローバル化を担ってきた台湾企業に対して、軌道修正を迫るものである。

本稿では、コロナ禍のなか、台湾の経済と企業がどのような状況にあり、どのように困難に立ち向かっているのかについて、スケッチを提示する。はじめに台湾経済の現況を説明し、政府の取り組みを示す。次にコロナウイルスの感染拡大の台湾企業に対する影響について、中国のコストの上昇や米中対立とあわせて検討する。第三に、特に台湾を代表する企業であるTSMC（台湾積体電路製造）を取り上げ、コロナウイルスと米中対立の作用について考察を深める。

1　苦しむサービス業、電子産業の輸出は好調

二〇一九年の台湾経済は通年で二・七一%の成長を達成し、堅調であった。しかし、コロナウイルスの感染拡大の影響は早くも二〇二〇年第1四半期には現れ、図1に示すように前年の第4四半期と比べて一%近いマイナス成長となった。第2四半期の成長率も一%あまりのマイナスが見込まれている。

マイナス成長は雇用の悪化に直結している。二〇二〇年一月から五月までに就業者は六万九〇〇〇人減少し、失業者は四万七〇〇〇人増加した。特に四月に大きく変化している。失業率をみると（図2）、二〇一九年はほぼ三・七%台で安定していたが、二〇二〇年三月から上昇を始め、四月に一気に四・一〇%まで急上昇し、五月には四・一六%に達している。

台湾では企業の不振時に、無給の一時帰休（「無薪假」）が行われることが多い。この数も増加している。二〇一九年第4四半期から二〇年二月にかけては、無給一時帰休を実施する企業が五〇社前後、対象者は多くて三〇〇〇人あまりだった。それが三月には三〇〇社あまり、八〇〇〇人近くに増え、四月には九〇〇社あまりと一万九〇〇〇人近く、五月には一三〇〇社あまりと二万六〇〇〇人あまりに激増した（労動部ウェブサイト）。

GDPの支出面でみると、打撃の大きかったのは民間消費である。政府はGDPの各項目については対前年同期比のみ発表しているが、それによれば二〇二〇年第1四半期の民間消費の成長率はマイナス一・五八%となっている。生産面でみればサービス業が低迷し、なかでも宿泊・飲食サービス業の落ち込みが大きく、二〇二〇年第1四半期の生産は対前年同期比一一・八一%の減少となっている。このように、台湾においても日本などと同様に、コロナウイルスの感染拡大を防止するため、人々の外食や旅行が大幅に抑制されたため、関連するサービス業が活動の縮小や停止に追い込まれ、経済全体が停滞することになったのである。

一方、民間消費以外の支出項目、宿泊・飲食サービス業以外の産業は比較的、堅調だった。支出面では民間消費以外の内需、すなわち政府消費と総資本形成の対前年同期比の成長率はプラスであった。貿易は輸出入とも、国民経済計算上は対前年同期比でマイナスとなったが、これはインバウンド、アウトバウンドともに旅行が減少し、サービス貿易が縮小したこととともに、定義の変更によるところが大きい。通関統計でみれば、第1四半期の輸出は対前年同期比三・六七%の増加、輸入は三・四五%の増加であった（米ドルベース）。特に輸出では、主力の電子部品において二〇%という大幅な増加がみられた。これは在宅勤務の広がりによって生じた、パソコンなどに対する世界的な需要の増大に牽引されている。

生産面では、製造業の第1四半期の対前年同期比成長率が六・五一%と高かった。前述のように、パソコンなどの巣ごもり需要の増大による電子部品や電子製品の生産拡大が大きく寄

図1　四半期の成長率（季節調整済み）

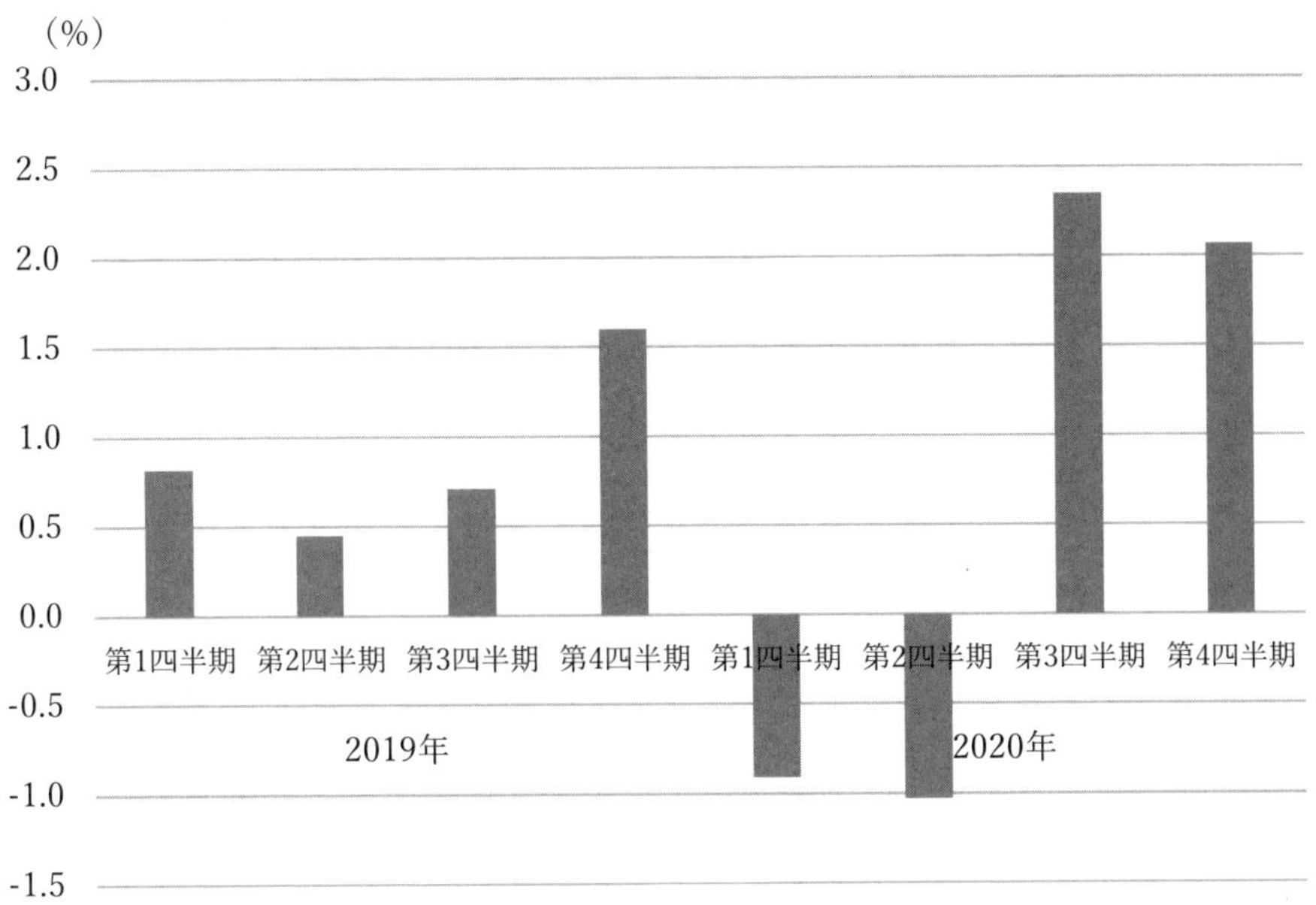

（注）2019 年第 4 四半期は修正値、2020 年第 1 四半期は暫定値、第 2 四半期以降は予測値。
（出所）行政院主計総処「国民所得統計及国内経済情勢展望」2020 年 5 月 28 日より作成。

図2　失業率（季節調整済み）

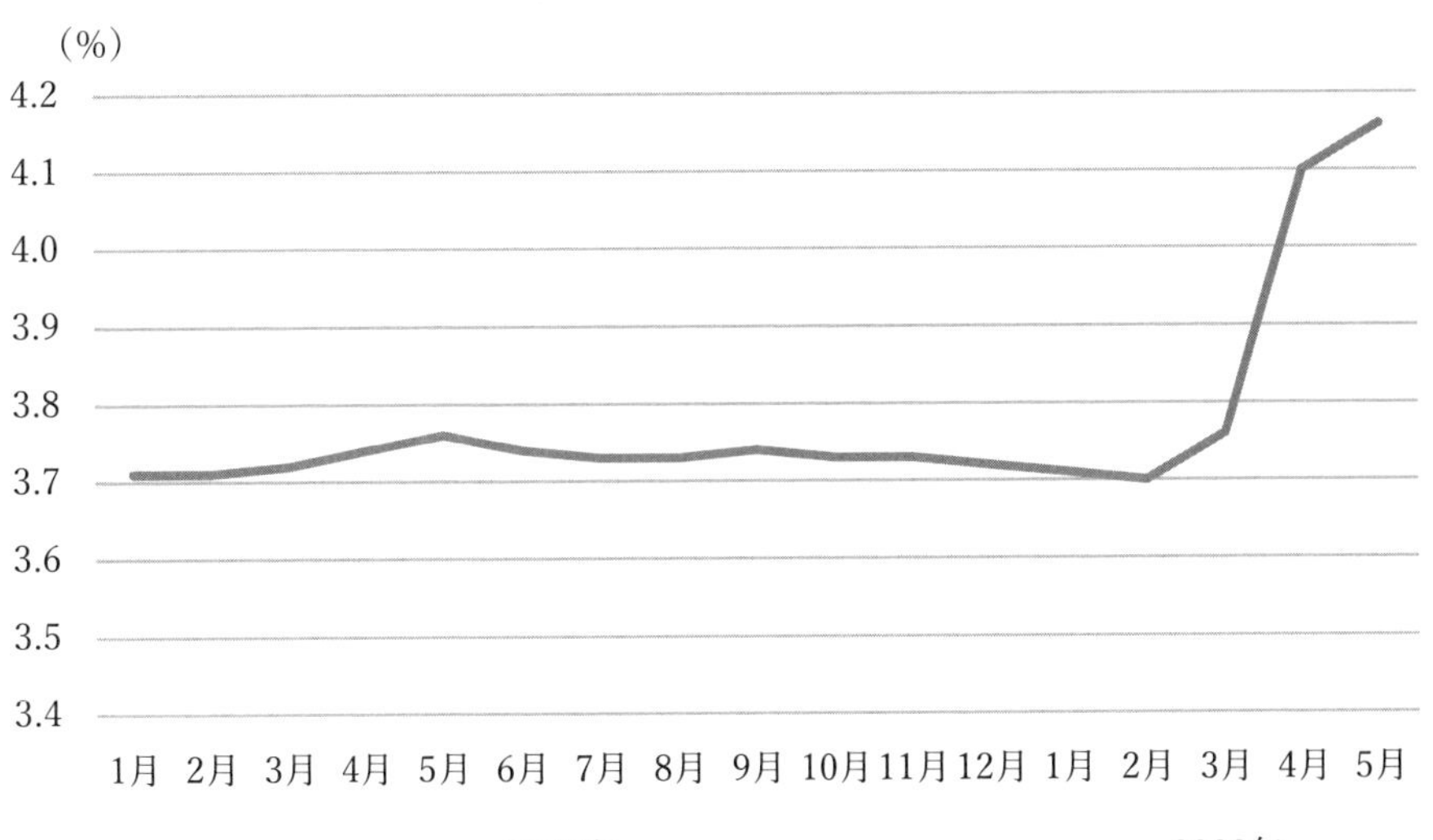

（出所）行政院主計総処「109 年 5 月人力資源調査統計結果」2020 年 6 月 22 日より作成。

与している。建設業や他のサービス業も成長を維持している。

このように、台湾においてもコロナウイルスによる経済的な打撃は小さくなく、政府は防疫とともに、経済的な対応にも追われることになった。当初は主として、経済活動の抑制によって困難に陥った人や企業の救済に取り組んでいたが、防疫に目途がつくのにともなって、経済の立て直しに軸足を移している。政府による取り組みは多岐にわたるが、その中心となっているのは政府の補助を使った消費の掘り起こしである。

消費を促進する政策の目玉が、七月から始まることになった「三倍券」である（経済部中小企業処ウェブサイト）。コンビニエンスストアや郵便局で、現金一〇〇〇元（二〇二〇年六月現在、約三六〇〇円）を三〇〇〇元に相当する金券に換えることができるという仕組みになっている。クレジットカードやスマホ決済などの場合、三〇〇〇元を使うと二〇〇〇元が還元される。夜店を含め、広く使えるが、eコマースは原則として除外されている。これは打撃の大きかったリアルの店舗で消費することを促すためである。政府は約五〇〇億元の予算を組み、一〇〇〇億元の消費を創出できると見込んでいる。

特に打撃の大きかった観光業に対しては、七月から「安心国内旅行補助プログラム（安心旅游国旅補助方案）」が実施される（交通部観光局ウェブサイト）。一〇人以上の団体旅行に対しては、全体で三万元を上限として、一人一日七〇〇元が補助される。離島に行く場合など、条件によってはさらに上乗せがある。個人旅行に対しては、一部屋の宿泊に対して一〇〇〇元の補助がある。そのほか、七月と八月、高校生以下はテーマパークの入場料が免除される。また、観光バスに二人で乗る場合、一人は無料となる。このプログラムの予算は三九億元、効果として延べ六三八万人の旅行客と、二三五億元の直接、間接の観光収入を期待している。

2　新型コロナウイルスは在中国台湾企業にとって第三波

台湾製造業の中国への移転は一九八〇年代末から始まり、二〇〇〇年代に入って加速した。現在では多くの台湾企業が中国で活動しているが、彼らにとって、新型コロナウイルスはその経営を圧迫する第三の波となっている。第一波は中国のコストの上昇であり、第二波は米中の対立である。

改革・開放後、中国経済は持続的に発展し、新世紀に入って世界第二の経済大国となった。経済発展の結果として、賃金をはじめとするコストは大幅に上昇した。台湾企業の多くが中国にシフトした元来の理由は低コストであった。しかし、その条件が急速に失われることになったのである。もちろん、今の中国にはそれ以外のアドバンテージもある。当初は労働集約的な部門の移転が先行したが、その後は部品や材料のサプライヤーの移転も進み、中国で容易に調達できるようになった。また、経済発展のもうひとつの結果として、市場が拡大し、中国の新たな魅力となっている。

台湾企業はコストの上昇、部品や材料の容易な調達、拡大した市場といった条件を勘案しながら、去就を検討するようになった。コストを重視する企業は中国を離れ、東南アジアなどよりコストの低い地域にシフトしている。

このような動きに拍車をかけることになったのが、トランプ政権誕生後に激化した米中の対立である。もっとも米中対立には複数の側面があり、それぞれの作用は一様ではない。

当初は貿易摩擦の側面が強かった。つまり、アメリカの中国に対する要求は巨額の貿易赤字の是正に重点が置かれ、手段としては関税の引き上げが用いられた。台湾企業からみれば、中国からアメリカに輸出する場合、ただでさえ賃金等の上昇に悩まされていたなか、さらにコストが上昇したことを意味する。したがって、米中対立は中国に留まるか、去るかを思案していた台湾企業の中国離れを後押しすることになった。

しかし、米中対立はそれだけにとどまっていない。アメリカ側では安全保障面を含む情報セキュリティへの懸念が高まり、セキュリティ上、敏感と考えられる製品の中国での開発や製造が避けられるようになった。

こうして台湾企業の中国離れが顕著になり、特に近年、加速している。移転先としては東南アジアが最も多いとみられるが、台湾への回帰も少なくない。サーバーのように情報セキュリティの観点から中国を離れる場合、あるいは知的財産の保護が重要な場合、台湾への回帰が選ばれることが多い。

台湾政府もこのような中国の経営環境の変化と台湾企業の動きをみて、台湾への回帰投資を促進するプログラム（「歓迎台商回台投資行動方案」）を二〇一九年一月から実施している。二〇二〇年六月一八日現在、審査を通過した企業は五三七社に達し、予定されている投資総額は一兆元を超え、八万六〇〇〇人あまりの雇用を創出すると見込まれている（InvesTaiwanウェブサイト）。

二〇一九年一二月にプログラムを運営する投資台湾事務所に対して行ったインタビューによれば、回帰投資を行う企業の多くは大企業であり、中国から完全に撤退するケースはほとんどないということだった。つまり、このプログラムを利用している企業に関しては、中国から台湾にシフトしているというよりは、中国からの分散を進めているとみることができる。

このように、新型コロナウイルスの感染拡大が始まる以前から、台湾企業が中国を離れようとする動きは始まっていた。新型コロナウイルスはそれをさらに促す効果を持つと考えられる。

ただし、その作用は中国のコストの上昇や米中対立とは異なるところがある。感染拡大は中国の武漢から始まったものの、その後、世界的に広がったため、今となっては新型コロナウイルスの経験を中国リスクの増大とみることはできない。しかしながら、企業活動の拠点を一カ所に集中させることのリスクが、改めて広く認識されることになったことは間違いない。台湾企業の多くはこれまで中国で集中的に生産を行ってきた。今後はこのような戦略を見直し、中国の生産能力の一部を中国以外に移したり、新たな投資は優先的に中国以外で行ったりして、分散を進めていくだろう。

また、新型コロナウイルスの感染拡大の教訓として、マスクなどの緊急時の重要物資を中心に、工業製品を一定程度、自給できる体制を整えるべきだという考えを、多くの国が持つようになっている。台湾でも政府はそのような考えを明らかにしている(1)。このような傾向も、台湾企業が中国のウェイトを減らし、台湾やその他の国に投資することを促すと考えられる。

3　米中間の技術覇権をめぐる争いの焦点となったTSMC

米中の対立は技術覇権をめぐる争いの様相を深めている。特にアメリカは5G技術をリードするファーウェイ（華為技術）を標的にし、その発展を抑え込もうとしている。そのなかで焦点として注目されるようになったのがTSMCである。

TSMCは一九八七年に設立された台湾の半導体メーカーである。世界で最初にして最大のファウンドリ専業メーカーであり、半導体製造技術の最先端を走っている。半導体の生産工程は大きく設計・ウェハー加工・パッケージングとテストの三つに分かれるが、このうちウェハー加工を受託するビジネスがファウンドリである。

パソコンやテレビといった電子製品はもちろん、自動車など何らかの電子回路が組み込まれている機械には、必ずといってよいほど半導体が使われている。特にスマホという最先端技術の結晶のような製品では、使われている半導体も最先端のものである。ファーウェイの場合、子会社のハイシリコン（海思半導体）がスマホに搭載する先端的な半導体を設計することができるが、ウェハー加工はTSMCに委託している。

アメリカは二〇一九年からTSMCとファーウェイの関係を断つことを図っていたが、二〇年五月一五日、アメリカ製の半導体製造装置を用いて製造された半導体のファーウェイへの供給を禁止することを発表した。TSMCはこれに応じて、ファーウェイからの新規の受注を停止した（『日本経済新聞』二〇二〇年五月一九日）。この結果、当面、ファーウェイによる最先端のスマホの開発には重大な困難が発生することになった。

TSMCは世界最先端の製造技術を有しているため、代替は難しい。現在、量産段階の最先端の技術は線幅七ナノであり、徐々に五ナノに移行しつつある。中国で最も高い製造技術を持つのはSMIC（中芯国際集成電路製造）だが、現在の技術は一四ナノであり、TSMCとは二世代以上のギャップがある（『工商時報』二〇二〇年五月二〇日）。最先端のレベルでTSMCと対抗しうるのは、唯一、サムスン電子であるが、それでも現状はTSMCに後れをとっている。また、サムスン電子がファーウェイから受託しようとした場合、アメリカが放任しておくとは考えにくい。メディアテック（聯発科技）などの設計会社から汎用の半導体を調達する可能性も報道されている(2)。その場合、スマホの生産は継続できるものの、ファーウェイの製品開発は制約され、他社との差別化が難しくなる。

今後、SMICや他の中国の半導体メーカーの製造技術がTSMCにキャッチアップすることも難しい。技術開発に必要な半導体製造装置の多くはアメリカ製だからである。アメリカは日本やヨーロッパの装置メーカーにも圧力をかけるだろう。こうしたなか、仮に中国がキャッチアップできるとしても相当の年数を要する。それまでの間、ファーウェイの経営は極めて困難な状況に置かれることになる。

しかし、アメリカの禁輸措置はTSMCにとっても大きな打撃である。TSMCのハイシリコンからの受注は売上高の一五～二〇％に及ぶとされ（『経済日報』二〇二〇年五月一八日）、それを失うことになるからである。しかも、アメリカはファーウェイへの禁輸に加えて、TSMCにアメリカに工場を建てることを要求し、TSMCはこれを受諾した（『日本経済新聞』二〇二〇年五月一六日）。工場では現在、最先端の五ナノの技術が用いられることになっている。

アメリカでの工場建設の投資は一二〇億米ドルという巨額に達するとされる。半導体生産の要諦は、このように巨費を投じて建設した工場の稼働率をいかに高く維持するかである。TSMCのファウンドリ専業というビジネスモデルは、この原則を突き詰めるなかで生み出されたといってもよい[3]。アメリカの要求は一方で生産能力の増強を求め、他方で顧客ベースを削り取るものであり、安定的な稼働を難しくする。TSMCはアメリカが準備している補助金を前提に、工場建設の採算は成り立つとしている。また、目的は顧客のためであるという（『経済日報』二〇二〇年六月一〇日）。とはいえ、TSMCにとって、大きなチャレンジであることは間違いない。

このように、TSMCをめぐる一連の動きは、主として米中間の技術覇権争いによるものであり、新型コロナウイルスとは直接の関係はない。しかし、間接的には影響しているのかもしれない。アメリカでは感染が拡大し、死者の数も多い。政府の対応は厳しく批判され、今年の選挙で再選を目指すトランプ大統領にとっては大きな痛手となっている。トランプ政権は世論の矛先を変えるため、中国に対してより強硬な態度をとり、TSMCはその巻き添えになっているようにもみえる。

新型コロナウイルスの感染拡大は世界中の人々にショックを与え、その経済的な打撃は甚大である。しかし、時間の経過とともに、コロナ以前からあった米中対立というファクターも再び頭をもたげ、コロナウイルスの影響と絡み合うようになった。今後、この二つがどのように台湾に、そして世界に作用を及ぼしていくのか注視していきたい。

（1）二〇二〇年五月二〇日の蔡英文総統の就任演説で述べられている（総統府ウェブサイト）。
（2）その後、アメリカはファーウェイに対する汎用半導体の供給も禁じる措置を発表した（『日本経済新聞』二〇二〇年八月一八日）。
（3）TSMCのファウンドリ専業というビジネスモデルが生まれた過程については、佐藤（二〇〇七、二〇一六）を参照いただきたい。

参考文献

佐藤幸人（二〇〇七）『台湾ハイテク産業の生成と発展』岩波書店。
佐藤幸人（二〇一六）「台湾半導体産業の発展における後進性と革新性」『アジア経済』第五七巻第三号。

台湾のコロナ対策成功で変わる台湾海峡の力学

松田康博

（まつだ　やすひろ）東京大学東洋文化研究所教授
専門は東アジアの国際政治、中台関係。著書に『台湾における一党独裁体制の成立』（慶應義塾大学出版会）、主な共編著に、松田康博・清水麗編著『現代台湾の政治経済と中台関係』（晃洋書房）、川島真・遠藤貢・高原明生・松田康博編著『中国の外交戦略と世界秩序：理念・政策・現地の視線』（昭和堂）などがある。

はじめに

新型コロナウイルス感染症（COVID-19）は、ゲームチェンジャーである。

中国の武漢市で感染爆発が始まった二〇二〇年一月以来、たった四か月で世界の風景は完全に変わってしまった。当初これは中国問題であったが、今や欧米、ひいては全世界が危機に瀕している。ウイルスは健康のみならず、経済や社会をも蝕み、ひいては国際政治にも重大な変化をもたらしつつある。

二〇二〇年三月以降、欧米先進国が軒並み感染爆発に苦しみ、日本も四月に緊急事態宣言を経験するに至った。ところが、台湾の新型コロナウイルス対策は成功を収め、世界から賞賛されている。世界保健機関（WHO）から排除されている上、中国との膨大な人的往来があるため、二〇〇三年に重症急性呼吸器症候群（SARS）が流行した時と同様に、当初台湾は最大の被害地域になるだろうと見られていた。

ところが、八月二二日現在、台湾の感染者は四八七名、死者七名である。そのうち大部分が入境者の感染例であり、台湾内の感染者は五五名に過ぎない[1]。しかも四月二六日以降、入境者を除く新規感染者ゼロの記録も日々更新中である。社会的な行動制限も少なく、五月八日にはプロ野球の試合が観客を入れて始まった。六月に入って公共交通機関におけるマスク着用の義務も緩和され、市民は基本的に通常に近い生活を送っている。

四―五月に行われた世論調査によると、台湾では、当局の厳格なコロナ対策への評価が九七・二％に達し、他方中国のコロナ対策を評価する者は一九・八％にとどまっている（「中央研究院社会学研究所『中国効応研究小組』（新聞稿一）」二〇二〇年六月三日）。台湾のコロナ対策は大成功を収めていると言える。図1

図1　蔡英文総統の支持率の推移（2016.6.16-2020.5.15）

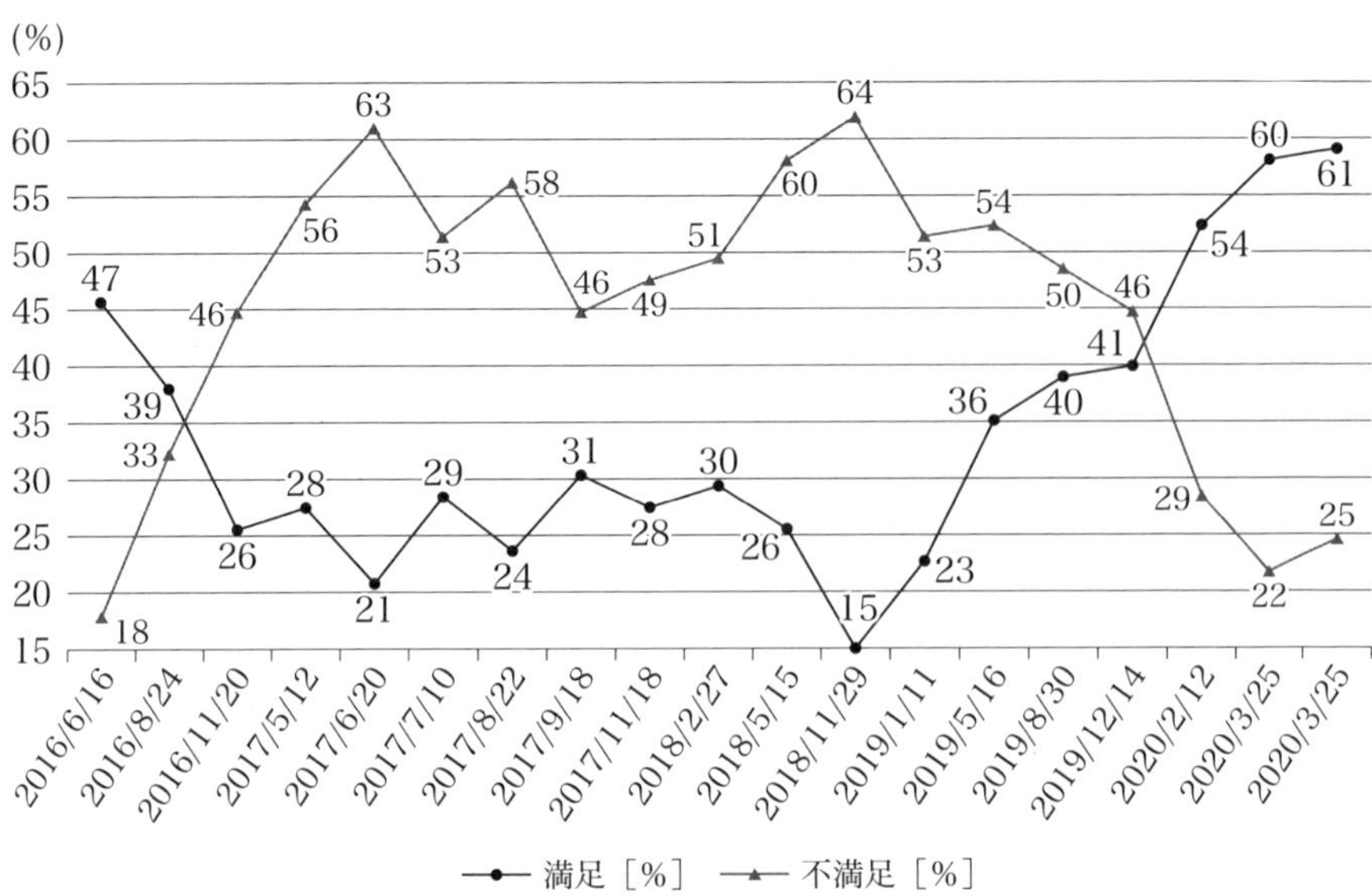

（出所）「蔡英文総統連任就職滿意度民調」、TVBS 民意調査中心、2020 年 5 月 18 日。台湾の世論調査では政権に対して満足か、不満足かという設問であるが、これは支持率、不支持率であるとみなされる。

に見られるように、蔡英文政権は二期目の就任を過去最高の支持率で迎えることとなった。

台湾の成功は、もちろん高い医療・公共衛生水準に多くを負っている。二〇〇三年のSARSの経験を基に、台湾は長年感染症対策を積み上げてきたのである（伊豆睦二〇二〇；松本拓也・細田孝峻・高田篤史二〇二〇）。一方で、台湾の成功は中国大陸との関係と切り離せないし、国際政治にも影響を与えている。公共衛生と国際政治の相互作用は深まっている。本稿は、台湾のコロナ対策の成功と中台関係悪化のプロセスを明らかにし、今後を展望することを目的としている。

1　中国への不信感と中国理解のリテラシー

台湾では、中国への不信感と中国からの脅威に対する危機意識が非常に強い。台湾住民の間では、ほとんどの感染症が大陸からくるという警戒感が定着している。近年で言えば、二〇〇三年の重症急性呼吸器症候群（SARS）がそうであり、毎年のように発生する口蹄疫や二〇一九年のアフリカ豚コレラなど、家畜の伝染病の中国からの侵入にも、台湾は日常的に強い警戒心をもって水際対策を行っている。

台湾の感染症対策を支える最大の要素は、情報収集力である。彼らは言語面での共通性もあって中国社会の奥深くに入っていける強みがあり、台湾は中国に関する情報収集では世界で最も優れている。中国の情報がそのまま入り込むことは、中国の情報操作や浸透工作に対する台湾の脆弱性であると考えられているが、中国が「誰にでもわかる失策」をした際に、全住民がそれを即座に理解するという点では強みでもある。台湾住民は、翻訳された情報がメディアを通じて提供される日本やアメリカの住民などと中国情報へのリテラシーのレベルが全く異なるのである。

台湾当局は、衛生福利部疾病管制署（CDC）が、感染症に関わるネット上の噂話の解析などを通じて、早くから武漢での異変を察知した（「武漢出現不明原因肺炎　民衆憂SARS再度爆発」『中央通訊社』二〇一九年一二月三一日）。総統選挙のまっただ中にもかかわらず、二〇一九年一二月三一日の時点で、中国当局に問い合わせを行い、WHOに情報共有のため通報し、武漢からの航空便の検疫を実施し、行政院（内閣に相当）内の調整がスタートしている（「因応中国大陸武漢発生肺炎疫情、疾管署持続落実辺境検疫及執行武漢入境班機之登機検疫」衛生福利部二〇一九年一二月三一日）。

二〇二〇年一月二日に、行政院は緊急対応グループを設立し、翌三日にCDCに対策本部を設置して定例の記者会見を開始した。政府は総統選挙の直後、一月一三日に二名の専門家を湖北省に視察のため派遣し、一五日に新型コロナ感染症を法定感染症に指定した。これは二一日の初感染確認よりも早い。二〇日には中央感染症指揮センター（中央流行疫情指揮中心）を設立し、二二日には武漢行きの団体旅行を禁止し、同日蔡英文総統が国家安全会議高層会議を招集し、新型コロナ問題を国家安全保障問題であると位置づけた。二三日に武漢封鎖の報に接し、蘇貞昌行政院長は、衛生福利部の陳時中部長に中央感染症指揮センター指揮官を兼任させたのである（蘇貞昌二〇二〇、一―二、一〇；「因応中国武漢肺炎疫情　総統召開国安高層会議指示全力防疫」中華民国総統府二〇二〇年一月二三日）。

それだけではない。早くも二月二五日には内需型産業、農漁業、運輸・観光業の支援や保証金支給に充てるため、六〇〇億台湾元（一元約三・五円）の第一弾の経済対策を承認している（『中央通訊社』二〇二〇年二月二六日）。一月二八日の武漢チャーター便の検疫に指定感染症に定めるのが間に合わなかった日本と比べるまでもなく、台湾は初動のスピードが桁違いに速い。

2　自主的判断と柔軟性

中国は一月二〇日に新型肺炎の感染拡大を公式に認め、二三日に武漢を封鎖した。このことにより武漢在住の台湾住民は突然武漢から外に出られなくなった。ところが中国は一月二七日になってからやっと団体旅行客の海外渡航を禁止した。このことは台湾で恐怖と戦慄をもって受け止められた。春節休暇で最も海外渡航が多い日が、一月二四～二六日だったからである。この時期、台湾籍住民も含め中台間で数十万人が往来する。

一月二八日にはテドロス・アダノム（Tedros Adhanom Ghebreyesus）WHO事務局長が訪中した（「習近平会見世界衛生組織総幹事譚徳塞」『人民日報』二〇二〇年一月二九日）。会見した習近平は「我々はこの疫病の防止、コントロール、狙撃の戦いに勝利する完全な自信と能力がある」と発言した。テドロスは中国に対して「感服しており」、「心からの感謝を表し」、「高く賞賛する」などの賛美を繰り返し、さらに中国による感染症対策が「中国の制度的優越性を示しており、関連の経験は他国にとって参考に値する」とまで持ち上げた。さらに「WHOは科学と事実を根拠として判断を行うことを堅持し、過度の反応と事実と異なる言辞に反対する」という主旨の発言をした。実際にこの後、WHO本部で、テドロスは緊急事態を宣言した後も、世界に向けていかなる中国との旅行や貿易を制限すべきでないという発言を繰り返した（Stephanie Nebehay, "WHO Chief Says Widespread Travel Bans Not Needed to Beat Chaina Virus," *Reuters*, February 3, 2020）。テドロスは、武漢封鎖による強制的な移動制限を賞賛する一方で、中国との間の人的往来を継続するよう発信したのであり、その発言に潜む矛盾はあまりに明らかであった。

感染症蔓延への対策は、住民の行動制限や私権制限を伴うため、政府と住民が一体となって取り組まなければならない。しかもそうした制限には経済的損失が伴うため、多くの国の政府は判断に迷い、往々にしてWHOの権威に頼らざるをえない。しかし、WHOの言うことを鵜呑みにした日本とは異なり、台湾は、WHOは中国の影響を受けていて信用できないと即座に判断して、一月二三日から段階的に入境制限を行い、二月七日には帰国者を除き中国からの入境を原則禁止にした（蘇貞昌二〇二〇、一一）。

この間、武漢を初めとして中国各地から、都市封鎖にまつわる悲惨な動画や書き込みが大量に台湾に伝わった[2]。総統選挙を終えて話題に飢えていた台湾の政論番組やワイドショーは、「武漢肺炎」（COVID-19の通称）の情報で埋め尽くされた。中国が武漢での感染爆発を約一カ月隠蔽していたこと、当時発表されていた感染者や死亡者の数字も全く当てにならないことなどが、あっというまに全住民に共有されたのである。

一方、日本では、武漢からのツアー客は感染者を除き最後まで旅程を予定通り終えて帰国したし、日本のニュースの大半はインバウンド関連産業の収入減だったし、中国からの全面入国制限は三月九日になってから実施された。SARS、新型インフルエンザおよび中東呼吸器症候群（MERS）の流行で大きな被害を出した経験がなく、中国語情報がほとんど共有されない日本との差はあまりにも大きかった。

台湾はマスク不足対策でも迅速に行動した。二〇一九年、台湾はマスク需要の約九三％を中国からの輸入に頼っていた（蘇貞昌二〇二〇、三）。ところが中国での需要急増のため、中国はマスクの輸出を禁止した。さらに当時世界中で中国人・華僑・華人が、医療物資を買い占めして中国に送っており、マスクだけでも二〇億枚に上るとされる。

台湾も例外ではなく、一月におよそマスク約三八五九万枚が買い占められ、中国に送られた（「口罩管制前　一月出口四千万片」『聯合報』二〇二〇年二月二日）。台湾は突然極端なマスク不足の見込みに直面し、蘇貞昌行政院長は一月二四日にマスクや消毒液の輸出を暫時停止した。台湾内部の需給から見て台湾のとった措置が正しかったことは明らかだが、中国からは批判を受けた（李宗憲「武漢肺炎：由台湾口罩禁止令引発的一場両岸論戦」『BBC中文』二〇二〇年一月二九日）。台湾でも馬英九前総統が、「非常な失策」であるとして、中国に配慮した民進党政権批判を行った（「武漢肺炎防疫　馬英九：口罩暫停出口失策」『中央通訊社』二〇二〇年一月二八日）。

台湾のすごさは、このタイミングでマスクの製造と流通を政府が一元管理したことである。一月の段階で日産一八八万枚だったが、二月初旬に一億八〇〇〇万台湾元を投入して六〇台のマスク製造機を購入し、四月には一七〇〇万枚まで増産したことで、台湾は一躍世界第二位のマスク生産拠点に早変わりした（「台湾口罩産量躍升世界第二　幕後推手：工具機国家隊」『今周刊』二〇二〇年四月三〇日）。健康保険カードにマスク購買記録をつけて、全住民に行き渡るようにした。このシステムはどんどん進化し、スマホのアプリで在庫を見られるようにしたり、オンライン注文すればコンビニで受け取れるようにしたりした。

余裕ができた分は、アメリカ、欧州、外交関係のある友好国、アフリカ・アジア・太平洋諸国、北欧、ラテンアメリカおよびカリブ海諸国、中東（シリアを含む）、日本を含め感染拡大で苦しむ諸国に支援されていて、その数は五月末の段階で七四〇〇万枚に上る（「外交部宣布対美国、欧盟、欧洲国家及友邦捐贈一、〇〇〇万片口罩的国際人道援助」中華民国外交部二〇二〇年四月一日；「外交部宣布啓動第二波国際抗疫人道援助行動」中華民国外交部二〇二〇年四月九日；「外交部宣布啓動第二波国際抗疫人道援助行動」中華民国外交部二〇二〇年五月五日；「口罩出口不用等到六月底！陳時中：現在就可接単」『聯合新聞網』二〇二〇年五月一八日）。台湾がこれほどまで国際社会で存在感を高めたのは近年珍しい。しかし、政府によるこのマスク援助は、中国国民党（国民党）の政治家から台湾人を軽視しているとして批判を受けた（李俊毅「蔡政府豪撒一千万片口罩！徐巧芯大怒：台湾人活該？」『中時新聞網』二〇二〇年四月一日）。

3　中台関係悪化を決定づけた武漢チャーター機問題[3]

武漢封鎖と同時に、台湾は他国と同様、台湾籍住民の武漢からの退避のため、チャーター機派遣交渉を中国と始めた。台湾側は、乗客名簿作成を主導し、台湾から中華航空機を派遣し、中国に寄贈する支援物資を運び、検疫を実施し陽性者は搭乗させないやり方で、希望する台湾住民を連れて帰るという要求を出した。

中国は当初これを拒絶したが、感染拡大状況に鑑み、数日後一転して台湾住民の退避を認めることとした。しかし、中国は「一つの中国」原則に基づき「武漢＝台北便」は国際便ではないはずだから、日米のような自国民退避のようなイメージを与えないよう、中国側の東方航空機を派遣すると主張した。台湾側は早期の退避を実現するため、妥協して中国の要求を呑み、二月三日にチャーター機は武漢＝台北間を飛んだ。

問題は、乗客名簿作成過程が迷走したことである。台湾側が要求した乗客リスト（短期滞在者、年長者、慢性疾患などを有する弱者、婦人、子供を優先）とは全く異なり、台湾系ビジネスパーソンが我先に乗り込んだことが判明した。しかも新型コロナウイルスに感染した台湾人ビジネスパーソンが搭乗していたことが、着陸後にわかったのである。

台湾側は、急遽乗客全員を隔離せざるをえなくなった。この乗客は感染し発熱があるのに、熱冷ましを飲んでチャーター機に紛れ込んだ。ところが、責任回避をしたかったのか、中国は台湾が検疫で感染者を確認したことを「ねつ造」であると、台湾当局を非難した。しかも、この間武漢で帰台要求を持つ台湾出身者とその家族は一気に約九〇〇名に増大し、台湾の検疫・隔離能力を超えてしまった。

台湾側は防疫体制への負担を理由に、第二便以降について当初の条件を堅持したため、交渉は難航した。台湾では、中国政府と利己的印象を強めた台湾系ビジネスパーソンへの反感が一気に強まった。このチャーター機は、国民党関係者が中国大陸当局と連絡をとって実現させたと報道されたが、それはかえって仇となってしまい、国民党は中心人物の徐正文中央委員の党員としての権利を停止するにいたった（呂炯昌「武漢包機返台惹波　徐正文遭国民党開鍘停党権」『今日新聞』二〇二〇年二月六日）。

第二便交渉が頓挫した後、中国は「民主進歩党（民進党）当局悪者説」を強調するようになった。二月三日の武漢チャーター機で、台湾は防護服一万着の支援を申し出たが、中国がこれを拒絶したことも後に判明した。また、中国は「家に帰りたい」と訴える台湾住民の動画を流して、民進党政権批判を強めた。武漢に留め置かれた彼らは中国の「人質」になってしまったのである。

そして、習近平が武漢を訪問し、感染状況をコントロールしつつある象徴的なタイミングとなった三月一〇日、中国はようやく台湾の条件を呑んで、中華航空のチャーター機による武漢からの住民脱出を認めたのである。このことで、中国の官僚機構が、自らのミスを糊塗するために台湾住民の生命と健康を二の次にしたという印象が強まった。チャーター機問題で台湾における対中イメージの最悪化は、ほぼ固まったと言ってよい。もはや台湾内で中国を弁護したり、中台関係の悪化は民進党政権のせいだと批判したりすることは困難になってしまった。

4　中国の「宣伝」への嫌悪

加えて中国が行うプロパガンダも、台湾における中国イメージ悪化に寄与した。二月の末になると、中国では「発生源は中国とは限らない」という宣伝が開始された（「鍾南山回応新冠肺炎疫情防控近期熱点問題」『新華網』二〇二〇年二月二七日；「中国駐多国大使展開危機公関否認新冠病毒来自中国」『ＲＦＡ自由亜洲電台』二〇二〇年三月九日）。三月四日には国営の新華社通信が「堂々と言う、世界は中国に感謝すべき」と題した評論を転載したが、そこには「もしもこの時にも中国がアメリカに報復を行えば、アメリカ旅行を禁止する宣言の他、医療物資に対する戦略統制を宣言し、アメリカへの輸出を禁止する。そうなるとアメリカは新型コロナウイルスの大海に落ちるだろう」（「理直気壮　世界応該感謝中国」『新華網』二〇二〇年三月四日）とまで書かれていた。三月一二日には、中国の趙立堅外交部報道官はツイッターで「米陸軍が伝染病を武漢に持ち込んだかもしれない。透明性を高めよ！　データを公開せよ！　アメリカは我々に説明しなければならない！」と発信して事実上アメリカを挑発した。[4]こうした発信が中国政府内で偶然や個人的判断でなされることは考えにくく、そこには当局の何らかの意図が働いていたと見るのが自然である。

中国のような独裁国家には、政権に選挙で選ばれた正当性がない。その代わりに中国の宣伝では、指導者の道徳的正しさや政策の正しさが強調される。したがって、中国ではいかなる災難が発生しても、共産党ではなく全て幹部個人の責任か外国のせいになる。そして、いかなる災難も宣伝の力によって最終的には共産党の勝利の物語に転換される。

今回も、中国は「世界を救う習近平」、マーシャル・プランにあやかった「チャイナ・プラン（中国方案）」という救世主としてのイメージ作りに注力した（「新冠肺炎　外媒指中国宣伝塑像習近平英雄形象拯救世界」『rfi』二〇二〇年三月一三日；「団結合作！習近平為全球抗疫提出中国倡議」『新華網』二〇二〇年三月二七日）。三月末に、欧米の感染爆発が進んだころには、「新型コロナウイルス感染の全世界的な対応であるが、客観的に見て中国の世界経済における地位を強化することになり、中国の外交理念はこれからより多くの理解と支持を得られるだろう。（中略）現在中国が感染状況を克服した有様は、客観的に世界の中国に対する確信を深めることとなっており、中国のグローバル経済の安定と深い融合の『錨』としての地位は、さらに牢固なものとなるだろう」（「李海東：疫情深刻改変国際関係格局」『環球網』二〇二〇年三月三一日）というような、「中国優越論」や「パンデミック・チャンス論」などが堂々と語られた。

このように、中国のイメージダウンにつながりうる独善的な宣伝の数々は、ネガティブな解説とともにマスメディアで取り上げられ、SNS等で拡散される。台湾の人々はこれらのプロパガンダを中国語でそのまま理解するし、彼らはこうした中国の実像を見ることに慣れている。図2にあるように、二〇二〇年四―五月に中央研究院社会学研究所が行った世論調査では、二〇一二年から二〇一九年にかけて行った調査に比べて、中国に対する見方が急激に悪化していることがわかる。「中国大陸の政府は、台湾の友人である」という言説に同意しない人が、五八％から七三％に急増しているのである。

ただ、今回は中国が責任転嫁の論理を連発したことで、主にトランプ（Donald J. Trump）米大統領が強い反発を示し、米中対立が深刻化していることが従来と大きく異なる。つまり今回は、中台間のみのトラブルではなく、米台が全く同じ船に乗って中国と対立しているという実感があるため、台湾はそれほど孤立を感じられない状況にある。特にアメリカ議会はここ数年台湾支援の姿勢を強めてきており、それは新型コロナウイルス

図2 「中国大陸の政府は、台湾の友人である」に対する回答（2012-2020）

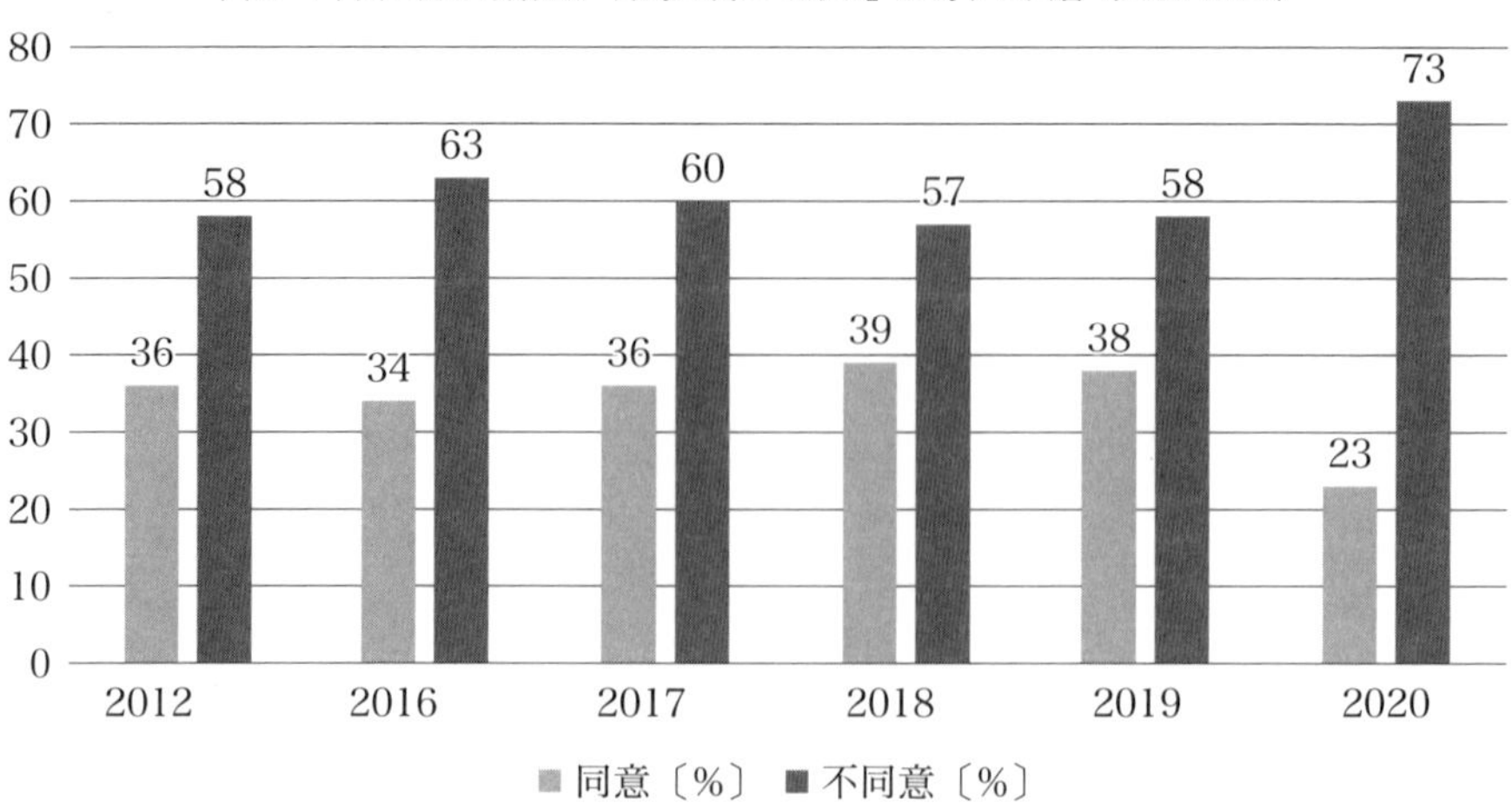

（出所）「中央研究院社会学研究所『中国効応研究小組』（新聞稿一）」中央研究院社会学研究所、2020年6月3日。

感染症問題の最中でも進行した。

二〇二〇年三月一三日、アメリカでは台湾の外交的孤立を防ぐことを目的とした「台北法」（Taipei Act）が成立した（*gov-track*, March 13, 2020）。連邦議会下院での票数は賛成が四一五票、反対〇票の圧倒的な支持であった。また、六月には上院と同じ「台湾防衛法案」（Taiwan Defense Act）が下院でも提出された。この法案は、中国が台湾に武力行使をして占領し、「既成事実」（fait accompli）を作らないよう、国防省に対して台湾の防衛力強化を進めることを目的とした法案である。米中関係の悪化と米台関係の強化はコインの裏表のように、加速度的に進んでいる。

5　WHO年次総会からの排除

台湾はWHOのメンバーシップがないが、中国に融和的な馬英九政権下でWHOの年次総会である世界保健総会（WHA）にオブザーバー参加が認められていた。二〇〇三年のSARS流行の際に、台湾はWHOから重要な情報を得られなかった。このため台湾の当局と住民がWHA参加を強く要求していた。WHAへの参加は「一つの中国」に関わる「九二年コンセンサス」を一部共有する馬英九政権に中国が許容した一種の「恩恵」だったのである。しかし、同コンセンサスの存在を認めない蔡英文政権になって二〇一七年からWHAへの招待状が届かなくなった（松田康博二〇一七、二一三）。

今回、台湾の成功が明らかになるにつれ、日米欧など主要国で台湾をWHOの活動にオブザーバーなど何らかの形で参加させるべきであるとの声が広がった（「外交部、WHO執行理事会で台湾支持を訴えた国々に感謝」『中央通訊社』二〇二〇年二月一〇日）。前記の台湾によるマスク支援もまた、WHAへの復帰を念頭に置いた外交活動であると理解されている。この状況は、中国に「感染症の流行を利用して、台湾独立を謀る（以疫謀独）」行為であると解釈され、牽制された（「国台辦：強烈譴責民進党当局『以疫謀独』」中共中央台湾工作辦公室・国務院台湾事務辦公室二〇二〇年四月九日）。中国は二〇二〇年のWHAにおける台湾の参加阻止のためWHOと諸外国に対して外交努力を続けた。

それまでの経緯に鑑み、二〇二〇年五月一八―一九日に予定されていたWHAで、中国には三つの目標があったと推測できる。第一に、台湾のオブザーバー参加を絶対に阻止する。第二に、新型コロナウイルス感染症の流行をめぐる中国責任論を回避する。これは、ウイルスの発生地に関する独立調査委員会の設置の動きがあったためである。第三に、感染被害の出ている国々への医療支援などを行った中国に対する感謝を引き出す。

習近平はビデオ会議方式で行われたWHAで演説を行い、二年以内に二〇億米ドルの拠出を表明し、国連との協力とアフリカ支援強化を約束し、新型コロナウイルス感染予防ワクチンが完成した際に発展途上国における利用の実現に貢献すると強調した（「習近平在第七三届世界衛生大会視頻会議開幕式上的致辞（全文）」『新華網』二〇二〇年五月一八日）。中国の目標は半ば達成され、半ば達成されなかった（『The Asahi Shimbun GLOBE+』二〇二〇年五月二三日）。台湾はWHAには参加できなかったが、参加問題は継続協議となった。アメリカを除き中国を強く批判した国はなかった一方で、新型コロナウイルスの起源と感染拡大に関する独立調査委員会を「適切な早い時期」に設置することが中国の友好国を含めた国々によって提案され、満場一致で可決された。また、巨額の拠出金に対して、中国への賞賛が加盟国の間で巻き起こったわけでもなかった。

この状況は、台湾にしてみれば充分な「健闘」である。台湾では、政府当局のみならず野党の国民党さえも、台湾がWHOから排除されていることへの不満を訴えた（「台湾仍未獲邀出席二〇二〇年五月世界衛生大会線上会議，外交部長呉釗燮及衛福部長陳時中共同表達我国政府厳正不満立場」中華民国外交部二〇二〇年五月一八日；「無法獲邀参与世衛大会　国民党深表遺憾」中国国民党二〇二〇年五月一八日）。民進党政権の防疫政策の成功と中国のかたくなな姿勢は、これまでのようにWHOから排除されたのは民進党政権が「九二年コンセンサス」を認めないからであるという説明が多数の台湾住民に通用しにくくなったことを意味する。

6　台湾へ脅威増大とその地理的拡大

単に宣伝や外交的な圧力のみならず、台湾は強い軍事的圧力を中国から受けており、それは新型コロナウイルス感染症が拡大しても止まるどころか、さらに強まっている。中国は二〇二〇年一月の総統選挙に向けて、海軍艦艇や軍用機による台湾周辺での活動を活発化させて圧力をかけていたが、他方で米軍がそれに対して軍事的エスカレーションで応えていた（松田康博二〇二〇、四七、五六―五九）。副総統に当選した頼清徳が二月上旬に訪米したことに合わせて、中国人民解放軍は軍用機に台湾を周回させたり、台湾海峡の中間線を越境させたりしたし、後には空母を出動させた。新型コロナウイルス感染症拡大は、中国の対台湾軍事圧力を躊躇させる要因ではなかったのである。

四月一〇日には台湾に対する武力行使を示唆した『環球時報』の社説が発表された。そこで使われた「後になって予測できなかったとは言わせないぞ（＝攻撃されてから驚いても知らないぞ）」（勿謂言之不預）という最後通牒に近い意味の語句が話題となった（「社評：世界侵入多事之秋、台当局須悠着点」『環球網』二〇二〇年四月一〇日）。四月一五日には、中国人民解放軍南京戦区のブログが、台湾に言及しつつ「幻想を捨てて、戦争の準備をせよ」と主張する評論を発信し、話題となった（「官媒刊文列『武統台湾条件』東部戦区公号発文丟掉幻想準備打仗」『rfi』二〇二〇年四月一六日）。中国は宣伝上対台湾武力行使の脅しを何度もかけている。

五月二〇日、蔡英文総統の二期目の就任式があり、就任演説で蔡は新型コロナウイルス感染症対策の成功による自信とともに、中国大陸との関係については、「平和、対等、民主、対話」の八文字を提起し、一国二制度を受け容れないことを明言した（「第十五任総統暨副総統就職専輯：就職演説」中華民国総統府二〇二〇年五月二〇日）。アメリカのポンペオ（Michael R. Pompeo）国務長官は異例にも蔡英文を「台湾の総統」と呼ぶ祝賀のツイートをした（Secretary Pompeo, 2020）。

これに対して、中国では外交部、国務院台湾事務辦公室に加えて、国防部が「中国人民解放軍は、いかなる形式の外部勢力の干渉や『台湾独立』勢力の分裂の悪巧みも挫折させる固い意志、充分な自信、充分な能力を有しており、将来一切の必要な措置をとり国家の主権と領土の完全さを守り、台湾海峡地域の平和と安定を維持し、守ることを堅持する」（「中華人民共和国国防部声明」中華人民共和国国防部二〇二〇年五月二〇日）という声明を出した。

就任式の直後、五月二二日に第一三期全国人民代表大会（全人代）第三回会議が開幕した。新型コロナウイルス感染拡大のため、三月に行われる予定が五月に延期されたものであった。李克強国務院総理による政府工作報告から、異例にも「平和統一」と表現される統一政策の「平和」と、「一つの中国」の原則の下、接触・交渉などが行われる基礎となる「九二年コンセンサス」が抜け落ちていた（李克強二〇二〇）。これらの字句は後に修正段階で追加されたが、当初もはや台湾とは交渉もしないし、平和的に統一するつもりもないという宣伝意図を示唆していたものと受け止められた（陳君碩「両岸定海神針　九二共識回来了」『中時電子報』二〇二〇年五月三〇日）。

これに続き、全国人民代表大会常務委員会の栗戦書常務委員長は、「反国家分裂法実施一五周年座談会」の席上講話を行い、「もしも『台湾独立』分裂勢力がひたすら我を通し、さらには破れかぶれになったら、我々は『反国家分裂法』の関連規定に基づき、一切の必要な手段をとり、『台湾独立』勢力の分裂の悪巧みを必ずや粉砕し、国家主権と領土の完全さを必ずや守るであろう」と述べた。栗は「平和統一」と「九二年コンセンサス」にも言及していており、政策変更の示唆はなかったが、全体のトーンは厳しいものであった。五月二八日には、台湾の呉釗燮外交部長が、中国による対台湾武力行使の可能性に言及したと伝えられた（「中共対台動武？呉釗燮的謊言、真言與預言」『聯合新聞網』二〇二〇年五月二八日）。

一月から六月にかけて、戦闘機や爆撃機を含む中国軍機が一六回、特に六月には二週間のうちに八回台湾の防空識別圏（ADIZ）に侵入し、台湾空軍機は緊急発進をしてこれに対処している（「共機一四度擾台！空軍証実：殲一〇戦機短暫侵入南空域」『自由時報』二〇二〇年六月二一日；「両週内第八度　共軍殲一〇轟六再犯台湾防空識別区」『中央通訊社』二〇二〇年六月二二日）。これは六月九日に米軍輸送機が台湾の領空を飛行したことに対する反応と考えられている（「美共軍機　同時現身我空域」『聯合報』二〇二〇年六月一〇日）。二〇二〇年よりいっそう米台と中国の軍事的対峙が進むようになった。中国空軍機の頻繁な動きと同時に東沙群島（プラタス諸島）侵攻の噂が流れたため、台湾は海軍陸戦隊（海兵隊に相当）精鋭部隊である第九九旅団を「機動訓練」という名義で東沙に事実上配置替えしてこれに備えた（「監控情勢　陸戦隊進訓東沙島」『聯合報』二〇二〇年六月二三日）。

しかも、こうした中国の挑発的事案は、台湾海峡正面だけで発生しているのではない。中国は、南シナ海で四月一九日に「行政区画」を新設した上、南シナ海に防空識別圏を設置する噂までが出ている（「中共在南海劃設防空識別区？国防部証清：中共未交布」『聯合新聞網』二〇二〇年五月四日）。中印国境での小競り合い、尖閣諸島の日本領海での中国公船による日本漁船追跡などが同時に発生していることをみると、中国が主権に関わる問題で一歩強い態度に出る方針を決めた可能性がある。

このことは、香港情勢の悪化により、さらに強く印象づけられた。五月の全人代で、香港で「国家安全法」の制定を常務委員会で行うことが突然決定され、六月の全人代常務委員会では、「香港国家安全維持法」が二度審議され、六月三〇日に「香港基本法」の一部分として成立し、香港返還記念日の七月一日から香港で施行され、デモ参加者などに大量の逮捕者が出ている。新型コロナウィルス感染症拡大により、香港では二〇一九年に激化した反対運動がやりにくくなっていた。天安門事件抗議集会も感染症対策を理由に禁止された。

全人代後の世論調査によると、台湾では、中国が香港に対する一国二制度の約束を破ったと考える者が六八％、台湾は一国二制度を受け容れられないと考える者が七五％、もしも受け容れたら台湾でも香港と同じ反対運動が起きると考える者が六五％いる（羅印冲「近七成台人認北京違反承諾」『聯合報』二〇二〇年六月八日)。二〇一九年に引き続き、中国が香港に対して手を下したことにより、台湾における対中不信感は、さらに強まっている。野党国民党さえも、「香港国家安全維持法」成立について、遺憾表明をせざるをえなかった(「国民党対於中共人大常委会通過『港版国安法』深表遺憾　支持港人治港，高度自治」中国国民党二〇二〇年七月一日)。

このように台湾の目から見れば、中国の脅威が増大するのみならず、脅威の範囲が地理的に拡大し、新型コロナウイルス感染症拡大の混乱に乗じて、中国が周辺地域を次から次へと「陥落」させているイメージになっている。

ただ、中国の対香港政策の転換を見ればわかるように、中国における対台湾政策の優先順位が高くないことも見て取れる。台湾の優先順位が高ければ、台湾向けのモデルとして見せるために、香港の一国二制度をリスクにさらすような下策はとらないはずだからである。台湾よりももっと重要な香港問題や米中関係などやっかいな問題がたくさんあり、中国はそれらへの対処で精一杯であり、対台湾政策への配慮は後回しにされていると見たほうがよい。中国国内でも、一部の著名な退役軍人から台湾問題の本質は米中関係なのであり、軽率に台湾問題に手をつけるべきではないという議論が出ている(喬良二〇二〇)。

おわりに

本稿の考察により、台湾の新型コロナウイルス感染症対策の成功と、中国の対外・対台湾政策の強硬化が中台関係の不安定化に寄与していることが明らかにされた。

第一に、台湾は防疫政策の成功により住民の自尊心を高める結果をもたらした。感染初期段階での抑え込みに成功し、蔡英文政権の支持率は就任以来最高値に達した。日本がもたつき、欧米で感染爆発が続くなか、中国からもたらされた感染症に勝利した台湾では、あたかも政府と国民が一体となって「国民戦争」に勝利しつつあるかのような高揚感さえ見られた。民進党政権は、この歴史的な新型コロナウイルス感染対策に勝利したことで、その政治的地盤を固めた。台湾では、中国に近いと見られた国民党への支持が低下し、中国に厳しい民進党が高い支持を獲得することで、台湾内部の政治的バランスが大きく動いたのである。

第二に、台湾内部において、トラブルメーカーが民進党ではなく、むしろ中国であるという見方が多数派として定着した。結果としてパンデミックを引き起こしたのは中国であり、独善的な宣伝を行ったのも、チャーター機による台湾住民の武漢脱出を妨害したのも、WHAから台湾を排除したのも、台湾周辺での軍事行動を増加させているのも、「香港国家安全維持法」を成立させたのも、主として中国の行動であり、責任である。中台関係の悪化は中国の行動が全面的に強硬化していることが原因であることが台湾では多数の住民に認識されるようになった。中国に近いと見なされている国民党の支持率が低迷しているのは当然であり(「慘！国民党民調政党支持末及民進党一半分」『中時電子報』二〇二〇年六月二二日)、国民党でさえ中国に厳しい態度を示さざるをえなくなっているのはこのためである。

第三に、新型コロナウイルス感染症問題をめぐって、米中関係がさらに悪化するなか、アメリカは台湾を成功した「ショーケース」として扱い始めている。アメリカは、ウイルス発生源をめぐる中国批判、中国の影響を受けたと見られるWHOへの批判や資金提供停止のみならず、台湾のWHA参加を強く支持した。高まりを見せるアメリカの対台湾支援は、外交面でも軍事面でも、今後さらに強化されるであろう。民進党政権は、トランプ政権に危うさを感じながらも、アメリカ一辺倒路線を取り続けている。

第四に、中国の対台湾政策は、当面手詰まり状態にある。米中関係は悪化の一途をたどり、台湾の民意は中国からいっそう遠のき、中国の対台湾政策は「自らに希望を寄せる」しかなくなっている（Qiang Xin, 2020, 17）。しかも、二〇二一年に中国共産党創立百周年を迎え、翌二二年には習近平の総書記三選を決める中国共産党第二〇回全国代表大会が予定されており、中国指導部はミスを犯すことができない。もしも習近平三選に強硬策が必須なら強硬策をとるであろうが、三選にマイナスなら、あるいは不要でも三選できるのであれば、強硬策はとらないはずである。ただし、ここまでこじれた米中関係や中台関係は、新型コロナウイルス問題が収束しても改善の糸口さえ見つけられないだろう。

中台関係は、今後明らかに厳しくなる。新型コロナウイルス対応で評価された台湾の蔡英文政権の基盤は強化され、「一つの中国」を認めない民進党政権が長期化する可能性も出てきた。そうなれば、いずれ中国は制裁や武力などの強硬手段に頼るしかなくなってしまう。中国は台湾に実施可能な経済制裁は実施済みであり、これ以上締めつける手段が残されていない。しかも、今台湾に武力行使すれば、中国は世界から強い非難を浴びるだろう。中国経済もさらに悪化するはずである。中国はおそらく、厳しい言葉で民進党政権批判を繰り広げる。台湾の動向を見極め、台湾と正式な外交関係を持つ一五カ国に、台湾との断交を迫る。そして、台湾周辺での軍事挑発行動をさらに増やすだろう。台湾海峡はいっそうの不安定化の時期に入ったのである。

＊本稿は、松田康博（二〇二〇）「台湾のコロナ対策成功で変わる台湾海峡の力学」『外交』Vol. 61、五月、を大幅に加筆修正したものである。転載を許可していただいた『外交』誌に感謝する。

（1）最新のデータは以下を参照のこと。「COVID-19（武漢肺炎）」、衛生福利部疾病管制署。
（2）一月二三日以降、中国から流出した各種映像と書き込みについて、同時期のRadio Free Asia Chinese 〈https://www.facebook.com/RFAChinese/〉を見るとその内容を系統的に理解できる。
（3）本節の記述は、松田康博（二〇二〇、六五）からの引用である。
（4）趙立堅、twitter、二〇二〇年三月一二日。同報道官は、四月になってからこの発信を訂正した。

参考文献

伊豆睦（二〇二〇）「SARSの経験を土台にデジタル活用で先手を打つ台湾

のコロナウイルス対策」、NRI、四月一四日。

「新型コロナは台湾の評価を上げ、中国の勢いにブレーキをかけた」『The Asahi Shimbun GLOBE＋』二〇二〇年五月二三日。

松田康博（二〇一七）「蔡英文政権の誕生と中台関係の転換―『失われた機会』か、『新常態の始まり』か?―」『問題と研究』第四六巻一号、一、二、三月。

松田康博（二〇二〇）「米中台関係の展開と蔡英文再選」佐藤幸人・小笠原欣幸・松田康博・川上桃子『蔡英文再選―二〇二〇年台湾総統選挙と第二期蔡政権の課題―』独立行政法人日本貿易振興機構アジア経済研究所。

松本拓也・細田孝峻・高田篤史（二〇二〇）「新型コロナウイルス対応の現状を踏まえた我が国の健康・医療情報プラットフォームのあり方」、NRI、六月一〇日。

李克強（二〇二〇）「（現場実録）政府工作報告―二〇二〇年五月二二日在第十三届全国人民代表大会第三次会議上―」『新華網』五月二二日。

喬良（二〇二〇）「喬良：台湾問題攸関国運不可軽率急進」『中美印象』五月四日。

蘇貞昌（二〇二〇）「厳重特殊伝染性肺炎防疫作為及紓困振興事宜補充書面報告」、立法院第一〇届第一会期、二月二一日、三頁。

「中央研究院社会学研究所『中国効応研究小組』（新聞稿一）」中央研究院社会学研究所、二〇二〇年六月三日。

Xin, Qiang (2020) "Having Much in Common? Changes and Continuity in Beijing's Taiwan Policy," *The Pacific Review*, June 5.

Secretary Pompeo (2020), *twitter*, May 20.

"S. 1678: Taiwan Allies International Protection and Enhancement Initiative (Taipei) Act of 2019," *govtrack*, March 13, 2020.

VI 東南アジア

コロナショックと中国・ASEAN関係

畢世鴻

（ひっ　せこう）
雲南大学国際関係研究院教授
専門は東アジア国際関係史、東南アジア国際関係、メコン地域経済協力。著書に『中国の外交戦略と世界秩序―理念・政策・現地の視線』（共著、昭和堂）、『アジア共同体への信頼醸成に何が必要か―リージョナリズムとグローバリズムの狭間で』（共著、ミネルヴァ書房）、『区域外大国参与湄公河地区合作策略的調整』（中国社会科学出版社）などがある。

二〇二〇年一月から中国・武漢を中心として発生したきた新型コロナウイルス感染症（COVID-19）は過去一〇〇年近くの間に人類の遭遇した、影響範囲の最も広範なパンデミックであり、全世界にとって深刻な危機、厳しい試練である。現在もなおCOVID-19は世界中で猛威を振るっており、毎日多くの命を奪っている。深刻な危機を前に、人類は再び十字路に立ち、道の選択を迫られている。COVID-19の拡大を防止・抑制・阻止するためには、中国またはASEAN諸国の一国だけではなく、国際的な共同対策を実施し、各国が広範な交流と協力を増やすことが必要である。とりわけ、COVID-19の経済社会に対する影響を減らすよう努力し、必要な経済協力と人的往来を守り、貿易投資と適度な開放を維持し、サプライチェーンの円滑性を保ち、ポスト・コロナショックの経済復興計画を策定しなければならない。

1　コロナショックをどう見るか

二〇二〇年に入って以来、COVID-19の感染が世界中で急激に拡大している。この状態が長く続けば、世界経済に与える影響は計り知れない。レストラン、ホテル、航空会社、旅行会社などはすでに瀕死の状態にある。企業が数多く倒産したら、多数の失業者が出て、大混乱になるだろう。

従って、今回のコロナショックは二〇〇八～二〇〇九年のリーマンショックを大幅に超えて、極端にいえば、一九二九～一九三三年の大恐慌に匹敵するインパクトを与えると鄭永年（二〇二〇）は指摘した。IMFが二〇二〇年四月一四日に発表した報告書も、今年の世界経済の実質成長率がマイナス三%になると予測した。厳しい「世界同時多発危機」だといえる。先進国については、今年の成長率は二〇〇九年並みのマイナスに留まるが、アメリカにおける個人消費の急減、ヨーロッパ、南米と南アジアなどでの感染拡大などが、この世界同時多発危機のゆくえの決め手となるだろう。

リーマンショックは金融危機であったが、今回のコロナショックは、まだ金融機関の危機には及んでいない。もちろん、企業、特に中小企業の倒産が今後増えれば、金融危機のリスクは高まる。資金供給は重要であるが、消費がなければ、いくら金融政策と財政政策を打ち出しても経済は回らない。また、リーマンショック後と比較して、新興国の弱さが目立つ。二〇〇九年の世界経済は、中国が発動した四兆元の景気対策によってある程度支えられた。しかし今回、そのようなことはない。さらに多くの新興国は、中国と欧米諸国の需要の急減に直面している。したがって、コロナショックは需要ショックであると同時に、供給ショックでもある。

その影響については、次のようなシナリオが考えられる。すなわち、COVID-19の世界的感染拡大→各国の緊急事態宣言・ロックダウン・活動自粛→各国の需要・供給の減少→各国の消費減少→各国の景気の悪化→企業倒産・失業の増加→各国の経済対策というシナリオだ。各国の経済対策次第で、経済の緩やかな回復になるか、あるいは経済危機と社会の大混乱に至るリスクがある。

もう一つ注意しなければならないことであるが、コロナショックの対応にあたって、いくつかの国は自国中心主義により協調した対策と行動をとれず、互いに批判しあったり、資源を争奪するケースも出た。例えば、ドイツはスイスとイタリア向けのマスクを、そしてアメリカもフランスとドイツ向けのマスクを、それぞれの国の同意もとらずに横取りしたとの報道があった（『朝日新聞』二〇二〇年四月五日）。

2　中国の対応と課題

中国では、二〇二〇年二月中旬以来、COVID-19の新規感染者数がピークアウトして、経済と社会は徐々に通常通りに戻っている。二〇二〇年六月現在、電力と鉄鋼などの需要、自動車生産台数は、通常のレベルまで回復している。

もちろんこれは、武漢を中心とした、全国的な厳しいロックダウンの対策が成功した表れだろう。実際、一月下旬以来、政府の要請に基づき、大部分の中国人は自宅で自主隔離の生活を送ってきた。中国では既に三億人以上の人がテレワークを実施したといわれる。職場ではテレビ会議が急増したが、仕事の効率が低いなどの課題も浮き彫りになりつつある。一方で、働き方が変わるとの指摘も出ている。

同時に中国は、経済のダメージを最小限に抑えるため、各地で労働者の職場復帰を促している。すでに、各地のロックダウンは解除され、生産活動も再開された。図表1、図表2、図表3を見ると、二〇二〇年三月、中国製造業のPMIは五二・〇%で、二月に比べて一六・三ポイントの増加である。非製造業PMIは五二・三%で、二月に比べて二二・七ポイントの増加である。総合PMIは五三・〇%で、二月に比べて二四・一ポ

図表1　中国製造業PMI指数（単位：%）

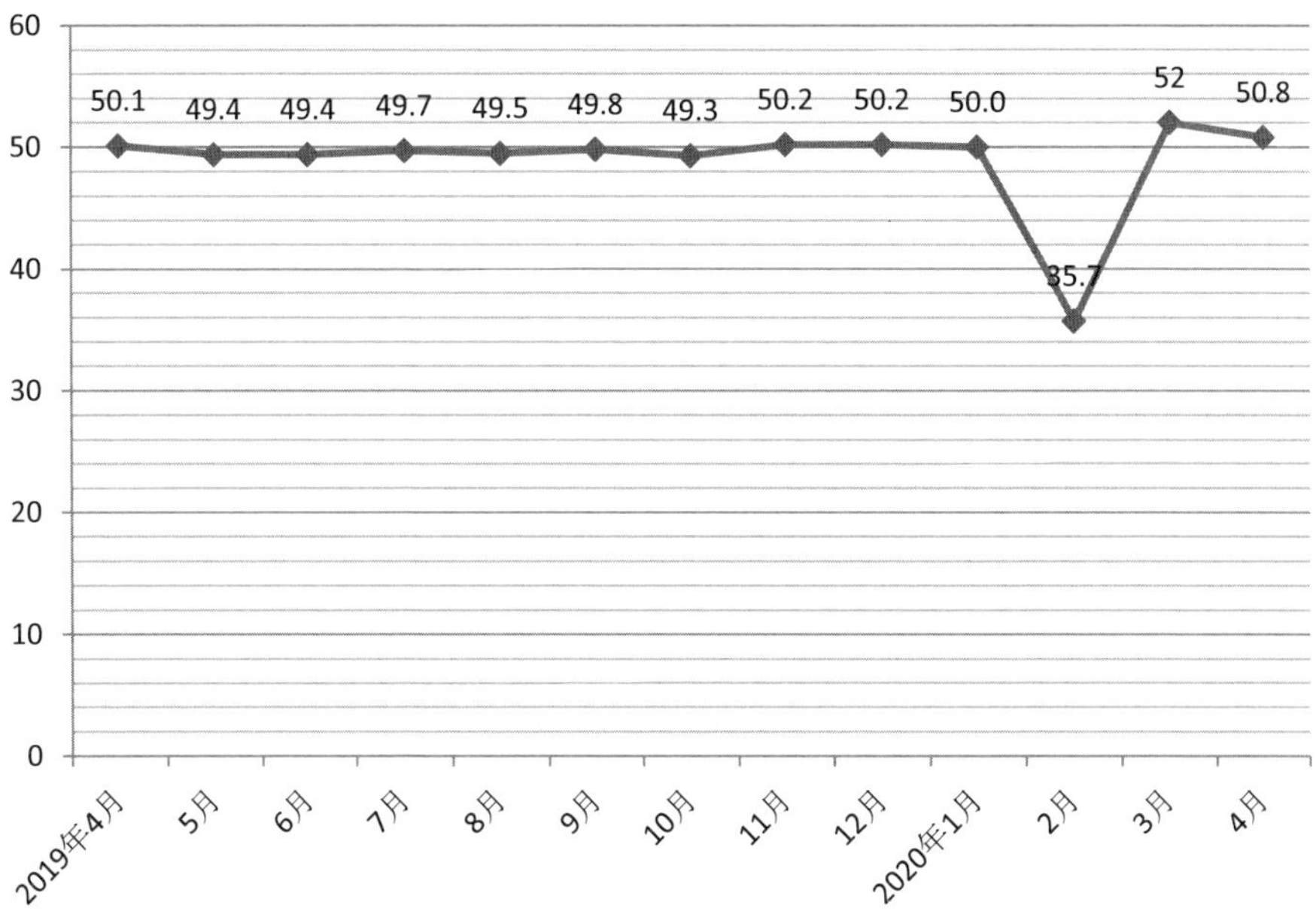

（備考）購買担当者景気指数（PMI）とは、0から100の間で変動し、50.0は「前月から横ばい」、50.0を超えると「前月比で改善や増加」を意味して景気拡大を示し、50.0未満は「前月比で悪化や減少」として景気減速を表す。
（出所）中国国家統計局（2020）「2020年4月中国PMI運営状況」4月30日。

図表2　中国非製造業PMI指数（単位：%）

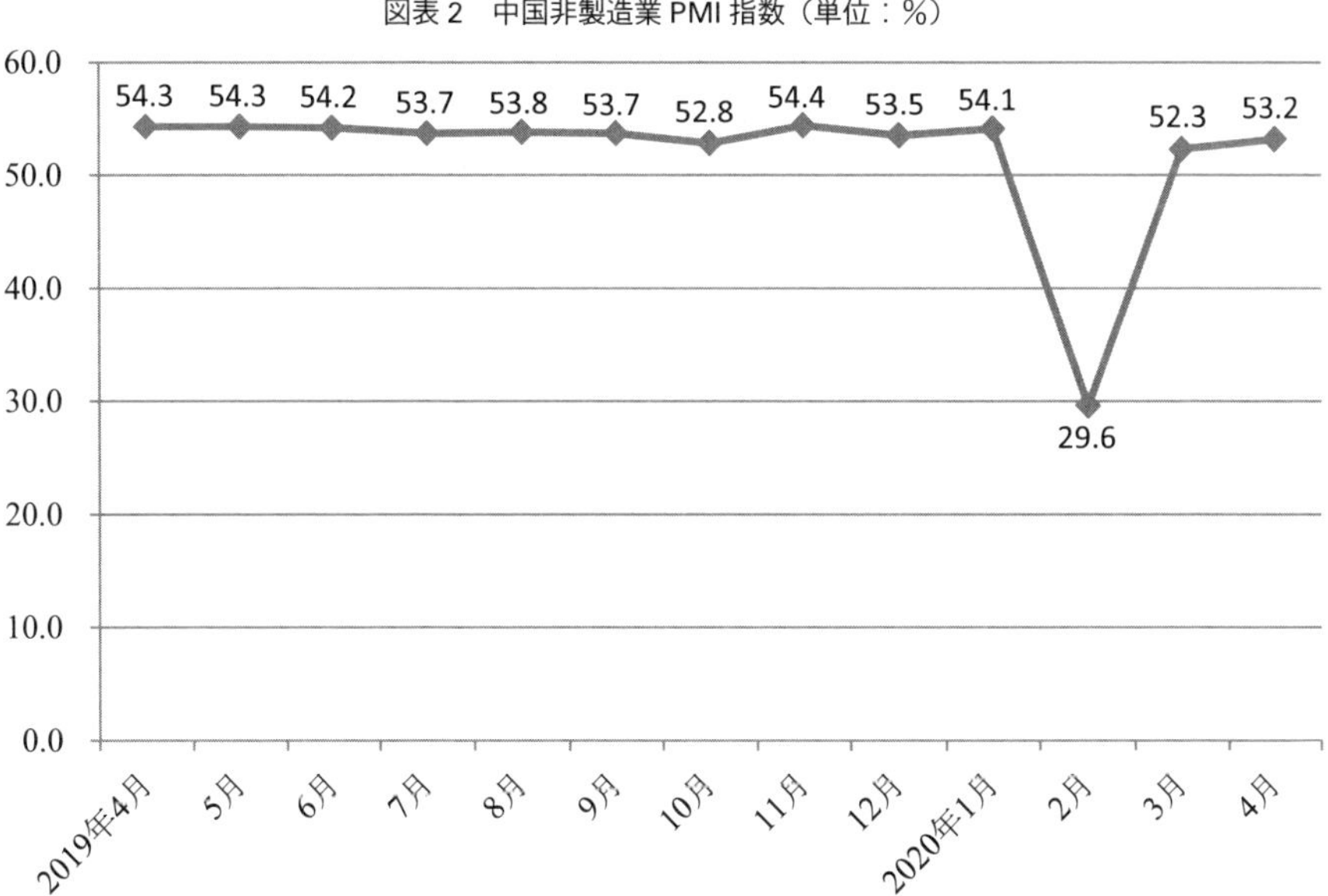

（出所）中国国家統計局（2020）「2020年4月中国PMI運営状況」4月30日。

図表3　中国総合 PMI 指数

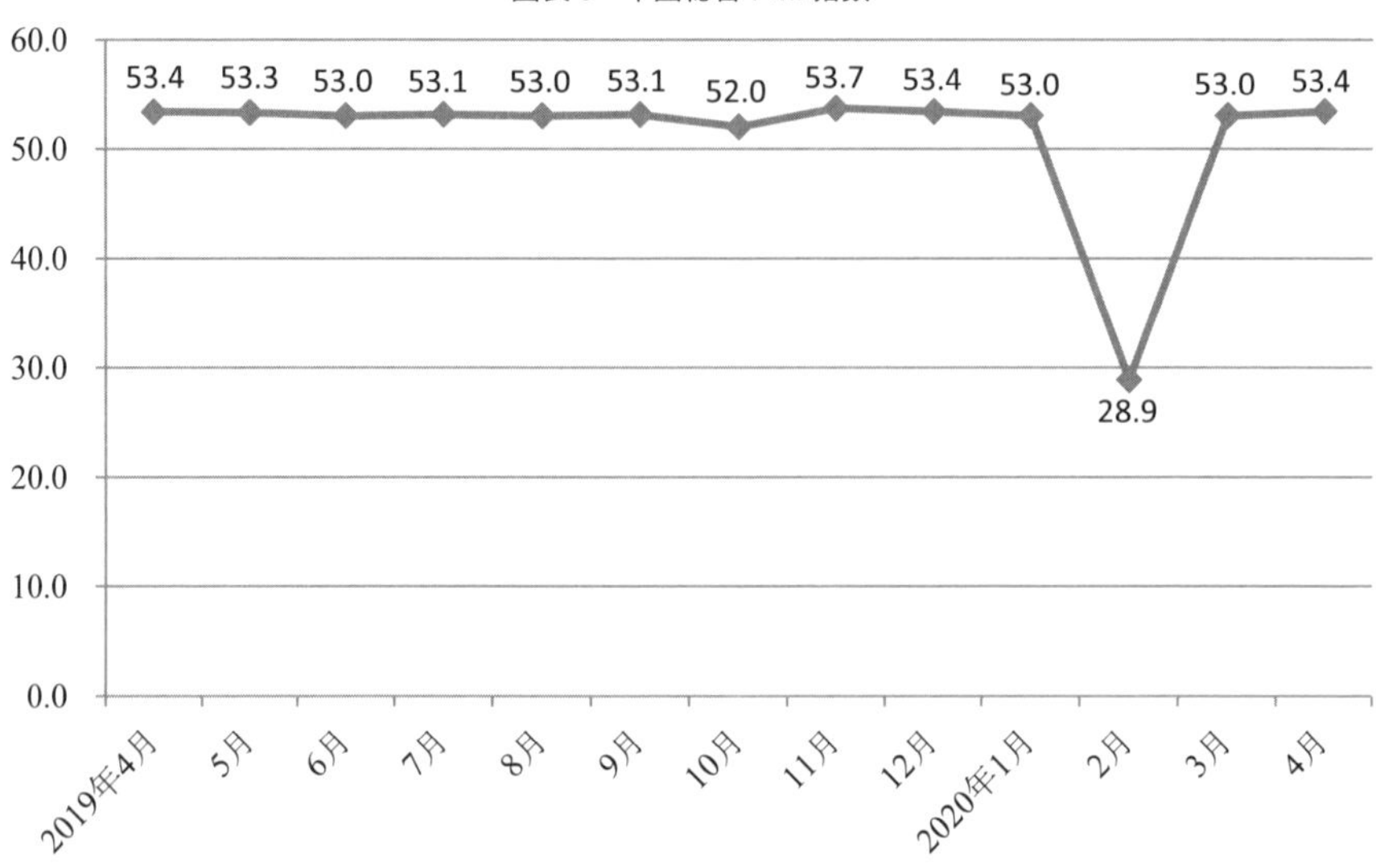

（出所）中国国家統計局（2020）「2020 年 4 月中国 PMI 運営状況」4 月 30 日。

イント増加である。四月にはやや横ばいになっている。いわば、中国の生産活動がV型の回復を実現できているといえる。

ただし、COVID-19への感染が世界中で拡大しているなかで、外需が大幅に縮小した。そのため、中国の輸出にも打撃が現れている。中国商務部（二〇二〇）の統計によれば、二〇二〇年一～四月における中国の輸出入総額は、前の年の同じ時期に比べて四・九％の減少であったが、同じ時期の中国対ASEAN諸国の輸出入総額は前の年の同じ時期に比べて二・八％増加の一九三一・二億米ドルで、ASEAN諸国は中国にとって最大な貿易パートナーとなった。

中国では、ウイルスへの感染がコントロールできたといっても、まだ安心できる状況ではない。なぜなら、世界中でウイルスへの感染が拡大しているからである。今、中国が最も心配しているのが、外国からの「逆流」リスクである。ウイルスの感染を抑えるためには、中国だけでは、問題の解決にはならない。

もう一つの問題としては、SARS（重症急性呼吸器症候群）の感染が起きた二〇〇三年に比べて、世界経済の中国依存度は大幅に進んでいることである。二〇〇三年の中国のGDPの世界シェアは四％であったが、二〇一九年は一八％に達した。しかし今、中国を中心とした東アジアのサプライチェーンが寸断されている。

3　ASEAN諸国への影響

ASEAN諸国に目を転じると、中国での感染拡大が始まった当初、シンガポール、マレーシア、タイといった中国との人的交流が活発な国々で、感染拡大が始まった。現状では、インドや欧米に比べ、感染者数の増加は相対的に低く抑えられているが、油断ができない。

現在、ASEAN諸国と中国が航空・列車・船舶の運行を制限し、国境を全部または一部閉鎖したり検疫を強化したりしており、双方の貿易に影響が出ている。その影響は主に国際物流の停滞、貨物の通関コストの上昇、ビジネス往来や商談の中断などに現れており、企業の契約履行や受注獲得が非常に難しくなった。ミャンマーのスイカ、メロン、ベトナムのスイカ、バナナ、ドラゴンフルーツが国境ゲートで差し止められて、ラオスのバナナの輸出にも影響が及んでいる。この一連の規制措置によって、農家と物流業者が大きな打撃を受けた。中国側では、国境ゲートが一部再開されたとの報道があったが、ベトナムやミャンマー側で状況が改善したとの報道はまだ見られない。ただし、海運に関しては、二月下旬と比べれば、三月中旬には、中国とASEAN諸国の間における海上輸送の密度は高くなり、回復基調にある。

観光業に関しては、一月末以降、中国の観光業界は営業を停止した。それ以前には二五万人の中国人観光客が海外にいたが、一か月後には数十人にまで減少した。タイ政府は、コロナショックによる観光業の損失を約三〇億ドルと推計している。ラオス北部の「ゴールデントライアングル」経済特区は、二月中旬から閉鎖されている。その他のASEAN諸国の観光業も深刻な影響を受けている。

製造業に関しては、ミャンマーの縫製工場では、九〇%の原材料を中国からの輸入に依存しているため、多くの工場が閉鎖されたままである。ベトナムでは、アパレル、携帯電話、テレビなどの生産に必要な素材及び部品が不足しているため、生産活動も停滞している。

図表4は、ASEAN及びそのインドネシア、ベトナム、タイ、マレーシア、シンガポール、フィリピン、ミャンマーの七カ国の五月のPMIである。ASEAN平均の五月のPMIは三五・五%と、統計開始以来の最低値を記録した前月（三〇・七%）より四・八ポイント増加し、やや持ち直した。ASEAN諸国には、中国をはじめ世界に完成品や部品を輸出している企業が多くある。一部の国で経済活動再開の動きが出たとはいえ、外需が減少した結果、企業の生産に影響が出ており、ASEAN諸国の製造業が回復するにはまだ時間がかかると見られる（ジェトロ、二〇二〇年六月八日）。

現状では、ASEAN諸国における感染者数の増加は相対的に低く抑えられているが、油断ができない。とりわけ、ヒトの流れとモノの流れが正常化しないと、流動性の供給を増やしても、経済はよくならない。その影響が長期化すれば、景気の一段の下振れに繋がることは避けられない。その意味では、AS

図表4 ASEAN7か国PMIの推移

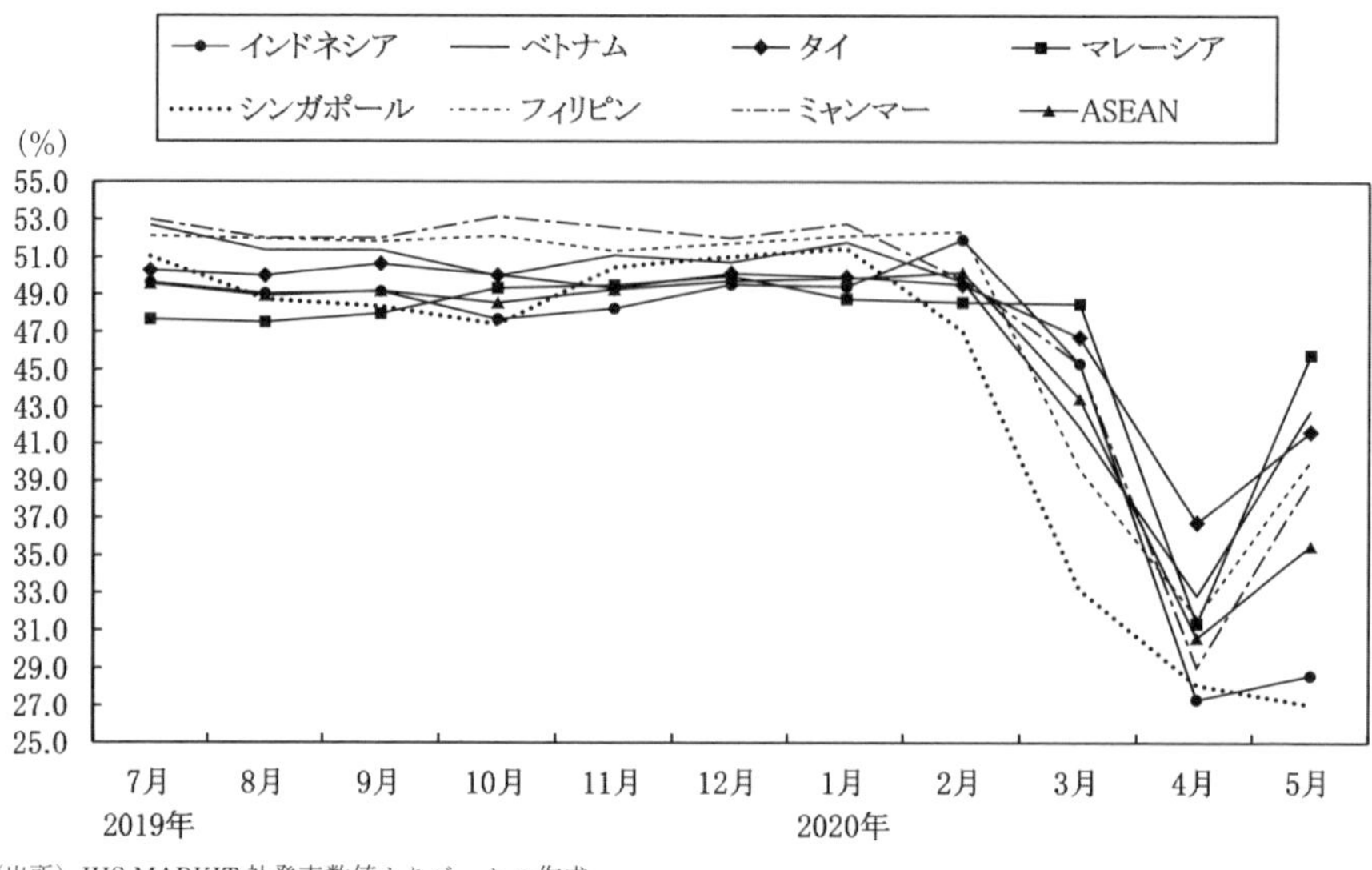

（出所）IHS MARKIT 社発表数値よりジェトロ作成。

EAN諸国が当初は感染者数の少ない「成功例」と見なされたが、いまは分岐点に立たされているといえる。さらに心配のは、ASEAN諸国では、内需が減速している。この影響は、外需の減速という形で中国に跳ね返ってくることになるだろう。

4 中国とASEAN諸国の協力

COVID-19の感染拡大の最中で、二〇二〇年二月五日、カンボジアのフンセン首相は急遽北京を訪問して、習近平国家主席、李克強首相と前後して会談し、中国に対する全面的な支持を表明した。

二月二〇日、中国とASEANは、COVID-19に関する中国・ASEAN特別外相会議をラオスのビエンチャンで開催した。その目的は、ASEAN諸国に対して中国の対応策を説明し、協力を呼びかけることであった。また各国経済へ悪影響を及ぼさないように、渡航禁止の解除を求めた。中国の王毅外相は、COVID-19は中国の経済・社会の発展に試練を与えたが、それは一時的で限定的だと指摘した。中国経済は粘り強く、長期的には良い方向に向かうと表明した。その上で、中国とASEAN諸国は共同で、中国・ASEAN公衆衛生緊急連絡メカニズムの構築を提言し、地域の公共衛生管理レベルを向上させるべきだと強調した。ASEAN諸国の外相も、中国との交流強化でより多くの経験を学んで、ともに地域の公共衛生安全レベルを高めていくことに期待している。

共同声明によると、中国とASEAN諸国は情報のタイムリーな共有、医療用品と医薬品のサプライチェーンの確保などに関して協力を進めることで合意した（Ministry of Foreign Affairs of China, 2020）。

四月一四日、COVID-19への対応策を協議するASEANと中日韓（10＋3）の首脳による特別会議が開催された。中国の李克強首相は、域内での貿易・投資のさらなる円滑化のため、本年中の東アジア包括的経済連携（RCEP）の署名に向け努力していくことが重要と述べるとともに、一億枚のマスクや一〇〇〇万着の防護服をASEAN側に提供すると宣言した。各国はともに感染症と戦い、公衆衛生協力の水準を高め、地域経済の活力を回復するという一致したメッセージを発し、①感染の拡大・蔓延の抑制、②公衆衛生ガバナンスレベルの向上、③東アジアの早急な経済回復の推進、という三つの面で共通認識に達した。また、引き続き情報を共有し、経験に関する交流を行い、薬物とワクチンの研究開発協力を強化し、相互に技術的サポートを提供し、薬物と医療物資を確実に供給し、人的資源開発協力を強化することが同意された（人民網、二〇二〇年四月一五日）。

二〇二〇年三月下旬以来、中国政府、地方政府と中国企業は、人道支援として、ASEAN諸国に対して、大量の医療機器・検査キットなどの医療物資を寄付、医療チームも派遣した。中国からの人道支援には感染症対策物資の提供もあれば、感染症後の関係国の経済・社会的回復及び発展の支援もある。また、二国間の支援もあれば、多国間の寄贈もある。二国間では、中国は被支援国と平等な協議を通じて支援事業を決定して、ASEAN諸国の公衆衛生水準の向上、民生の改善と貧困削減、経済・社会的回復の促進を支援している。同時に、中国政府は最貧国の債務返済を猶予するG20の提言に積極的に加わるとともに、実行に移しており、すでにASEAN諸国を含む発展途上の七七か国・地域の債務返済を一時的に停止することを宣言した（『人民網』二〇二〇年六月八日）。

5　今後の見通し

中国経済の一部は回復を見せてはいても、特に高額商品への支出を消費者が控えるなか、経済の大部分はまだ持ち直してはいない。例えば、自動車メーカーや不動産が通常どおりに戻っている一方で、販売はそうではなく、消費者は車やマンションを積極的に購入していない。V型の回復がいつ起こるかは断言できないが、U型またはL型の回復になる可能性も否定できない。中国は今後「世界の工場」であると同時に、「世界の市場」にもなっていくが、コロナショックによる中国の景気減速は、ASEAN諸国や日本や韓国の経済にも、大きなダメージを与える。

さらに、中国が最悪な状況から抜け出したとしても、ASEAN諸国の回復はまだ先のことである。中国とASEAN諸国の経済がどうなるかは今後の対策の次第である。二〇二〇年は、コロナショックの影響がついてまわる一年となるといえる。中国とＡＳＥＡＮ諸国はＣＯＶＩＤ-19の感染をコントロールできた段階で、経済活動が少しずつ回復する。重要なのは、ワクチンと特効薬の開発だけではなく、政府方針、公衆衛生、安全情報の迅速な情報更新、誤報やフェイクニュースの明確化、差別・偏見をなくす努力などを複数のメディア形態を活用して行い、効果的な情報発信の取り組みを強化することである。それに取り組むためには、一国の努力だけでは不十分で、幅広い協力が求められている。一方、ポスト・コロナショックになると、人々、企業、政府の考え方、生き方、働き方、やり方は大きく変わるだろう。

いくらグローバル化といって、マスクでさえ自国で生産できない状況に対して、各国の国民の間で拒絶反応が発生するに違いない。その行方は依然として不明であるが、この問題は今までのグローバル化にとって逆風となる。各国は、国の安全保障、国民の命と利益に直接かかわるものを再び自分の手で掌握しようとするに違いない。いわば、「限定されたグローバル化」または「限定されたリージョナリズム」になる可能性が考えられる。さらに、コロナショックによって生まれた自国中心主義と国家間の不信感が、短期間でどこまで修復できるか、疑問が残される。国際協力を実行できなければ、ＣＯＶＩＤ-19が残す傷は想像以上に残るに違いない。

ポスト・コロナショックを見据えたグローバルサプライチェーンの調整は、より多様化した様相を呈する可能性がある。今後、中国とＡＳＥＡＮ諸国を含む東アジアでは、下記のような動きが顕著になると思われる。

第一に、東アジア・サプライチェーン再編の動きが活発になる。今後、多国籍企業を中心として、サプライチェーンの再構築が考えられる。しかし、総論は正しいとしても、中国への一極集中から、ＡＳＥＡＮ諸国などへサプライチェーンを分散していく形がまだ見えない。完全に中国に取って代わる国はまだ存在していない。企業は生産ラインをむやみにＡＳＥＡＮ諸国へ移転させることができないだろう。結局、新しいサプライチェーンの形は、メインのサプライチェーンを中国に置きながら、リスク分散のためのサブ・サプライチェーンをほかの国に作るしかない。その候補先として、ＡＳＥＡＮ諸国が有力であろう。地域の物流網における円滑で継続的な運営により、食料、日用品、薬・医療品などの必需品のサプライチェーンの弾力性と持続可能性を強化しなければならない。なお、公衆衛生上必要と思われる措置が貿易障壁や地域のサプライチェーンの混乱を生み出してはならず、ＷＴＯルールと整合的でなくてはならない。

第二に、ＡＳＥＡＮ諸国における中日の第三国市場協力にとってはチャンスである。国内生産コストの上昇、中米貿易摩擦の影響で、中国企業は海外移転を迫られているが、コロナショックによって「中国からの生産移管」の動きは加速する。そこには、日本企業にとってもビジネスチャンスが生まれる。中日両国の企業が作った東アジア・サプライチェーンはオーバーラップしており、中国企業の海外展開は日本企業にも波及していき、そのメイン舞台はＡＳＥＡＮ諸国である。畢世鴻（二〇二〇）では、ＡＳＥＡＮ諸国における市場協力が成功すれば、これが第三国市場協力のモデルになると分析した。中日両国は手を携えて製造業のサプライチェーンの安全と安定を守り、製造業の分業協力の新メカニズムを形成し、それによって東アジア地域の経済統合プロセスを推進する必要がある。

※本文は下記の科研プロジェクトの支援を受けて執筆されたものである。二〇一七年度中国教育部哲学社会科学研究重大課題攻関項目17JZD035、平成三〇年度（二〇一八年度）科研費基盤研究Ｂ「タイを中心とする東南アジア大陸部における地域協力枠組みと日中の競合関係」（研究代表者：末廣昭）、雲南大学二〇一八年度辺彊治理与地縁政治学科（群）特区高端科研成果培育項目（Z2018-04）、雲南大学一流大学建設周辺外交研究理論創新高地項目、国家級高端智庫与教育部新型智庫建設（周辺外交研究中心）項目、雲南大学一帯一路沿線国家総合数拠庫建設項目（C176240101）。

参考文献

Ministry of Foreign Affairs of China（2020）, *Special ASEAN-China Foreign Ministers' Meeting on Coronavirus Disease（COVID-19）Convened in Vientiane*, February 20.

鄭永年（二〇二〇）「疫情衝撃或超大蕭条、全球化可能退回経済主権時代」『観察者』三月三〇日。

中国国家統計局（二〇二〇）「二〇二〇年四月中国ＰＭＩ運営状況」四月三〇日。

中国商務部（二〇二〇）「二〇二〇年一－四月中国与亜洲周辺国家双辺貿易統計」六月一日。

畢世鴻（二〇二〇）「東南アジアにおける中日両国の第三国市場協力」『世界経済評論』五・六月号。

新聞・ネット記事

「ＡＳＥＡＮの製造業、回復傾向見せるも道半ば」ジェトロ、二〇二〇年六月八日。

「外交部発表、「10＋3新型コロナウイルス対応策首脳特別会議」で多くの合意」、人民網、二〇二〇年四月一五日。

「中国が発展途上の七七か国・地域の債務返済を猶予」『人民網』、二〇二〇年六月八日。

「発注マスクを「米国に横取りされた」欧州で高まる不満」『朝日新聞』、二〇二〇年四月五日。

ベトナムとタイにおけるコロナショックの影響

坂田正三

（さかた　しょうぞう）
ジェトロ・アジア経済研究所バンコク研究センター研究員
専門はベトナム経済研究。著書に「ベトナム―若者の国の現在と未来」末廣昭・大泉啓一郎編著『東アジアの社会大変動―人口センサスが語る世界―』（名古屋大学出版）、『ベトナムの「専業村」―経済発展と農村工業化のダイナミズム』（アジア経済研究所）などがある。

1　東南アジアの感染拡大状況

本稿では、本稿を執筆している六月末時点の東南アジアにおける新型コロナウイルス感染拡大の状況と経済への影響を概観するとともに、今後の経済回復の見込みについて展望する。本稿では、東南アジア全般の状況に加え、筆者が研究対象としているベトナムと、現在筆者が在住しているタイの状況をより詳しくみていくこととする。感染の押さえ込みに成功したと評価されているこの二カ国であるが、感染拡大への対応や経済への影響はそれぞれ異なっている。

表1および図1は、東南アジア一一カ国の新型コロナウィルス感染状況を示したものである。本稿執筆時点で、東南アジアでは一四万人超が感染し、約四〇〇〇人が死亡している。東南アジア全体でもフランスやドイツ一カ国の累計感染者数より少なく、世界的にみれば欧米諸国ほど感染は拡大しなかった。東南アジアで初めて感染が確認されたのは、日本で初感染者が確認された日（一月一六日）より早い一月一三日、感染者は中国・武漢から旅行でタイを訪れていた中国人女性であった。ただし、東南アジア各国で感染者数が急速に増加していったのは三月中旬以降のことである。本稿執筆時点で、インドネシアとフィリピンではまだ感染の拡大傾向が収まっていないが、累計感染者数第二位のシンガポールも含め、他の国では感染拡大は収まりつつある。

感染拡大の抑制のため、各国とも医療資源の確保や検査の拡充などを実施する一方、発動のタイミングや強度はそれぞれ異なるが、どの国も海外からの渡航者の入国制限・停止と、国内の人の移動や経済活動の大規模な制限を行った。二月中旬までにはどの国も中国全域からの入国を制限し、三月中旬からは制限の対象を韓国、イラン、イタリアと拡大し、四月初旬にはほぼ全世界からの入国制限（外国人の入国禁止、自国民の帰郷者の隔離、観察）を実施した。また、マニラ（その後ルソン島全土）の封鎖に踏み切ったフィリピンや、国境を封鎖したマレーシアなど、大規模で厳格な「ロックダウン」に踏み切った国もあるが、明示的にロックダウンと宣言していないその他のほとんどの国でも、学校の休校、カラオケやバー、大規模商業施設の営業禁止、社会的距離の確保（集会の禁止）、州・省をまたぐ移動の禁止といった経済活動や行動の制限が講じられた。

感染の初期段階では、ベトナムとタイの政府は対照的な動きをみせた。ベトナムではいち早く、一月末には陸路、空路ともに中国全土からの入国、あるいは中国に渡航歴のある人の入国の制限と入国者の徹底した隔離を開始した。国内の行動制限を最も早く開始したのもベトナムであった。フック首相は一月三一日にはすべての学校の休校、イベントや文化行事の中止を指示した。二月中旬には、企業の研修のために武漢に渡航し帰国した七人の集団感染が確認されたため、彼らの住むハノイ郊外の人口一万人の村を丸ごと二〇日間封鎖した。一旦感染拡大が落ち着いた後、三月初旬、ヨーロッパからの帰国者の感染がきっかけとなり再び感染拡大が始まると、四月一日に大規模な社会隔離を指示する首相指示が出され、製造業企業の操業は認められたものの、商業施設や飲食店の営業は禁止され、原則的には全国民の不要不急の外出が禁じられた。

一方タイでは、中国での感染の拡大が報じられ始めた当初も、中国からの観光客の減少を懸念した観光・スポーツ相が入国規制に難色を示し、実際に他国と比較して入国規制の導入が遅れたことが、三月以降の感染拡大を招く一因となった。三月に入りキックボクシング会場での一〇〇人以上の集団感染など、相次いで感染が発覚すると、感染拡大の恐れたバンコク都や地方の県が独自に経済活動の規制を始め、プラユット首相はあわてて三月二六日、大型商業施設の閉鎖や夜間外出禁止、集会禁止を伴う非常事態宣言を発表した。

表1　東南アジアの感染状況（2020年6月27日現在）

	初感染者が確認された日	累計感染者数	死亡者数
東南アジア		143,610	4,170
インドネシア	3月2日	52,812	2,720
シンガポール	1月23日	43,246	26
フィリピン	1月30日	34,803	1,236
マレーシア	1月25日	8,616	121
タイ	1月13日	3,162	58
ベトナム	1月23日	355	0
ミャンマー	3月23日	293	6
ブルネイ	3月9日	141	3
カンボジア	1月27日	139	0
東チモール	3月21日	24	0
ラオス	3月24日	19	0

（出所）worldmeter ウェブサイト（https://www.worldometers.info/coronavirus/）

図1　東南アジアの累計感染者数の推移（2020年6月27日現在）

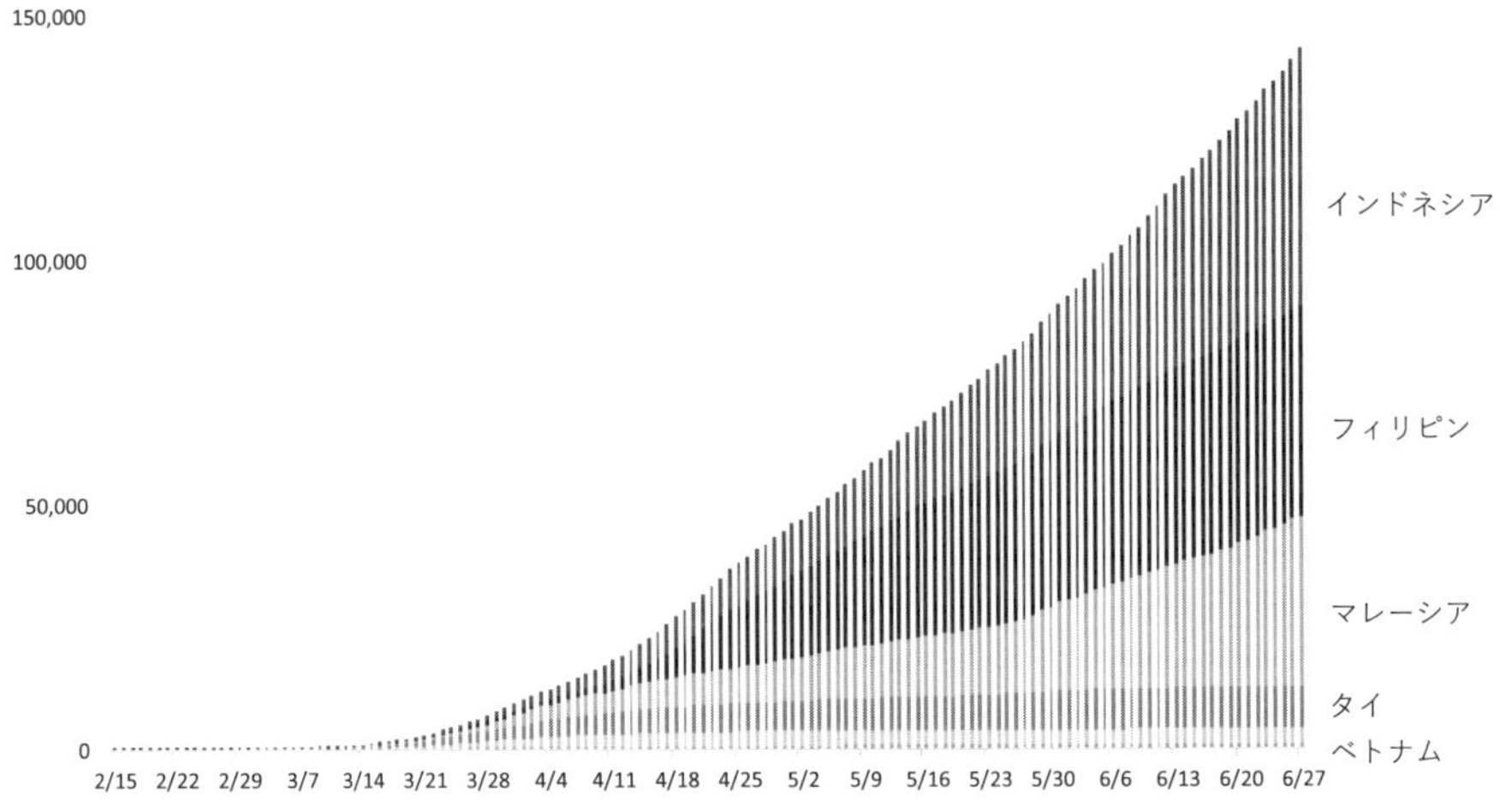

（出所）worldmeter ウェブサイト（https://www.worldometers.info/coronavirus/）

2　製造業への影響

表2は、アジア開発銀行（ADB）による東南アジア各国の二〇二〇年と二〇二一年のGDP成長率の予測である。出所は、ADBが四月三日にリリースした、毎年刊行している『アジア経済見通し』（Asian Development Outlook：ADO）と六月一八日にリリースされた『増補版』（Asian Development Outlook Supplement：ADOS）である。ADOではおそらく二月から三月上旬の状況がベースとなっているためと考えられるが、比較的楽観的な予測であった。一方、ADOSでは、ベトナムを除いて予測値が大幅に下方修正されている。特に、シンガポール、マレーシア、タイといった経済規模が大きく、製造業に加え観光業、航空業などでも大打撃を受けている国では、大幅な経済の減速が予想されている。インドネシアとフィリピンはADOS公表時にもまだ感染拡大が止まっていない状況であり、ADOSの予測値をさらに大幅に下回る結果となる可能性も考えられる。

東南アジアの製造業への影響は、二月初旬ごろから表れ始めたが、その特徴は長期間、かつ複数の要因が多岐にわたる分野に大きな打撃を与えてきたことである。中国、武漢での感染拡大が始まり、その後中国全土で都市封鎖や企業活動の停止が起こると、まず東南アジアのサプライチェーンが混乱し、多くの製造業企業が原材料や部品調達に困難をきたした。その後感染がアメリカやヨーロッパに拡大すると、今度は世界的な需要の

表２　2020年と2021年の東南アジア各国のGDP成長率予想

	2020年		2021年	
	ADO	ADOS	ADO	ADOS
東南アジア	1.0	−2.7	4.7	5.2
ブルネイ	2.0	1.4	3.0	3.0
カンボジア	2.3	−5.5	5.7	5.9
インドネシア	2.5	−1.0	5.0	5.3
ラオス	3.5	−0.5	6.0	4.5
マレーシア	0.5	−4.0	5.5	6.5
ミャンマー	4.2	1.8	6.8	6.0
フィリピン	2.0	−3.8	6.5	6.5
シンガポール	0.2	−6.0	2.0	3.2
タイ	−4.8	−6.5	2.5	3.5
東チモール	−2.0	−3.7	4.0	4.0
ベトナム	4.8	4.1	6.8	6.8

（出所）アジア開発銀行『アジア経済見通し』（ADO）および『増補版』（ADOS）

落ち込みの影響を受け、多くの企業が操業停止に追いやられた。

特にタイでは、主要産業である自動車産業が大きな打撃を受けている。タイ工業連盟が公表するデータによれば、感染拡大が始まった二月から四月までの三カ月間の自動車の新車販売台数は前年比四一・六％減、輸出台数は前年比二八・一％減と大きく落ち込んだ。四月に限定すれば、それぞれ六五・〇％減、六九・七％減というさらなる大幅減となる。一方、ベトナムの自動車生産の規模はタイほど大きくはないものの、自動車産業はタイ同様に大きく落ち込み、ベトナム自動車生産者協会が公表するデータによれば、同じく二月から四月までの間の新車自動車販売台数は二六・三％減となった（四月は四四・一％減）。ベトナムの庶民の足であるオートバイについては、ベトナムオートバイ生産者協会が第１四半期のオートバイの販売台数が前年比三・三％の減少にとどまったと発表し、影響は限定的とみられていたが、その後ホンダ・ベトナムが、四月の販売は前年同月比七二％にまで大きく落ち込んだことを公表した。

ベトナム最大の輸出品目である携帯電話の輸出は、最大の生産企業である韓国のサムスンが、韓国で感染が拡大した三月に生産の一部を韓国からベトナムに移管したこともあり、大きく落ち込むとはみられていなかった。事実、ベトナム統計総局のデータによれば、二月から三月の輸出額は、前年比三％程度の落ち込みにとどまっていた。しかし、輸出額は四月には前年比一五％減、五月には三〇％減と下落しており、今後も世界的な需要の落ち込みの影響は徐々に拡大していくものとみられる。

３　人の移動制限による影響

新型コロナウイルスの感染拡大はまた、人の移動に依存して成り立ってきた東南アジア経済の脆弱性を浮き彫りにした。まず、各国が海外からの人の移動を制限したことで、観光業が大きな打撃を受けた。大手も含めた多くの旅行代理店やホテルが休業を余儀なくされた。四月にはほぼ世界中で入国制限が課され、東南アジアのほとんどの国で国内の移動制限も出されたため、多くの旅客便を減便、欠航せざるを得なくなった航空業界も大打撃を受けた。タイ航空は会社更生法の適用を受け再生をする事態となった。

観光業が被った影響の特徴は、L字型の落ち込み、すなわち急激に観光客の来訪が止まり、その後も長らく回復しない状態が続いていることである。タイ観光・スポーツ省が公表するデータによると、タイは二〇一九年、過去最高となる三九八〇万人もの海外からの観光客を受け入れたが、二〇二〇年二月には前年同月比四二・七％減という観光客の急激な減少が始まり、四月以降の観光客はゼロとなった。特にタイでは、観光目的だけでなく、病院での医療目的のいわゆる医療ツーリズムやMICEと呼ばれる分野（研修、報奨旅行、会議、展示会）での海外からの来訪者も多く、外国人向けサービスを提供する病院や大規模コンベンションセンターなど、影響は多岐にわたっている。一方、ベトナム観光庁によれば、ベトナムでは二〇一九年にこちらも過去最高となる一八〇〇万人の海外からの観光客が訪れたが、三月二二日からすべての海外からの渡航者の入国が禁止されたため、これ以降の海外からの観光客数はゼロとなった。

また、感染拡大により国境を越えて働く多くの労働者たちが職を失う事態となった。東南アジアには、タイ、マレーシア、シンガポールのように、海外からの出稼ぎ労働者を数多く受け入れている国もあれば、フィリピンに代表されるように出稼ぎ労働者を数多く送り出している国もあるが、その双方で出稼ぎ労働者に関わる問題が顕在化した。国連・国際移住機関（IOM）によれば、近隣諸国からの出稼ぎ労働者の多いタイでは、四〇〇万人から五〇〇万人の外国人が働いていると見積もられているが、一方で、一四万人のタイ人も海外で働いている。また、ベトナムの労働傷病兵社会省の発表によれば、二〇一九年末時点でベトナム人労働者は世界中に約六五万人いるとみられている。

ベトナムでは、これらの労働者や留学生たちなどの帰国が三月の感染拡大を招いた一方、タイでは三月以降の国境封鎖や国際線の旅客便の停止などで、就労している国で仕事を失った後も本国に帰国できない労働者の窮状も問題になった。また、ベトナムでは、専門技術者や管理職として中国企業や中国のODAによるインフラプロジェクトで働く中国人が旧正月に帰国後ベトナムに戻れず、これらの企業の操業やプロジェクトが長らく停止するという事態が起こった。ベトナムでは、合法で働いている中国人労働者が三万三〇〇〇人おり、そのうちの半数以上が旧正月で中国に戻っていた。

また、出稼ぎ労働者の大量の失業の影響で、二〇二〇年は本国への送金が大幅に減少する見込みである。世界銀行が四月にリリースした報告書『新型コロナ危機―移住者の目を通して―』（COVID-19 Crisis: Through a Migration Lens）によれば、東アジアおよび太平洋地域で二〇二〇年の送金額は前年から一三

％減少すると予測されている。海外からの送金受取額がアジアで最も多いのは中国（年間六八四億ドル）であるが、東南アジア諸国にも、フィリピン（三五二億ドル）、ベトナム（一七〇億ドル）、インドネシア（一一七億ドル）など、年間一〇〇億ドル以上の送金を受け取っている国がある。

4　経済復興支援策

感染拡大の経済的な影響の軽減と感染終息後の経済の回復を目的として、政府は感染拡大の初期からさまざまな政策を打ち出してきた。タイでは、人の移動や経済活動の大規模な制限といった感染拡大防止策を打ち出すよりも早い三月六日、第一次景気刺激パッケージが発表された。その後、三月二四日、四月八日と合計三次にわたる景気刺激パッケージが立て続けに発表された。政策の一つの目玉は、社会保障制度でカバーされていない労働者に対する月額五〇〇〇バーツ（一六〇ドル）を三カ月間支給する現金給付である。当初三〇〇万人に対する支給を想定していたが、対象を農家などにも拡大したため、対象は一六〇〇万人にまで拡大した。景気刺激パッケージのもう一つの目玉は、四〇〇〇億バーツ（一三〇億ドル）の経済社会復興計画である。これは、国家経済社会開発評議会（ＮＥＳＤＣ）が各省庁、地方自治体から経済・社会開発プロジェクトを募集し、審査の上、了承されたプロジェクトに予算を配分するという形で行われる。草の根経済活動、地方に戻った失業者への雇用創出のためのプロジェクトを中心として、六月二二日までに四万三〇〇〇件、総額一兆三六〇〇バーツにも及ぶ申請があったという。また、タイ中央銀行は二月、政策金利を〇・二五ポイント引き下げ過去最低の一・〇％としている。

一方、ベトナムではまず感染拡大防止策に政策の比重が置かれ、その後四月以降に経済支援策が発表されるという順を追った。四月から各種税金や土地賃借料の五ヶ月間の支払い猶予や公共料金の値下げが行われた。また、雇用の一時中断や失業した労働者二〇〇万人に対する一時保証金三ヶ月分の支給も発表された。また、ベトナム国家銀行（中央銀行）は基準金利を三月には六％から五％へ、五月には五％から四・五％に引き下げた。財政省は、社会政策銀行を通した中小企業や個人事業主への無担保融資の実施、企業の金利支払い猶予や低利融資のための三〇〇兆ドン（一三〇億ドル）の緊急支出を決定した。

5　経済回復の見込みと課題

本稿執筆時点では、一日の新規感染者数が一〇〇〇人を超えるインドネシア、数百人台のフィリピン、シンガポールを除けば、東南アジア諸国はどの国も、新規感染者数はゼロあるいは一桁台が一カ月以上続くという状況である。この状況を受け、各国とも行動規制の段階的な解除を実施している。

ベトナムでは大規模社会的隔離措置は三週間で解除され、四月二三日から外出禁止の解除や、飲食店などの営業再開、省をまたぐ移動が許可され、その後各省の判断で学校も再開された。五月末までにはベトナム航空は国内線のすべての運行を再開している。タイでは、本稿執筆時点で非常事態宣言は解除されていないものの、五月三日からのレストランやホテルでの飲食解禁を含む制限解除に始まり、六月一五日の夜間外出禁止の解除まで、第四次にわたる段階的な緩和を実施してきた。七月一日までには経済活動と移動制限の完全解除を行うことが予定されている。

ベトナムではすでに、熟練労働者やビジネス関連人材に限定されているが、日本も含む特定の国からの渡航者の受け入れを開始している。タイも七月一日から段階的に受け入れが始まる予定である。ベトナム、タイは東南アジアの中でも比較的早期に、段階的ながら製造業企業の操業が再開された。自動車産業もベトナムでは各社とも四月末から生産を再開し、タイでも五月末にはほぼ全社が生産を再開している。

前述のADBの予測では、二〇二一年には東南アジア各国の経済はV字回復すると見込まれている。これは、「今回の危機の特色は経済の世界の外から出てきた大きなショックであり、公衆衛生上のリスクが取り除かれれば、経済は順調に元に戻るであろう」(ADOリリース時の澤田康幸ADBチーフエコノミストのコメント)という認識によるものである。また、バンコク在住の著名なフィナンシャル・タイムズ紙記者、ジョン・リードは、ベトナム、タイの二カ国が「新型コロナの配当」(Covid dividends)を受けるだろう、と予測している。それは、米中貿易摩擦の影響で、製造業が生産拠点をこの二カ国に移す動きは感染拡大以前から始まっていたが、今後は中国への過度な依存から脱却すべく、世界的なサプライチェーン再編の動きが起こり、この二カ国への世界的な企業の移転がさらに加速するからだとしている(*Financial Times* 2020年6月10日付)。

しかし、公衆衛生上のリスクが世界の広範囲にわたり取り除かれない限り、どの国も労働者や観光客の大幅な受け入れ再開には慎重にならざるを得ず、経済の急回復という見込みは、筆者には楽観的すぎると感じる。現在のような越境労働に依存する経済を転換し、「新常態」として定着させていくことは決して容易ではない。また、中国に依存する世界のサプライチェーンの構造が急速に変わるかどうかは疑問である。まず中国の製造業と消費がいち早く回復しており、世界の製造業は、少なくともしばらくは中国のサプライヤーや消費者頼みの回復を志向せざるを得ないであろう。また、タイもベトナムも二〇一九年の観光客の三分の一以上は中国からの来訪者であり、観光業の急速な回復を望むのであれば、中国からの観光客の誘致が最も手っ取り早い解決策であろう。

また、巨額の経済刺激策には、長期的には成長の足かせとなる危険も孕む。タイの第三次経済刺激パッケージは、過去に例をみない一兆バーツの借入金が原資となっている。四〇〇〇億バーツの経済社会復興計画をはじめとする各種経済刺激策の効果以上に、資金の使途の透明性や財政上の規律が問われることになるであろう。一方、ベトナムでは、世界的な経済危機への対応として二〇〇九年に発動した大型の経済刺激策が経済回復の足を引っ張ったという過去がある。企業支援資金の多くが国有企業への支援に充てられ、のちにこれらの企業が膨大な不良債権を生み出したためである。今回のベトナムの三〇〇兆ドンの企業支援策が、同様の結果を招くことになるのか、注視していく必要があるだろう。

あとがき
――パンデミックに対するグローバル・ガバナンスの課題

宇宙人（ウイルス）の襲来

宇宙人が最初に襲撃したのがウハン国だった。ウハン国民は宇宙人と勇敢に戦ったが、四六〇〇人以上が戦死したうえに、城砦を破られてしまった。ウハン国との戦いに勝った宇宙人は他の国々を次々と襲い、どの国も持ちこたえることができなかった。

宇宙人の襲撃で最も大きな打撃を受けたのがトランプ国である。戦死者は一三万人を超えているが、宇宙人の攻撃はまだやむ気配がない。トランプ国の惨憺たる敗戦の原因が国王のめちゃくちゃな指揮にあることは明らかである。国王は宇宙人に襲われた地方の武将たちを助けないばかりか、自分に忠実でない武将たちが宇宙人に負けているのだと揶揄する始末だった。宇宙人の勢いが弱まると、「もう戦いはいい。経済を回さなきゃ」といって戦いを半ばで放棄しようとした。それを機に宇宙人が再び攻勢に転じ、今度は国王に忠実な武将たちがいる地方を集中的に襲っている。

トランプ国王は自国の悲惨な情勢から国民の目をそらそうとして、「宇宙人が我が国で猛威をふるっているのは、ウハン国が宇宙人に負けたせいだ」と責任を転嫁した。トランプ国の宰相は、ウハン国が宇宙人を地球に招き入れた疑いがある、と言い放った。

一方、宇宙人の攻撃が収まったウハン国は日常を取り戻し、宇宙人に襲われた他の国々に援軍を差し伸べたり、武器を送ったりした。ただ、他国を助けるのはいいのだが、そのやり方が時に他国の神経を逆なでするのだった。他国からは、ウハン国は援軍を出す相手を戦略的に選別して、自国に従属する国を増やしたり、仲の良かった国々の間を引き裂こうとしているのではないかとの疑いがもたれている。また、ウハン国の役人のなかには、他国はウハン国に感謝しなければならないとか、ウハン国のやり方を学べとか高飛車なことを言いだす人もいる。

宇宙人の襲撃に対する地球防衛の戦いは大変残念な経過をたどっている。人類は宇宙人の襲撃に対してどうして団結できないのであろうか。宇宙人の攻撃がまだウハン国だけにとどまっていたときは、ジャパン国の国民の一部がウハン国に武器を送るなど、それなりに国際連帯の動きがあった。ただ、トランプ国王は当初からウハン国を助けるそぶりさえみせず、ウハン国民が自国に逃げてくるのを禁止する措置をとった。戦っている相手が人類共通の敵であることは明らかなのに、各国は他国の犠牲を顧みずに自国の利益を追求することに何のためらいも感じていないかのようである。他国への軍事支援に最も積極的なのはウハン国だが、他国が混乱している機に乗じて自国の支配領域を拡大しようという意図が透けて見えてしまうので、余り他国に感謝されていない。

宇宙人の襲撃に備えるための地球防衛軍も一応存在する。しかし、その兵力は大変脆弱なので、結局闘うのは各国の軍隊である。地球防衛軍は各国に対して戦術を指導する役割もある。ウハン国とジャパン国とでは宇宙人と戦う戦術はだいぶ違うのだが、地球防衛軍はどちらも素晴らしいですねというだけでアドバイスするわけでもない。地球防衛軍はもともとはトランプ国が多くの人材と資金を提供してできた組織であるが、今回の宇宙人の襲撃に対する対応について、地球防衛軍がウハン国寄りだとトランプ国王は批判を強め、もう支援しないと言い出した——。

グローバル・ヘルス・ガバナンスの課題

新型コロナウイルスを宇宙人に置き換えて考えることで、感染症の脅威に対するグローバル・ガバナンスの体制に大きな課題があることが認識できるように思う。二〇二〇年の前半を通じたコロナ禍のなかで、我々はウイルスの攻撃に対する地球防衛軍たるべき世界保健機関（WHO）の脆弱性を痛感させられた（詫摩［二〇二〇］）。WHOはこれまでポリオや天然痘の撲滅、HIV／AIDSやマラリアやエボラ出血熱への対策に大きな役割を果たしてきた。ただ、これらはいずれも医療資源が乏しい発展途上地域を中心に起きている問題であり、そこではWHOが介入する意義と効果は大きかった。

一方、今回の新型コロナウイルスが流行したのは最初に中国、次にヨーロッパ、北米と、医療資源が相対的に豊かな地域である。WHOの年間予算は二三億ドル（二〇一八年）と、東京大学とおなじぐらいの規模しかなく、医療資源が豊かな国に対してできることは限られている。WHOは結局各国から上がってくる情報を集計して毎日感染状況に関するレポートを出したり、途上国に医療物資を支援したりするなど限られた役割しか果たしていない。先進国や中国などに関しては各国政府の判断と力量に任せるしかなかった。

新型コロナウイルスのパンデミックは、感染症の脅威に対するグローバル・ガバナンス体制を抜本的に強化する必要性があることを痛感させた。WHOの機能を高め、医療資源が十分でない国々に対してノウハウや資源を提供する力を強化しなければならない。地球のどこかで感染症の蔓延が続いている限り、必ず第三波、第四波がやってくることになるので、WHOのような国際組織の役割は重要である。ただ、WHOの規模を中国やアメリカのような大国に介入できるまで拡大することは現実的ではない。医療資源が相対的に豊かな国に対しては情報共有以上の役割をWHOに期待することはいずれにせよ難しく、そうした国々での感染症対策は各国の判断と力量に引き続き委ねざるをえない。

新しい国際規範の確立へ

ただし、このたびの新型コロナウイルスのパンデミックという経験を通じて、各国、とりわけ医療資源が相対的に豊富な国々は、単に自国民を感染拡大から守る責任を負うだけでなく、感染を他国に広めない責任を負うということを国際規範として確立する必要があると筆者は感じた。

新型コロナウイルスによる被害に対して中国政府に損害賠償を請求する動きがアメリカやエジプトなどいくつかの国で見られる。中国政府はもちろん猛反発しているし、新型コロナウイルスに対して賠償責任が認められるのであれば、二〇〇九年に流行し、いまだに終息していない新型インフルエンザ（流行が始まったのはアメリカとメキシコ）に対する責任はどうなるのか等、際限のない論争に火をつけることにもなる。法律的にはこの問題は不問にするのが得策であるとは思うが、損害賠償責任という問題を提起すること自体は、単なる荒唐無稽な主張として退けるべきではない。なぜなら、そこには各国は感染を他国に広めないよう努力するべきだという新たな国際規範意識が胚胎されているからである。

本書所収の拙稿で論じたように、中国では二〇二〇年一月二三日に武漢市のロックダウンを実施し、武漢市民が市外に出ることを原則として禁止した。この措置は事実上武漢市に対して感染を武漢以外の地域に広げない責任を負わせたことになり、武漢市民にとってはつらい出来事ではあったが、その効果は大きかった。今回のパンデミックによって、市の境であれ国境であり、人々の移動範囲を制限することが感染症の流行を抑えることに効果的であることが改めて証明されたので、各国が出入国に制限をかけることにも合理性がある。しかし、各国が実施した出入国制限においては、自国民と他国民、入国と出国の間で著しく非対称な方針をとっており、それは感染拡大の防止という科学的観点からみても不合理だし、倫理的にも正当化しがたい。

例えば、日本政府は二〇二〇年一月三一日に中国湖北省に滞在歴のある外国人の入国を拒否すると発表したのを皮切りに、感染の拡大に合わせて入国拒否の対象地域を拡大し、二〇二〇年七月現在世界の一二九か国・地域に二週間以内に滞在歴のある外国人の入国を拒否している（法務省ホームページ）。一方、感染拡大地域から帰国する日本人に対しては、当初武漢からチャーター便で帰国した日本人に対してはホテルに二週間隔離する措置がとられたが、三月にヨーロッパなどから帰国してきた日本人に対しては厳格な隔離が行われなかった。日本では三月下旬から感染が急拡大したが、国立感染症研究所の研究によると、日本で広まったウィルスは遺伝子の特徴がヨーロッパのものと近く、日本での流行はヨーロッパ経由でもたらされた可能性が高いという（『朝日新聞』二〇二〇年四月二八日）。同じ地域から来日した人でも外国人なら拒否、日本人なら入国できるばかりか隔離も緩いという状態は感染拡大防止の観点から言えば不合理である。

一方、日本人の出国に関して日本政府は二〇二〇年三月二五日に全世界への「不要不急の渡航は止めてください」という緩やかな勧告を行い、本稿執筆時点（七月中旬）までそのままである。ちなみに、外務省は日本人の海外渡航に関して渡航先でのさまざまなリスクに応じてレベル1（十分に注意してください）からレベル4（退避してください。渡航は止めてください）という四段階の勧告を行っているが、「不要不急の・・」というのはレベル2にあたる。厳しい言い方になるが、日本へのウィルス持ち込みは厳しく制限する（とりわけ外国人による持ち込みは拒否する）が、日本からのウィルス持ち出しには緩いという状況が日本で緊急事態宣言が出ていた間も続いていた。

入国には厳しいが出国には緩いという規制パターンはもちろん日本だけではない。

よく知られているようにWHOのテドロス事務局長は武漢で感染が急拡大していた二〇二〇年二月三日の段階で中国に対する渡航制限は必要ないと発言した。この発言がアメリカのWHOに対する不信感を強め、後の脱退宣言につながったことは否めないが、各国による入出国制限措置の実態を考えたとき、WHOがそれを批判したくなる気持ちはわかる。つまり、入出国制限が入国と出国、自国民と他国民の間で非対称であるならば、それは感染拡大防止には有効でないし、他国民を不当に差別することにもなる。今回のコロナ禍によって、科学的・倫理的に正当化しうる入出国制限のありかたについて国際間で何も合意が成立していない現状が暴露されたと言える。日本を含めさまざまな国が他国に対して一方的に入国拒否を宣言し、拒否された相手国が非友好的だと非難する光景が繰り返された。

感染者責任はどの国に？

中国に対する損害賠償請求は、感染を他国に広めないという国際規範が欠けている現実を認識させるインパクトがあり、国際的な場で真剣に議論するのに値するテーマである。仮に新型コロナウイルスを国内で蔓延させ、海外に伝染させた国には「感染者責任」があるとしてどのような議論になるかを考えてみよう。

新型コロナウイルスの流行期間を見るとまず中国で一月下旬に感染爆発が始まり、二月上旬にはピークを迎えその後急速に収束し、三月六日以降は新規感染者数が二桁以下になった。一方、イタリア以外の西ヨーロッパ全域およびアメリカでの感染爆発が始まったのは三月上旬で、すでに中国からの入国が厳しく制限されてから久しいので、中国からこれらの地域に直接伝染したとは考えにくい。ウイルスは中国からまず中国との交流の多い国々へ、そしてそこからまた別の国々へ伝染していったと思われる。

本来はウイルスの遺伝子を解析するなどの科学的な分析を行ってウイルスの伝播経路を明らかにする必要があるが、ここでは単純に流行が起こった時期に着目して、新型コロナウイルスがどのような経路をたどって世界じゅうに広まったのかを推測してみたい（本書八頁の図）。

各国の累積感染確認数が一〇〇人を超えると、感染者数が一日二〇―三〇%ものペースで増える感染爆発が始まる傾向があるようである。そこで図では累積感染確認数が一国で一〇〇人を超えた時期によって国を色分けしている。

新型コロナウイルスの特徴として感染してから無症状のまま他の人に感染させてしまう期間が四～一四日間と比較的長いことが指摘されている。感染者がそれと気づかぬうちに他国に移動し、そこで感染を広げるということを繰り返しているので、ある国で流行が起こるとその一～二週間後にその隣国で流行が起きるパターンがよく見られる。そのため流行が起きた時期によって感染が伝播した経路がある程度推測できる。そこで、流行が始まった時期を二週間刻みで分け、累積感染確認数が一〇〇人を超えた世界の一七六か国・地域をグループ分けすると次のようになる。（カッコ内は一〇〇人を超えた時期）

第一グループ：中国 （一月一九日～二月一日）
第二グループ：日本、韓国、イラン、イタリア （二月一六日～二九日）
第三グループ：二七か国・地域（ドイツ、フランスなどヨーロッパ一七か国、アメリカ、カナダ、カタールなど中東四か国、香港、シンガポール、マレーシア、オーストラリア） （三月一日～一四日）
第四グループ：六四か国（南米、ロシア・東欧、中央アジア、南アジア、東南アジア、中東、エジプト、南アフリカ、モロッコ、リビアなど） （三月一五日～二八日）
第五グループ：三一か国（アフガニスタン、ベラルーシ、ボリビア、パラグアイ、ケニア、コンゴ民主共和国、ナイジェリアなど） （三月二九日～四月一一日）
第六グループ：一二か国（コンゴ、エチオピア、ジャマイカ、ミャンマーなど） （四月一二日～二五日）
第七グループ：一五か国（シエラレオネ、ザンビアなどアフリカ一二か国、ハイチ、バミューダ、タジキスタン） （四月二六日～五月九日）
第八グループ：ガイアナ、モンゴル、モザンビーク、イエメン、ケイマン諸島、モーリタニア、ニカラグア （五月一〇日～五月二三日）
第九グループ：バハマ、リビア、マラウイ、シリア、ジンバブエ、コモロ （五月二四日～六月六日）
第一〇グループ：アンゴラ、スリナム、ブルンジ、エリトリア （六月七日～六月二〇日）
第一一グループ：ボツワナ、モナコ、ナミビア、米領ヴァージン諸島、西サハラ （六月二一日～七月四日）

第二グループでの流行は中国からもたらされたとしか考えられないので、第二グループの四か国は中国に賠償請求する。第三グループでの流行は第二グループから伝播した可能性が高いので第三グループは第二グループに賠償請求する。第四グループの六四か国は第三グループに賠償請求する……。メディアでは世界の感染の原因がすべて中国にあるかのような決めつけがなされることが少なくないが、流行の時期から言ってそうした断定には明らかに無理がある。ここでの分析が示していることは、世界の多くの国は感染連鎖の中にあり、重要なことは誰かを犯人として吊るし上げることではなく、各国政府が自国民を感染から守るとともに他国に感染を波及させない責任を負っていることを自覚することである。そして、次のパンデミックに備えて、科学的に正当で、自国民と他国民を不当に差別しないような入出国制限のありかたについて国際的な合意を形成すべきだと考える。

最後に本書の成立経緯について述べておきたい。本書所収の伊藤亜聖氏の寄稿でもふれたように、本書のもととなったのは東京大学社会科学研究所現代中国研究拠点が二〇二〇年四月二日から六月二八日までに計五回開催したオンラインセミナーである。各回のプログラムは以下の通りであった。

No.1「コロナショックと中国経済〜COVID-19のインパクトと対応」四月二日
司会：伊藤亜聖（東京大学社会科学研究所准教授）、張馨元（横浜国立大学准教授）
パネリスト：
藤岡淳一（創世訊聯科技（深圳）有限公司董事總經理）
丸川知雄（東京大学社会科学研究所教授）
朱建栄（東洋学園大学教授）

No.2「コロナショックとアジア政治経済」四月一五日（科学研究費助成事業・基盤B「タイを中心とする大陸部東南アジアの地域協力枠組みと日中の競合関係」［研究代表者：末廣昭］と共催）
司会：伊藤亜聖（東京大学社会科学研究所准教授）、張馨元（横浜国立大学准教授）
パネリスト：

末廣昭（学習院大学国際社会科学部教授）
坂田正三（アジア経済研究所バンコク研究センター研究員）
畢世鴻（雲南大学国際関係学院教授）
宮島良明（北海学園大学経済学部教授）

No. 3 「コロナショックと台湾～対策の成功と経済・中台関係への懸念」五月八日（東京大学東洋文化研究所・班研究「中台関係の総合的研究」［主任・松田康博］と共催）
司会：丸川知雄（東京大学社会科学研究所教授）、黄偉修（東京大学東洋文化研究所助教）
パネリスト：
福岡静哉（毎日新聞台北支局長）
佐藤幸人（アジア経済研究所研究推進部長）
松田康博（東京大学東洋文化研究所教授）

No. 4 「コロナ後の香港に民主化の光は見えるか」五月二七日
司会・ファシリテーター 阿古智子（東京大学大学院総合文化研究科教授）
パネリスト：
區諾軒（元立法会議員、南区区議会議員、民間人権陣線召集人）
倉田徹（立教大学法学部教授）
日下部正樹（TBS『報道特集』キャスター）
ゲスト：
周庭（香港衆志（デモシスト）メンバー）
葉錦龍（香港中西区区議会議員、ネットラジオパーソナリティ、通訳業（日本語―中国語、アニメ関連など）、市民団体「西環飛躍動力」召集人）

No. 5 「米中対立をどう見るか――アメリカ大統領選挙と経済・技術・安全保障」六月二八日（中曽根平和研究所と共催）
司会：久保文明（東京大学大学院法学政治学研究科教授）
パネリスト：
川島真（東京大学大学院総合文化研究科教授）
森聡（法政大学法学部教授）

「現代中国研究拠点」が主催するセミナーということで、まず中国そのものからスタートし、次いで中国との関係に焦点を当てて東南アジア、台湾、香港、アメリカとめぐってきた。なお、最初のセミナーを開催してからすでに三か月が経過し、その間に現実が大きく変化しているので、各寄稿者はそれぞれ現時点（二〇二〇年七月）の認識に基づいて執筆している。また、コロナ禍への対応で大きな成果をあげている韓国のことをセミナーでは取り上げられなかったので、韓国の社会福祉に詳しいニッセイ基礎研究所の金明中氏に寄稿をお願いした。

セミナーを共催していただいた各団体、研究グループの皆さん、第一回と第二回に司会を担当してくださった張馨元さん、第三回に司会を担当してくださった黄偉修さん、中国が香港国家安全維持法の制定を強行する直前の激動の時期に香港からセミナーに登壇し、生々しい現場の声を届けてくれた區さん、周さん、葉さん、事務の面からセミナー開催に尽力した現代中国研究拠点の河野正さんと山浦由佳さんに感謝します。そして、タイムリーに本出版計画を提案してくださった東京大学出版会の阿部俊一さんに感謝します。

二〇二〇年七月一六日
丸川知雄

参考文献
詫摩佳代［二〇二〇］「国際保健　米中対立超え連帯」『日本経済新聞』六月二二日

編者紹介

東京大学社会科学研究所現代中国研究拠点

東京大学の学部・大学院・研究所に所属する現代中国研究者を集めた、横断的なプロジェクトチーム。2007年度に社会科学研究所に設立され、2017年度からは丸川知雄・同教授を代表としてプロジェクトの第三期に入っている。近年のプロジェクトの成果として『中国の外交戦略と世界秩序——理念・政策・現地の視線』(川島真・遠藤貢・高原明生・松田康博編、昭和堂、2020年)、『中国・新興国ネクサス——新たな世界経済循環』(末廣昭・田島俊雄・丸川知雄編、東京大学出版会、2018年)等がある。この他に本書と近い講義録として『東大塾　社会人のための現代中国講義』(高原明生・丸川知雄・伊藤亜聖編、東京大学出版会、2014年)、『現代中国ゼミナール』(東大社研現代中国研究拠点編、東京大学出版会、2020年)を刊行している。

コロナ以後の東アジア
——変動の力学

2020年9月25日　初　版

[検印廃止]

編　者　東大社研現代中国研究拠点

発行所　一般財団法人　東京大学出版会

代 表 者　吉見俊哉
153-0041 東京都目黒区駒場 4-5-29
http://www.utp.or.jp/
電話 03-6407-1069　Fax 03-6407-1991
振替 00160-6-59964

印刷・製本　大日本法令印刷株式会社

ISBN 978-4-13-033300-9　Printed in Japan

UP plus 創刊にあたって

現代社会は、二〇世紀末の情報革命とグローバル資本主義の深化によって大きく変貌を遂げてきました。情報革命はライフスタイルに大きな変革を及ぼし、わたしたちの生活に多大な影響を与え続け、いまなお変化の途中にあります。また、グローバル資本主義の進展もワークスタイルに大きな変革を及ぼし、世界の一体化を促進させてきました。しかし、同時に様々な次元で格差を生じさせ、分断を深めています。

しかし、二〇二〇年の初頭に発生したCOVID-19（新型コロナウイルス感染症）のパンデミックによって、より快適に、より便利に、より早く、ということを追求してきた現代社会は大きな影響を受けたのです。この出来事はわたしたちに大きな警鐘を与えるとともに、わたしたちが生きている社会のあり方、そして世界のあり方にも再考をうながしているのです。

このような状況下で、いま一度「知」というものを改めて考え直す時代が訪れているのではないでしょうか。いまの危機を乗り越え、格差や分断を乗り越えるには、人類が積み重ねてきた「知」の集積をたよりにして、あたらしい地平を開くことこそが求められているのではないかと考えられるのです。まだ見ぬ世界への道しるべとして、「知」はやはりかけがえのないものなのです。

このたび、東京大学出版会は、「UP plus」と題し、「知」の集積地である、大学からひろく社会と共有する「知」を目指して、複雑化する時代の見取り図としての「知」、そして、未来を開く道しるべとしての「知」をコンセプトとしたシリーズを刊行いたします。

「UP plus」の一冊一冊が、読者の皆様にとって、「知」への導きの書となり、また、これまでの世界への認識を揺さぶるものになるでしょう。そうした刺激的な書物を生み出し続けること、それが大学出版の役割だと考えています。

一般財団法人　東京大学出版会